U0548010

法治海南战略研究文库
FAZHI HAINAN ZHANLÜE YANJIU WENKU

海南经济特区法治战略研究基地

本书由海南师范大学提供资助

全球化与反全球化浪潮下的国际贸易投资新规则研究

冯春萍　主　编
李晓郛　副主编

知识产权出版社
全国百佳图书出版单位

图书在版编目（CIP）数据

全球化与反全球化浪潮下的国际贸易投资新规则研究／冯春萍主编．—北京：知识产权出版社，2017.12

ISBN 978–7–5130–5299–3

Ⅰ.①全… Ⅱ.①冯… Ⅲ.①国际贸易—对外投资—中国②国际投资—国际经济法—研究 Ⅳ.①F74 ②D996.4

中国版本图书馆 CIP 数据核字（2017）第 293383 号

责任编辑：雷春丽　　　　　　　　　责任出版：卢运霞
封面设计：SUN 工作室　韩建文

全球化与反全球化浪潮下的国际贸易投资新规则研究

主　编　冯春萍
副主编　李晓郛

出版发行	知识产权出版社 有限责任公司	网　　址	http：//www.ipph.cn
社　　址	北京市海淀区气象路 50 号院	邮　　编	100081
责编电话	010–82000860 转 8004	责编邮箱	leichunli@cnipr.com
发行电话	010–82000860 转 8101/8102	发行传真	010–82000893/82005070/82000270
印　　刷	北京科信印刷有限公司	经　　销	各大网上书店、新华书店及相关专业书店
开　　本	720mm×1000mm　1/16	印　　张	16.75
版　　次	2017 年 12 月第 1 版	印　　次	2017 年 12 月第 1 次印刷
字　　数	255 千字	定　　价	58.00 元
ISBN 978–7–5130–5299–3			

出版权专有　侵权必究

如有印装质量问题，本社负责调换。

前　言

2016年6月23日，英国脱欧公投以脱欧派险胜（支持率为51.9%）而结束，这意味着欧盟一体化进程的巨大倒退；①同年11月美国总统大选，共和党候选人特朗普（Donald Trump）逆袭成功，其竞选宣言和多数总统行政命令都与自由贸易背道而驰。英美两个版本的"黑天鹅事件"（Black Swan Event）相继发生，都与全球化进程带来的影响有关，是逆全球化思潮的产物。

根据WTO发布的"World Trade Statistical Review 2017"，2016年全球货物贸易增速1.3%，是自2008年金融危机以来最慢的记录；2017年全球货物贸易增速预计只有2.4%，也远低于1980年以来全球货物贸易每年平均4.7%的增速；2016年全球GDP增长率仅为2.3%，这是全球连续第四年GDP增长率低于3%。这些变化是多重因素的结果，反映了全球贸易和经济增长中的结构性问题，直接因素是近期美国对外投资大幅度减少，以及中国经济增长从投资转向消费，并且抑制全球进口的需求。②"World Trade Statistical Review 2016"显示，截至2016年5月，WTO成员方自2008年以来采用的2835项贸易限制措

---

① 脱欧公投后的报告调查了英国几乎全部380个辖区的投票特征与结果。在控制了区域固定效应以及其他数据特征后发现，生活水平、人口特征、移民（特别是新近移民的增加）、文化和社区凝聚力都对"脱欧"倾向有重要影响，并且遭受全球化冲击的深度与排外主义倾向之间有显著的关联。例如，遭受进口竞争压力最大的英格兰中部和北部地区成为支持脱欧的重要选区，而长期受益于全球化的伦敦则拥有极高的反对脱欧投票。转引自佟家栋、刘程："'逆全球化'浪潮的源起及其走向：基于历史比较的视角"，载《中国工业经济》2017年第1期，第9页。

② "World Trade Statistical Review 2017"，WTO官网：https：//www.wto.org/english/res_e/statis_e/wts2017_e/wts2017_e.pdf，访问日期：2017年7月31日。

施，只有708项（25%）被移出。其中，WTO成员方在2015年实施贸易保护措施624项，是2009年的9倍；美国在2015年实施了超过90项的贸易歧视措施，位居各成员方之首，成为限制贸易自由化最激进的国家。[①]

经济变化影响上层建筑，政治、社会领域的变化又会影响经济发展。本次全球贸易大衰退始于2008年10月，仅几个月，全球贸易减少了约1/5。大衰退后的全球贸易复苏逐渐变慢，逆全球化而不是全球化成为当前国际经济发展的特点。[②]

作为经济全球化的对立面，"逆全球化"（De-globalization）又称"去全球化"，指在经济全球化进展到一定阶段后所出现的不同程度和不同形式的市场再分割现象，也包括重新赋权给地方和国家。其不仅表现为一国/地区政策对多边开放立场的反转，也表现为对区域一体化的逆转。[③] 有关这场逆全球化浪潮或者去全球化进程起因的认识，国内外学者观点各不相同，有的认为是经济危机引燃民粹主义和极端主义，有的则强调文化焦虑及其背后的社会政治转型因素。[④]

正如经济史学家Harold所阐述的，人类文明的第一次全球化浪潮始于19世纪末。[⑤] "全球化1.0"最重要的动力来自大西洋贸易崛起，而提供其所需的公共基础设施的则是当时的世界霸主英格兰。与之相类似，在第二轮全球化过程中，由美国主导的制度性基础设施——GATT/WTO和以美元为本位的布雷顿森林体系/牙买加体系有效地支撑了"全球化2.0"的拓展和繁荣。在这一轮浪潮中扮演核心驱动力量的是来自东亚与大西洋两岸之间的三角贸易以及全球价值链的形成，中国、韩国等新兴市场经济体开始以重要角色加入全球化版图。[⑥]

[①] "World Trade Statistical Review 2016", WTO 官网：https：//www.wto.org/english/res_e/statis_e/wts2016_e/wts2016_e.pdf，访问日期：2017年7月31日。

[②] E.g. see Douglas A. Irwin, The Truth about Trade: What Critics Get Wrong about the Global Economy, 95 Foreign Affairs 84, 2016.

[③] 郑春荣："欧盟逆全球化思潮涌动的原因和表现"，载《国际展望》2017年第1期，第34页。

[④] 景丹阳："西方国家的逆全球化危机和'驯服'全球化"，载《国际展望》2017年第1期，第52页。

[⑤] See Harold, J., The End of Globalization: Lessons from the Great Depression, Harvard University Press, 2001.

[⑥] 佟家栋、刘程："'逆全球化'浪潮的源起及其走向：基于历史比较的视角"，载《中国工业经济》2017年第1期，第6页。

然而,自由贸易、全球化与保护主义、逆全球化"形影不离"。对所有国家而言,经济全球化都是一把双刃剑,利弊兼而有之。① 囿于"全球化的不可能三角"约束,当全球化的发起国逐步丧失国际间主导权以及国内政治平衡时,在缺乏有效协商机制的情况下,单边主义的逆全球化或者去全球化政策极有可能登上舞台,尽管其经济损失远大于可能的收益。这反映了在全球化、主权政策和民主制度之间的政策取舍并不必然有利于全球一体化/经济一体化的加深。②

历史经验表明,全球化虽然反映工业革命和世界市场形成以来世界经济发展的客观要求,是历史大趋势,但全球化的阶段性进程总是崎岖坎坷的,"可逆性是全球化的应有属性"。1880~2010年,全球贸易仅有约12%的年度实际增长率为负,而总体趋势——20世纪30年代除外——均为正。1951~2008年,全球贸易在7%的年度(只有1958年、1972年、1980年和1982年)实际增长率记录为负。③ 从本质上看,迄今为止的全球化都是有缺陷和不完善的,在全球化发展进程中必然产生种种不平衡问题,造成利益分配上的矛盾和冲突。有关矛盾若迟迟得不到解决,积累到一定水平,就将以各种形式爆发出来,对全球化进程形成阻力和冲击。当前的逆全球化浪潮反映的就是这种性质的矛盾。一方面,全球范围此起彼伏的逆全球化浪潮使得全球化前行阻力与日俱增;另一方面,当前逆全球化浪潮给全球化带来的阻力,可以被转化成全球化转型发展的动力,因为"逆全球化思潮涌动,也是以另一种方式推动全球化朝着普惠共赢的方向发展"。④

研究全球化与逆全球化,首先需分清楚一个基本概念,即全球化发展本身属于经济规律,是现代化大生产超越国界,形成世界范围内的分工、交换、流动的结果。正确的政策可以有利于推动全球化,错误的政策安排可以阻碍或者

---

① 范黎波、施屹舟:"理性看待和正确应对'逆全球化'现象",载《光明日报》2017年4月2日,第7版。
② 谢丹阳、程坤:"包容性全球化探析",载《中国工业经济》2017年第1期,第13页。
③ [荷]彼得·范伯盖吉克:"一次还不够!——看待世界贸易崩溃和逆全球化的经济史视角",载《国际社会科学杂志》2017年第1期,第17页。
④ 徐坚:"逆全球化风潮与全球化的转型发展",载《国际问题研究》2017年第3期,第1~15页。

扭曲全球化，但是改变不了经济规律。具体而言，英国脱欧不代表去全球化，直接原因来自难民，这与全球化没有关系，是地缘政治灾难形成的；特朗普总统的种种作为反映出美国贫富差距继续扩大；德国大示威则是第三种情况，他们反对美国标准的《跨大西洋贸易与投资伙伴协议》，并没有说反对全球化。[①]

从实践来看，对于贸易的看法，特朗普施政前后均表达了"公平贸易"的观点，并被写进其各类政策文件。近日，其商务部部长罗斯在《华尔街日报》撰写名为《自由贸易是一条双行道》的文章，再次阐述特朗普政府的公平贸易观，似乎在向世人发布特朗普贸易政策的宣言书，让人感受到"凛冽的寒冬"。

然而，从GATT/WTO的角度，自由贸易和公平贸易具有一致性。因此，回顾国际贸易史对于逆全球化思潮甚嚣尘上的今天，具有一定积极意义。

观点一：一部分公平贸易政策为自由贸易服务，另一部分公平贸易政策为贸易保护主义服务。有学者（刘力，1999）认为，公平贸易政策有广义和狭义之分。广义的公平贸易政策是指世界各国在国际贸易活动中共同遵守有关的国际规则，相互提供对等的、互惠的贸易待遇。它要求世界各国必须共同摒弃传统的保护贸易政策，转而实行自由贸易政策，必须相互向他国开放本国的市场。狭义的公平贸易政策是指一国利用贸易政策手段来反对他国特定的不公平贸易行为。这里的不公平贸易行为主要包括倾销和补贴两个方面。该学者还把公平贸易政策区分为两类，一类是"基于国际规则"的公平贸易政策，另一类是"基于单边规则"的公平贸易政策。"基于国际规则"的公平贸易政策以是否遵守国际公认的贸易规则为标准。这种公平贸易政策的目的是"履平竞技场"和维护国际贸易规则，为各国的自由贸易提供一个公平竞争的环境。与"基于国际规则"的公平贸易政策相反，"基于单边规则"的公平贸易政策在判定不公平贸易行为和实施公平贸易行动时，依据的不是公认的国际规则，而是本国标准。最典型例子是以"基于结果"的标准来判定不公平贸易行为。"基于结果"的标准是指以贸易结果（主要是逆差或者顺差）作为判定不公平贸易的标准。

一些经济学家认为公平贸易的核心涉及国际市场的定价机制。发达国家之

---

① 佚名："逆全球化不会成为世界的主流"，载《新京报》2016年10月31日，第A4版。

间形成"核心"市场，生产高附加值的奢侈品；而欠发达国家是富裕的发达国家的"边际"市场，生产最基本的工业制品。两者市场价格存在天壤之别，发达国家还通过农业等产业补贴政策在国际市场上取得价格优势，价格不公导致贸易不公平。因此，贸易不公平的本质诱因是各国经济发展水平不同。另外一些经济学家甚至认为，自由贸易即公平贸易，因为自由贸易通过市场"看不见的手"对资源进行最优化配置，完全依赖市场价格进行调节，避免花费巨额成本跟踪产品和服务而扭曲价格，体现了公平性（荣四才，2014）。

有国内学者把贸易战略分成自由贸易战略、保护贸易战略、公平贸易战略和双边贸易战略四种（刘军梅，2008），也有学者把贸易战略分成自由贸易战略和保护贸易战略两种，认为其他贸易战略都是各国/地区根据实际需要对贸易的自由开放或者限制保护所采取的态度、思想的不同表达，都是前述两种基本战略的衍生类型（夏先良，2014）。

自由贸易战略和政策依据传统自由市场竞争的贸易理论，是一种基于自由市场经济和传统常数回报、完全竞争的国际贸易模型，与政府干预和保护相对立。从古典自由市场学说到新自由主义，都强调市场自由，放松管制。自由贸易战略可以划分为独自自由贸易战略、协议自由贸易战略。只有处于世界产业最强、贸易地位最高的少数国家采用自由贸易战略，不要求贸易伙伴采取同样战略。协议自由贸易战略在当代最为流行，表现为多边自由贸易协议、区域自由贸易协议、双边自由贸易协议等。

近两个世纪的世界贸易历史证明，自由贸易促进发展的思想植根于人们的心中，它是经验法则，无论贸易公平与否。最早实行工业化的发达国家长期鼓吹自由贸易占据世界市场。他们认为，自由贸易思想没有过时，依然是世界经济繁荣的基础，是人们不否认的最大公约，让各国避免贸易保护主义、贸易报复、贸易战、贸易遏制等行为（Krugman，1987）。

绝大多数（包括发达国家、发展中国家以及最不发达国家）国家/地区对外贸易战略和政策都是采取保护贸易战略的某种形式。保护主义贸易最初形式就是重商主义，后来演变为保护关税形式的幼稚产业保护贸易理论、超保护贸易理论以及战略性贸易理论、公平贸易理论。当今最常见的保护贸易理论就是公平贸易理论（夏先良，2014）。

　　发达国家面对大量产业外移和业务外包的形势试图采取公平贸易战略，减缓产业流失速度，同时发展服务业对外贸易。工业衰落的发达国家同样采取贸易保护战略，虽不否认自由贸易思想，但推崇凯恩斯主义，采取攻守兼备的公平贸易战略，提倡贸易要对自身有利，有损于自身利益的贸易就是不公平。目前，西方最发达经济国家对外经济已经走过了外贸扩张的阶段，进入了货物贸易守成服务贸易扩张和对外直接投资勃兴的新阶段，战略上强调货物公平贸易、服务自由贸易和开放直接投资。赖斯（Rice，2010）认为公平贸易经常被看作一种对自由贸易的替代，减轻全球不平等和贫穷，比自由贸易更加有效地分配财富。韩德孙（Henderson，2008）却认为，公平贸易对落后国家商品支付一个溢价不是基于质量而是基于就业和其他条件，是不公平和反生产力的，消费者得到低质量商品，福利受到损害，对消费者和第三世界生产商的较好解决方案就是废除所有现存的贸易障碍。发达国家虽然从自由贸易中获得经济利益，但面对自由贸易带来的产业转移、离岸外包、就业流失等伤害，试图以公平贸易战略要求贸易伙伴降低竞争压力，提出把环境、劳动标准加入多边贸易谈判议题。

　　观点二：WTO反倾销实践说明WTO是自由贸易和贸易保护平衡的产物，自由贸易是实现国际社会经济发展的手段，而不是宗旨或者目标。从规则的角度，WTO先后制定了《1967年反倾销守则》《1979年反倾销守则》和《1994年反倾销守则》，赋予进口国在使其经济免受滥用自由贸易等不正当竞争行为侵害方面以强有力的保护功能。

　　从实践的角度——提起反倾销诉讼的数量，发展中国家逐步超越发达国家：1995年以前，大多数反倾销案件由发达国家发起的，发展中国家几乎从未发起过反倾销调查（杨励、张宇翔，2013）；1995年以后，发展中国家发起的反倾销案件数逐步赶上甚至超越发达国家（陈巧慧，2013）。反倾销目标国出现了从开始主要针对发达国家，后来主要针对发展中国家的转变。原因在于反倾销法律规则起初是由美欧等发达国家或地区主导制定和使用，发达国家依靠其对规则的熟悉，频繁地使用反倾销武器保护本国经济和就业；而且，由于发展中国家劳动力、土地等资源成本较低，在产品出口到发达国家市场时更容易遭受发达国家反倾销案件的损害。但是，由于发展中国家越来越熟悉反倾销等国际贸易规则和武器，其也越来越多地使用反倾销策略保护本国经济和就业，且他们的反倾销案件不仅针对发达国家，更多地是在发展中国家内部使用。同时，由于发展中国家产品生产成本相对较低，而其自身市场规模又有限，直接导致发展中国家除了遭受更多发达国家的反倾销诉讼外，还要遭受更多其他发展中国家的反倾销诉讼。相反地，发达国家之间的反倾销案件数却显著下降，这也符合国际经济发展的基本规律（尹继元、李淑玲，2015）。

如何理解"反倾销条款作为 GATT/WTO 的基本规则存在而不是这些规则的例外"。有学者（李栋，1997）认为，因为自由贸易实际上并不是 GATT/WTO 的根本目标或者实现这个目标的评判标准。自由贸易不过是为了实现其"提高生活水平，保护充分就业，保证实际收入和有效需求的巨大增长，扩大世界资源的充分利用以发展商品的生产与交换"之宗旨的重要手段。基于自由贸易被滥用的严重后果与事实，确保各国在努力实现自由贸易的过程中有对本国经济予以适当保护的权利，就成为自由贸易与公平竞争的现实基础和前提。该学者进一步认为，根据 GATT 的客观历史行为和 WTO 的运行实际状态，WTO 是以自由贸易思想和贸易保护主义的两者相互制衡为理论基础的产物。

前事不忘后事之师。本书围绕着"全球化与反全球化浪潮下的国际贸易投资新规则"议题，荟萃了六个国家的学者新作，分为"中国未来的情景""国际贸易投资制度的融合和多元化""新的社会秩序和全球供应链""劳动和投资市场的兴起""国际经济法律秩序建设中的国家和利益相关者"以及"新的国际贸易投资规则：中国观点"六部分，探讨了当前和未来国际经贸规则可能的发展和变化。

随着世界多极化、经济全球化、社会信息化、文化多样化深入发展，当前世界正处于大发展、大变革、大调整时期，全球治理体系和国际秩序变革正在加速推进。在贸易保护主义、逆全球化暗流涌动之际，"构建人类命运共同体"是中国向世界发出的时代宣言。中国共产党第十九次全国代表大会报告提出，没有哪个国家能够独自应对人类面临的各种挑战，也没有哪个国家能够退回到自我封闭的孤岛。作为客观规律，经济全球化将是不可逆转的大趋势。在未来，中国将继续发挥负责任大国作用，高举和平、发展、合作、共赢的旗帜，主动参与和推动经济全球化进程，发展更高层次的开放型经济，积极参与全球治理体系改革和建设，促进贸易和投资自由化、便利化，推动建设开放型世界经济，推动经济全球化朝着更加开放、包容、普惠、平衡、共赢的方向发展。

冯春萍

2017 年 8 月 18 日于海口

目 录

国际贸易投资规则在国家间的内国化

风险作为反全球化时代下的一项"不成文宪法"原则
           Flora Sapio 著　朱绍明 译　曾艺轩 校 / 3
跨境数据流动国际规制新发展：困境与前路　　　　　陈咏梅　张 姣 著 / 16
新时期自由贸易试验区法律服务业开放的规则研究　　　　李晓郛 著 / 41

国际贸易投资制度的融合和多元化

以《中国（上海）自由贸易试验区仲裁规则》为视角
 探索临时措施制度的发展和完善　　　　　　　　　　　陈 胜 著 / 75
"一带一路"推进过程中的投资规则构建　　　　　　　　　李 锋 著 / 86

新的国际贸易投资规则

信息化时代下发展中国家经济安全困境与出路：
 以"金砖国家"合作为视角　　　　　　　　　董学智　张 鸽 著 / 101
论新一代中国自由贸易协定中的"超 WTO"和"WTO 额外"条款
 及其强制执行力　　　　　　　　　　　　　　　　　梁 意 著 / 116

实现"更透明"的"透明度"政策——兼论 AIIB 和 NDB 制度的构建

冯春萍　杨　燕　著／147

国际法视野下的争端解决机制

国际法视野下的群体性仲裁解决机制研究　　　　　　　　娄卫阳　著／181
专家查明外国法的理论和司法实践　　　　　　　　　　　张　政　著／205
《联合国海洋法公约》的法律价值困境研究　　　　　张光耀　金嫣然　著／216

其他议题

以人权与会计之间的关系为视角　　Ken McPhail　著　刘颖杰　夏　草　译／237
将人权规范与国际投资规则相连：一种方法论的思考

李　滨　著　刘　彧　刘颖杰　译／242

附　录

海南师范大学法学院简介　　　　　　　　　　　　　　　　　　　　／249
海南经济特区法治战略研究基地简介　　　　　　　　　　　　　　　／250
2016 年以来 FLIA 促进国际学术交流大事记　　　　　　　　　　　　／252

国际贸易投资规则在国家间的内国化

风险作为反全球化时代下的一项"不成文宪法"原则
     Flora Sapio 著 朱绍明 译 曾艺轩 校 / 3
跨境数据流动国际规制新发展：困境与前路 陈咏梅 张 姣 著 / 16
新时期自由贸易试验区法律服务业开放的规则研究 李晓郛 著 / 41

风险作为反全球化时代下的一项"不成文宪法"原则

Flora Sapio 著
朱绍明 译 曾艺轩 校[*]

摘要： 在全球化和反全球化时代下，不成文宪法原则在构建国际法律秩序方面发挥着重要作用。这些原则的适用影响着国际法律秩序的正当性和利益最大化。在这些影响全球治理的原则中，风险观念作为制定法律制度基本出发点之一，虽然很大程度上影响着国家或集体的精神与治理原则，但却未在国际法律秩序的构建中被予以充分的重视。将风险从辅助概念升华到核心问题将助益于全球社会建立共识性的基础和不成文纲领。

关键词： 风险；跨国法律秩序；不成文规范

一、跨国法律秩序及其正当性之间的鸿沟

本文旨在思考那些对个人、企业和政府行为产生影响的跨国法律秩序。这些法律秩序至少自 15 世纪以来便存在，[①] 它们对一个国家的崛起和衰落有着重大影响。[②] 然而，即使在今天，国家对法律的垄断、执法和争端解决这些概念，

---

* Flora Sapio，女，中文名孙晓义，FLIA 学者；朱绍明，FLIA 创始人；曾艺轩，FLIA 研究助理。
① Nadia Bernaz, Business and Human Rights: History, law and policy-bridging the accountability gap, London: Routledge, 2017.
② John King Fairbank, Trade and Diplomacy on the China Coast: The opening of the treaty ports, 1842 – 1854, Cambridge: Harvard University Press, 1953.

也没有被全球治理的所有领域都视为完全正当的力量。其缺乏正当性的原因包括以下几个方面：

第一，尚未存在一个可以被普遍认可的跨国法律秩序。该秩序下的主体可以制定法律、适用法律，并规定权责，将其自己的行为责任转移到包括国家、民间社会和个人等主体上，并就这类争议作出决定。

第二，国家、民间社会和个人没有机会去治理那些除他们所创造的法律秩序之外的秩序——国内法、非政府组织或个人价值体系之外的法律秩序。然而，国家、民间社会和个人都受到这些跨国法律秩序的影响。

第三，新的跨国法律秩序合法性存在缺失，这本身就推迟或者阻碍了有效管理机制的建立。由于处在跨国法律秩序下的实体实质上与国家大不相同，他们基本上不能采用适用于国家的管理机制，比如不具有强制约束力的社会契约或者国内立法。因此，它们在管理机制上有完全不同的逻辑反应，也就造成了不同的结果。与此同时，如果没有稳定的跨国执法机制，有约束力的国际法律文书就不会产生预期的效果。

第四，这个状态的结果是国家和个体以某种方式从全球化"抽身出来"的普遍意愿。如果这种抽身真地在最大程度上实现了，国家和个人将会陷入自给自足的困境。

为了解决这些问题，很多文献提出把跨国私营经济参与者作为法律的制定主体，对所有受法律秩序管束的人实施该法律，并利用其解决争端。① 如果它们被认为是主权实体，那么跨国私营或混合经济主体则必须承担与国家、非政府组织和个人相同的法律义务。因此，国家遵守自己的法律；非政府组织按照章程运作；个人行为与自己的价值体系保持一致；同样，跨国主体也会相应地按照他们对自己、股东、客户、国家和其他个体的权利、义务和责任进行实践。然而，路漫漫其修远兮，这个愿景与现实之间却布满了荆棘。本文的目的是寻找一种排除其中障碍的方法，因为这种障碍可能与跨国法律秩序的正当性有关。

---

① Anna Beckers, Enforcing Corporate Social Responsibility Codes: On global self-regulation and national private Law, Oxford: Hart Publishing, 2015.

二、规范多元论和正当性问题

人类、企业、动物和无生命实体之间相互依存的理论规范的目标之一，就是在没有组织中心或任何形式的元结构的情况下，建立一种使大家协作行动的、具备正当性的跨国法律制度。[1]

在实践层面上，这个目标可以为每个参与者追求零和目标的本意所破坏。这样的本意可能会导致制度间相互钳制，以至于所创造的价值体系难以互相兼容。在这种情况下，没有组织中心的共同行动会变得更加困难。零和目标将引发行为者聚集在单级、双极或多个极点上，每个极点都可能仅就自己的目标和价值观的道德优越性提出主张。然而，这个挑战不足以降低相互依存理论所具有的规范诉求，或者损害他们的规范目标。相反，它产生的切实的后果会使人们更加意识到相互依存的价值。可是，相互依存的跨国规范体系仍然只被用作应对引起公众舆论[2]持续关注的危机和灾害的最后手段，并突出国内、国际组织和非政府组织在治理方面的不同。

在理论层面上，相互依存的理论必须回答什么使跨国法律秩序具备合法性和正当性的问题。一个与多边或多中心立场相一致的正当性问题的答案，并不需要援引这些法律秩序及其成员的外部权力。换言之，任何一种规范体系在其存在之时都享有作为一种制度的正当性的衡量标准，并认为自己是一个可以对争议事项作出"法律""执法"和"判决"的制度。这一回答并不能规定国内法或者跨国法律秩序所应采取的任何规范性标准。因此，规范体系可以而且确实包括国家、私营公司、混合主体、非政府组织、个人、供应链等。这些制度可以依赖成文的法典，或者基于不成文的法律。这一回答也不能为这些规范体系本身的目标设定或追求任何规范性标准。因此，任何一个规范体系在它存在

---

[1] Franck Capra, The Web of Life: A new scientific understanding of living systems, Noetic Science Review, 1990, Vol. 32, No. 2, pp. 102 – 104.

[2] Dorothée Baumann-Pauly, Justine Nolan, Sarah Labowitz, Auret Van Heerden, Setting and Enforcing Industry-Specific Standards for Human Rights: The role of multi-stakeholder initiatives in regulating corporate conduct, in Business and Human Rights: From principles to practice, New York: Routledge, 2016.

的那一刻都是正当且合法的，并且因此，它也即时便拥有了实现"立法""执法"和"裁判"这些功能的能力。这个答案需要包含一个元素，它不仅可以解释内在的正当性与合法性的来源，而且可以援引一个或多个外在元素。而在这些元素中，有一些可能存在于和介于多个规则体制中。

包含这一要素是必要的，因为在缺乏这一元素的情况下，相互依存的理论将面临挑战。假设一种规则体系是合法的，只要它自己完成构建，宣布自己的合法性，并赋予其自身最基本的"立法""执法"和"判决"机关，那么制造风险并将其任意分配给自己以外的法律秩序的群体也构成合法的跨国体制。这种假设性的挑战并不仅仅是理论上的；跨国犯罪集团所实施的活动能够，也的确，在其供应链的活动中得到了体现。其中最著名的一个例子就是人口贩卖，以及他们在食物供应链中被强迫或共同劳动的奴役行为。[①] 在这里，农作物的生产绝大多数依赖于跨境犯罪集团管理的移徙季节性工人的奴役劳动力，如何区分这种跨国组织与供应链的其他部分，是一个亟待解决的问题。

众所周知，这些规范制度是建立在国家以外的，其目标是允许其创立者和其成员管理与其他系统成员的关系，创造收入，并为他们的活动获得支持（或至少达成共识或默许）。这些制度存在于各国法律制度自身之中以及他们相互之间，并且其本质属性是跨国的。他们与其他主体，包括国家、私企、非政府组织、国际组织等在内的规则体制所实施和运作的领域相同。[②] 有时，跨界集团与其他规范体系之间的关系是矛盾的。而有时，他们是共生的。事实上，集团可以"帮助"国家、私营和混合实体最小化其运营成本，因为这些都是由国内或跨国环境保护、安全标准、劳工、争端解决和补救机制的规定制定的。

除此之外，跨国集团也与那些已经内化其价值体系，或在行为和行动上给

[①] Italy's Migrant "slavery", Euronews, 15 February 2013, available at: http://www.euronews.com/2013/02/15/italy-s-migrant-slavery., last visited on 26 August 2017. Mathilde Auvillain & Stefano Liberti, The Dark Side of the Italian Tomato", Al Jazeera, 18 June 2014, available at: http://www.aljazeera.com/indepth/interactive/2014/06/dark-side-italian-tomato-20146261186932592.html, last visited on 26 August 2017.

[②] Diego Gambetta, The Business of Private Protection, Harvard: Harvard University Press, 1993. See also Codes of the Underworld: How criminals communicate, Princeton: Princeton University Press, 2011.

予支持的人存在共识或者默许。跨国集团可以而且确实能够解决治理方面的漏洞，并规范一国内国家、跨国公司及其供应链、民间社会行动者和个人的部分行为。在规范多元的理论下，这样的制度享有作为监管制度的合法性，而且不仅仅是在其自己成员的眼中。这一点是无可争议的。事实证明，跨境集团已经存在了600年，甚至更长时间。他们在不同国家之间发展出不同的形态，并且在各种持续不断的破坏性力量中幸存了下来。

跨境集团有可能成为道德谴责的对象，因为其规范与国家制度的规范相冲突。如果多元化是基本原则，并且最多样化的目标和价值体系都存在，那么任何体制的合法性都不能根据某一个国家或某一项制度所设定的标准进行评估。一些研究已经认可了这种推理，尤其是在采用与跨国犯罪网络相关的治理的概念的时候。然而，除非这些行为者选择自治，否则无论基于自己的成文或不成文的守则，他们都会将自己视为不可统治的。另一些人将跨国犯罪集团的问题概念化为涉及犯罪集团与跨国公司之间被动和/或主动贿赂行为，[1] 或者利益冲突。[2] 虽然贿赂确实造成一些犯罪集团进入供应链，但最复杂形式的犯罪集团早已超越了通过贿赂其成员来获得供应商的手段。在欧洲的一些地区、行业和部门当中，他们是大多数生产要素和服务提供者的供应商，他们也是价格和市场的影子监管者。

鉴于这些组织已至少被融合到一些供应链之中，并且参与到了超越民族国家、跨国企业以及国际组织的一些重大方面的治理行为中，那么他们的存在则不仅仅是对全球相互依存理论的挑战，也是对商业和人权运动的挑战。

三、差异性

如果这些跨国法律秩序与其他跨国法律秩序（如供应链、国际组织）之间

---

[1] 见《联合国打击跨国有组织犯罪公约》及其各项议定书。New York: United Nations, 2004, available at: https://www.unodc.org/documents/treaties/UNTOC/Publications/TOC%20Convention/TOCebook-e.pdf, last visited on 26 August 2017.

[2] 参见经合组织"管理公共服务利益关系指南", Good Practice Guidance on Internal Controls, Ethics, and Compliance, available at: http://www.oecd.org/governance/ethics/oecdguidelinesformanagingconflictofinterestinthepublicservice.htm, last visited on 26 August 2017.

存在差异，那么这种差异就不能用将国家的属性和功能转化为非国家行为者的方法和定义来概念化。更不用说这种差异是否能被解释，并为复杂系统分析的方法和定义所解读。① 在这里，我建议采用一项标准，将合法跨国法律秩序与其他跨国行为者区别开来，不基于这些行为者追求的目标，而是基于他们的价值结构，因为后者通常反映在他们书面（或者不成文）的宪法文件中。

或许鲜为人知的是，跨国犯罪集团拥有章程性文件是一个非常值得重视的部分，它反映了组织的目标，最重要的是它代表着所有成员所共享的价值内容。一个能将这些组织与任何其他监管核心（无论俗世的还是宗教的，公共的、私有的还是混合的）区分开的一个简单的要素在于，其价值结构对于风险概念的空缺。

而国家、跨国公司和跨国组织的宪法性或章程性文件，在不同程度上都是在现有的或潜在的风险为基础的观念和理论上塑造的。霍布斯有一个著名的理论，那就是这样的风险存在于"所有人对所有人的战争"之中。② 也有其他早期的使用"自然状态"这一概念的现代哲学家，认为这种假设性条件是存在于驱使人形成政治社会力量的恐惧心理，③ 或者是非直接地产生于威胁之中。他们认为，国家的中央权力及其立法是保护基本自由免受他人侵害的必要手段。④

考虑到国际组织可以被认为是威斯特伐利亚体系中关于国家的逻辑和理论向超越国家层面的转换，它们的纲领性内容通常会包含对和平的维护。因此，《国际联盟盟约》（The Covenant of the League of Nations）序言写道："为了通过促进国际合作、实现全球和平与安全，缔约国高层通过接受不诉诸战争的义务，通过公开、公正和体面的国家间关系的规定，通过建立对国际法的理解作

---

① Gregory Todd Jones, Dynamic Jurisprudence: Law as a complex system, Georgia State University Law Review, 2008, Vol. 24, No. 4, pp. 47 – 58. Gunther Teubner, Law as an Autopoietic System, Oxford: Blackwell Publishers, 1993.

② Thomas Hobbes, Leviathan, New York: Continuum, 2003.

③ Anne M. Cohler, Basia C. Miller and Harold S. Stone, Montesquieu, The Spirit of the Laws, Cambridge: Cambridge University Press, 1989.

④ John C. Calhoun, A Disquisition on Government, and A Discourse on the Constitution and Government of the United States, Melbourne Journal of International Law, 2007, Vol. 8, No. 7, pp. 78 – 94. John Rawls, A Theory of Justice, Revised Edition, Cambridge: Harvard University Press, 1953. Robert Nozic, Anarchy, State and Utopia, New York: Basic Books, 2013.

为政府间行为的实际作用……同意制定《国际联盟盟约》。"①

后来,《联合国宪章》(Charter of the United Nations)的序言也表达了同样的期望:"我联合国人民同兹决心,欲免后世再遭今代人类两度身历惨不堪言之战祸。"和平,作为一种价值,在《欧洲联盟条约》(Treaty of Maastricht)中,与在一些国家、国际组织或超国家组织的纲领性文件中一样,都得到了着重体现。② 国际金融机构同样致力于最小化或完全避免属于其职能范围的风险。这些风险可能会产生于经济领域的国际合作之中。③ 降低风险是规范全球化的努力的核心,无论这种风险是否会被概念化为跨国公司经营中的困境,④ 侵犯人权行为守则,⑤ 或者任何一种具体的违规行为。

风险这一概念,无论是隐含的还是明确的,都不存在于已知的犯罪团体的成文或不成文的纲领之中。例如,西班牙瓜尔杜的 1420 年宪法,一个建立在托莱多市的市民社会:"(第 1 条)每位有健康的视力和听觉、健全的四肢和良好的语言表达能力的绅士都可以成为瓜尔杜尼亚的一员。那些希望为我们兄弟会服务的老年人,无论是告知其将要做的行动,或是为其提供执行这种行动的手段,都可以成为会员。"⑥

将这一原则和价值宣言与 19 世纪发布的类似文件进行比较,《谦卑社会的宪法》:"(第 1 条)一个谦恭的社会或经由了美好改革的社会,能够团结所有有心之人,并在特殊情况下提供相互道德与物质帮助的目标。"⑦

文中提到的"特殊情况",以及在参加仪式宣誓就职引起的"特殊情况",

---

① 《1919 国际联盟公约》,[1919] UKTS 4 (Cmd. 153) / [1920] ATS 1 / [1920] ATS 3.
② European Union, Treaty on European Union (Consolidated Version), Treaty of Maastricht, 7 February 1992, Official Journal of the European Communities C 325/5; amended on 24 December 2002, available at: http: //www.refworld.org/docid/3ae6b39218.html, last visited on 26 August 2017.
③ 《国际货币基金组织协定条款》,https://www.imf.org/external/pubs/ft/aa/,访问日期:2017 年 8 月 26 日;《马拉喀什建立世界贸易组织协定》,https://www.wto.org/english/docs_e/legal_e/04-wto_e.htm,访问日期:2017 年 8 月 26 日。
④ 《经合组织"跨国企业准则"》,http://www.oecd.org/corporate/mne/1922428.pdf,访问日期:2017 年 8 月 26 日。
⑤ 《2015 现代奴隶法》,http://www.legislation.gov.uk/ukpga/2015/30/introduction/enacted,访问日期:2017 年 8 月 26 日。
⑥ Statuto della Guarduna, pp. 176-180, quotation on page 178.
⑦ Alberto Consiglio, La Camorra a Napoli, Napoli: Guida, 2005, p. 43.

不是指一般的风险概念，也不是抽象"自然状态"的结构。他们指的是为这些组织成员及其家属提供物质帮助。诸如"操作"这样的字眼是指盗窃、勒索、殴打或凶杀等行为。最后，归属宣誓则会使得成员信守忠诚和保密原则，并将由于个别人的背叛、不忠或不正当行为所可能导致的后果和责任从组织转嫁到犯错的个人身上。

缺乏对风险的关注与这些组织的排他性质相辅相成。所有的跨国监管系统——从联合国到中国的"一带一路"倡议——均允许其成员国同时属于多个规范体系，并遵守和践行本体系之外的道德守则，只要这些体系之间是大体一致的。在这个意义上，大多数跨国规范体系都是具有包容性的。此外，还存在一些能够使得不同的跨国规范体系之间可以进行交流，以便公正地解决成员之间可能出现的争端的机制；以及促进规范体系和最佳实践之间的互动转换的机制。与此不同的是，跨国犯罪集团是"封闭性主体"。除了组织头目或他们自称的老板之外，这些组织不会忠诚于其他任何人，也不允许其成员将这种忠诚带入到组织之外的任何其他体系。在这类组织里，成员必须要自动放弃本组织价值体系以外的一切内容，并且将本组织的价值体系视为最好的且唯一的。受跨国犯罪集团自身性质的影响，它们不参与合法移植、规范与实践的互相转换或合法融合的程序。相反，它们可以通过各种手段来阻止或者延迟这些程序，并将自己的不成文规则置于其他规范体系之上。随着时间的推移，这些团体很有可能成为假定的全球化组织的元结构：一个贯穿各种法律秩序的错综网络，其本身却没有任何意义的规则和规范。

国际法律文书，无论是具有约束力的条约，还是软法律、私领域规范体制，都会反映出一种价值结构，但是却会遭到地方环境的抵制。这种价值结构并非冲突的，并反映了大多数受其影响的人的关切。同时，它在不同程度上由其成员内化。犯罪集团的法律秩序在这种跨国法律秩序网络之下运作。它们通过从贿赂到选举舞弊、从威胁到攫取人才等手段来操纵法律秩序以服务其自身利益，阻碍或转移执法、裁决和问责的机制。如果法律秩序的合法性也是由其是否可以遵循内部准则而行事的标准来衡量，那么跨国犯罪集团的存在就可能损害那些被跨国公司和其供应链中产生的"困难"和外部因素所影响的人，以及被犯罪组织的发展所直接影响的人眼中的合法性。

四、风险是什么

什么是或者可能是国家以外的规范秩序的价值观与原则的共同核心呢？是否存在一种对于核心价值的客观需要，去区分那些用以确保内部成员的福利和规范秩序，以及用以制造风险的规范秩序；并将这些核心需要肆意分配给外部成员？毕竟，存在大量有约束力和不具约束力的手段，这些手段禁止犯罪组织的存在，或者惩罚贿赂或贩运等行为，或者向跨国公司施压使他们排除参与贩运或者从供应链中获利的承包商。鉴于某些行业的承包商确实陷入了犯罪集团，以及某些行业和地区的承包业务是许多洗钱渠道之一，这个问题仍然没有得到答复。

在让·博丹（Jean Bodin）和托马斯·霍布斯（Thomas Hobbes）创建了第一个现代国家主权的概念之后，① 在所有支持民族国家观念的宏大叙事中，风险论已经被国家、被并非由国家制定的规范制度，以及被个人接受。这些叙述已纳入赋予国家、国际组织生命的每一份书面文件中。此外，他们塑造个人行为，因为这些行为与个人与本国、外邦和其自身的成员都息息相关。全球治理格局的变化，将权力从国家转移到多元的跨国主体，确实需要建立灵活的治理机制。如果这样的机制不是以制度、主体和文化之间真正共享且坚实的核心价值观为前提，那么现有的治理机制就容易成为错综复杂的犯罪网络的牺牲品。

鉴于全球化的本质，以饮鸩止渴的方式通过排除全球治理体系的一部分而排除这些行为主体的做法是不可取的，因为这将破坏全球化的整体建设。同样

---

① 编者补充：社会契约无疑是人们在近代政治学中的一项伟大发明。虽然近代以前人类已经有社会契约的观念，但是直到从布丹和霍布斯的时代开始，人们才用社会契约来解决政治义务与国家权威的问题。社会契约理论的第一部杰作，来自霍布斯的《利维坦》。在主权方面，霍布斯主张主权在君，并认为主权者的权力也不受法律的限制，且不受他自己制定的法律的限制。与孟德斯鸠等人的分权主张不同，霍布斯认为构成主权的各项权力都是统一不可分的，他反对分权的主张，认为主权如果由几个机构分掌，就会使国家机能失调。他将国家分为三种政体，即君主政体、贵族政体和民主政体，并认为君主政体最好，因为君主政体能避免内乱。霍布斯主张的是一种极端的专制主义，他将布丹的主权至高无上理论发展到无以复加的程度，以至到了主权者不服从任何权威的地步。霍布斯的著作涉及最多的是刑法，他是从对罪与恶的区别与联系中得出犯罪的概念的，他把属于道德范畴的"恶"与属于法律范畴的罪加以区别。

不可行的是将这些行为人完全排除在威斯特伐利亚国家体系之外：有一些少数的犯罪组织也不同程度地参与了"二战"前后的民族国家的建设，解决了一些管理上的漏洞，帮助早期现代国家实现了自治社区管理和自治法律秩序。① 从国家诞生之日起，跨国组织就已经与其对立并共存了。

真正能为个人和全球化的所有其他参与者所发挥作用的极少数理论叙述之一，正是围绕风险而论的。当风险存在的时候，所有的全球化参与者都在自我构建。在大多数情况下，风险的存在不是一个人的恐惧投射，也不是一种修辞手段。风险正是由战争、革命、饥饿和种族灭绝等现象所证实的。尽管避免或消除风险的意图直接推动了全球化的各种参与者的出现，但它充其量也只是为这些参与者之诞生的正当性起到了一点辅助的作用，同时为全球化进程提供了可信度。

然而，风险的概念已被认为是定义社会人类状况、政治共同体和私人主体的主要因素。② 只要公民或其集体形态（政治团体、法人、跨国组织）在信息不完整的条件下作出整体或个体的决定，他们就必须要面对因其决定而导致的不必要的或有害的后果，就存在风险。因此，每当一个人有机会在两个或多个不同的行为方式中进行选择，并有能力判断自己的选择与决定与其可能引发的后果之间的关系，而不仅仅认为其是为命运或者机会所左右的，风险因素就存在。

在现代化和全球化的早期阶段，各种公和/或私领域的规范体制似乎都有能力轻易地限制、遏制或避免可能危害到个人和团体的不良后果。在古代中国，秦始皇巧妙地抵御了当时北方游牧民族的袭击。今天，面对更为复杂的武器设备，这种机制显然不足以避免它可能带来的潜在危险。目前的全球化形势已不再是居民和游牧民族之间的条约和受控贸易了。今天，各种风险很容易就会渗透到监督、评估、保护和监管之中。我们目前无法有效预测、评估和衡量风险的一部分原因正是在于风险本身的性质。

---

① Alberto Consiglio, cite.
② Niklas Luhmann, Risk: A sociological theory, Berlin: de Gruyter, 1993, Ulrich Beck, Risk Society, Towards a New Modernity, London: Sage, 1993.

阿拉伯语"rizq"和中世纪希腊语"risikòn"指的是奖赏给那些成功完成任务、从战争中活着回来并且没有留下任何终生残疾的战士一笔丰厚的财富报酬。与其他雇佣军或正规军作战的古代雇佣军，要对自己的参战决定负责，也要接纳其首领所采用的对城邦和其居民所造成的损害的方式。参军这一决定便因此将其生命置于危险之地，并且由此，战场上可能遇到的条件、战斗时间的长短，及其命运都充满着极大的不确定性。

这种不确定性不仅仅包括他们在军事行动中的生存问题，也涉及他们的补偿和薪酬：雇佣兵几乎得不到任何报酬，除非他们无所不用其极地掠夺在战场上所能掠夺的任何东西。仿照中世纪的希腊语，中世纪拉丁语"risicum"和"riscus"最初是用来指那些无法预见或控制的并可能威胁到某人或他人的财产完整或人身安全的情况。[①] 在现代语言中，风险是指这些威胁，以及对自然环境、健康、个人和企业人格（声誉和企业品牌）的象征性投射，或无形商品（知识产权）的"象征性预测"的损害。虽然风险的存在可能比以往任何时候都更加普遍了，但是这个词的含义并没有改变。同样没有改变的，还有风险的要素。风险具有事实性、规范性和关系性因素。

其中，风险的事实性因素与不确定性有关。不确定性是当事人并不知道（或知道的信息不完整或不完善）可能会在将来发生的事件。虽然当事人可能有能力预测一个或多个最可能的情况，但是现实中会发生的事情是不可能在毫无误差的情况下被预测的，即便是有先例存在或者有负责的定量方法协助也很难做到。不确定性不仅涉及在许多可能性之中发生的一种情况，而且还包括多种行动方案之一所引发的后果。

风险的规范性要素涉及未来可能出现的情景和后果。大多数这些后果都被认为不太适合那些可能选择采取具体行动方式的人，以及由于第三方选择的行为而遭受痛苦的人。

除了事实性要素和规范性要素之外，风险也有一个关系性因素。拉丁语"Mors tua Vita mea"很好地概括了一个后来因零和博弈游戏理论而被广泛知道

[①] Stefano Maso, Rischio e techne nella filosofia antica, in Il Rischio, Aspetti tecnici, sociali, etici, Pierluigi Barrotta ed., Roma: Armando, 2012.

的概念，因为它适用于风险承受。一个人的行为可能产生使很多人遭受损失的结果，而这些人本来与实施这个行为的决定并没有任何关系。例如，一家石油公司为节约成本而决定减少废水处理的投入，因此将废水倾倒进为公共饮水系统提供水源的河流之中。利润下降的风险应该一开始就被纳入石油公司的建厂决定之中。而现在，利润下降的风险却转嫁给了公共饮用水系统的用户：虽然石油公司避免了增加成本的风险，但公共供水系统的用户将不得不花费更多的资金用于医疗保健或购买瓶装水。

风险最小化是国家形成过程中所达成的社会契约的核心，也是成立国际组织或私营公司的合作协议的核心。然而，风险这一概念却从来没有被明确地上升到一个与其他形成和运作公私领域规范的原则一致的高度。相反，风险经常被认为是二级原则。因此，比起其他主要的国际法原则，风险并未被认为是塑造社会、经济和政治规范背后的动力。

五、结　论

尽管在社会学或政治哲学领域的地位比较有限，但规避风险的观念在使社会、经济和政治团体得以建立方面发挥了根本性的作用。它们是塑造全球化参与主体的行为的主要动力之一。"风险"和"风险规避"的概念确实在民族国家的选择和历史创造中发挥了重要作用，但它们的存在远超乎合法性、民族血缘情节和领土主权动力。同样，这些概念也是跨国公司及其供应商自愿采用的最有力且不成文的合规机制之一。毕竟，所有选择进入市场、拥抱不确定性，并充分考虑到对其不利的不可预见的事件，并积极采取措施的主体，都需要保护自己免受从信誉到生产场所、设备和工艺等风险因素对他们造成的影响。

不可预测性是风险的一个基本特征。所以，如果不考虑设备和场地等实体性实务可能面临的风险，对公司声誉的威胁而言，很可能是由于自然事件造成的。然而，这些威胁可能由那些有意从公司及其人员身上提取利润的人制造出来并随机分配的。这是有组织的犯罪集团的性质，也是他们在全球化进程中所发挥的作用。这种作用比那些传统的、在某些情况下甚至是过时的机制，例如主动和被动的行贿、权力寻租、滥用职权或妨碍司法等，更加有影响力。如果法规体系类似于生物实体，那么它们便可以体验共生过程，当然它们也与生物实体不同。前者是有意志力的，后者则不能。生物有机体无法选择是否允许自身由共生生物体生殖。共生体往往是互惠互利的，因为它减少了两种生命形式所可能接触到的危险。

对风险的任何讨论都可能被批评是否混淆了前提事件的在认识层面和实质层面发生的概率水平，并将这些事件从认识论领域转换为实体问题看待为前提的。对可能会这样做的人来说，哲学意义上的区别并不重要。对他们来说，更为重要的诉求是避免任何财产、人身或名誉方面所存在的潜在损害。自从东印度公司和帝国东非公司创立以来，这种诉求超过任何其他抽象概念，已经成为整体企业及其决策行为的决定性因素。

一份纲领性文件，无论其衍生出了一个国家、一个企业、某个国际金融机构，还是催生了一个人信仰体系的支柱，它本身也都同时是一种预防性文件。风险观念塑造了法律，产生了与国家或企业形象和文化相一致的原则。这些原则进而更为具体地为实质性和程序性规范、行为准则和最佳实践提供了一个有形的模板。在一些情形中，除了那些由于自身是非常广泛和通用的术语而被纳入一些框架的风险因素以外，其余的风险因素都未能被编纂。然而，通过鼓励不同的软法系统之间开展更紧密的相互联系，并将风险从辅助概念提升到作为企业社会责任的一种根本性概念，就可以更好地预见和避免由跨国犯罪集团制造的风险。

参考文献

[1] Gregory Todd Jones. Dynamic Jurisprudence：Law as a complex system [J]. Georgia State University Law Review, 2008, 24 (4)：47~58.

[2] John C. Calhoun. A Disquisition on Government, and A Discourse on the Constitution and Government of the United States [J]. Melbourne Journal of International Law, 2007, 8 (7)：78~94.

[3] Franck Capra. The Web of Life：A new scientific understanding of living systems, Noetic Science Review [J]. 1990, 32 (2)：102~104.

[4] Alberto Consiglio. La Camorra a Napoli [M]. Napoli：Guida, 2005：43.

跨境数据流动国际规制新发展：
困境与前路[*]

陈咏梅　张　姣　著[**]

摘要： 跨境数据流动的国际规制已逐渐成为新一轮双边、区域贸易谈判的新议题。美国极力倡导贸易数据的跨境自由流动，推动 TPP 成为第一个在"电子商务"章中纳入具有约束力的规制跨境数据流动的自由贸易协定，为未来贸易谈判提供了参考。而跨境数据流动国际规制面临各国数据本地化要求的障碍，主要表现为通过国内措施要求数据本地化存储并限制数据跨境流动。WTO 规则和 TPP 协定在识别数据本地化要求中的合法公共政策目标和不合理贸易限制时，存在适用上的不确定性及适用困难。本文认为，全球治理背景下跨境数据流动国际规制的未来路径，可以设计为在对数据进行分类的前提下，由各国通过谈判对分类数据加以承诺。中国则应当关注跨境数据流动国际规制的新发展，完善国内规制，并积极争取跨境数据流动国际规制的话语权。

关键词： 跨境数据流动；数据本地化；国际规制

2008 年全球金融危机使国际贸易和国际金融备受冲击，有评论担忧全球化

---

[*] 本文受 2016 年度国家社科基金项目"《跨太平洋伙伴关系协定》创新及中国应对研究"（16XFX023）、2017 年度西南政法大学学生科研创新项目"跨境数据流动的国际规制研究"（2017XZXS－014））和 2015 年度西南政法大学国际法学院科研创新项目"《跨太平洋伙伴关系协定》新议题研究"（2015T006）资助。

[**] 陈咏梅，西南政法大学国际法学院教授，博士生导师；张姣，西南政法大学国际法学院博士。

的进程因此而停滞。① 其实不然，全球化进入了数据流动（data flows）的新时代，信息技术与传统贸易的交汇融合引发了数据的迅猛增长和高速流动。互联网实现了信息的透明，进而提高了投资决策，使资本更加有效地进行分配。② 阿里巴巴、亚马逊等电商平台通过互联网获取、集合、处理和跨境传输信息，为跨境贸易商构建了世界级的用户社区，提供了潜在的客户资源和有效的联系方式，从而降低了国际交易成本，实现了新时代商业模式的扩张。③ 数据跨境流动不仅为服务业和电子商务业，还为制造业创造了价值。④ 2011年麦肯锡全球研究所（McKinsey Global Institute）的一项研究显示，互联网为传统制造业带来了75%的价值增长。⑤ 2016年，该所的另一项研究预测，所有类型的全球流动（包括货物、服务、资本和数据的流动）将为全球GDP带来至少10%的增长（相当于7.8万亿美元），其中，互联网数据流动贡献了2.8万亿美元。⑥ 该项研究中的数据全球流动主要由信息、搜索、通信、交易、视听和公司内部通信组成。⑦

---

① David Smick, Could Globalization Crack up?, International Economy, fall 2012, available at: http://www.international-economy.com/TIE_F12_FoundersPage.pdf, last visited on 15 August 2017; Joshua Cooper Ramo, Globalism Goes Backward, Fortune, 20 November 2012, available at: http://fortune.com/2012/11/20/globalism-goes-backward/, last visited on 15 August 2017; Jeffrey Rothfeder, The Great Unraveling of Globalization, Washington Post, 24 April 2015.

② Jonathan Woetzel, Gordon Orr, Alan Lau, Yougang Chen, Elsie Chang, Jeongmin Seong, Michael Chui, Autumn Qiu, China's Digital Transformation: The Internet's impact on productivity and growth. McKinsey Global Institute, July 2014.

③ Avi Goldfarb, Catherine Tucker, Privacy and Innovation, Innovation Policy and the Economy, 2012, Vol. 12, No. 1, pp. 83–84.

④ 例如，肯尼亚的学生注册总部位于美国加利福尼亚州的可汗学院所提供的网上数学私教课，跨国能源巨头宣布计划在全球4000座油井中使用传感器以远程监测生产，澳大利亚的制造商通过阿里巴巴从中国供货商处购买零件，印度临床试验机构将病人数据传送给美国药物研究人员，等等。See James Manyika, Susan Lund, Jacques Bughin, Jonathan Woetzel, Kalin Stamenov & Dhruv Dhingra, Digital Globalization: The new era of global flows. McKinsey Global Institute, Febuary 2016, p. 22.

⑤ Matthieu Pélissié du Rausas, James Manyika, Eric Hazan, Jacques Bughin, Michael Chui, Rémi Said, Internet Matters: The net's sweeping impact on growth, jobs, and prosperity. McKinsey Global Institute, May 2011.

⑥ James Manyika, Susan Lund, Jacques Bughin, Jonathan Woetzel, Kalin Stamenov & Dhruv Dhingra, Digital Globalization: The new era of global flows. McKinsey Global Institute, February 2016.

⑦ James Manyika, Susan Lund, Jacques Bughin, Jonathan Woetzel, Kalin Stamenov & Dhruv Dhingra, Digital Globalization: The new era of global flows, McKinsey Global Institute, February 2016, p. 8.

虽然数据流动带来了全球经济总量的增长，但毫无疑问，数据的无序流动为国家治理和国家安全提出了新的挑战。一些国家出于个人隐私保护、国家安全、防范外国监控等公共政策目的，不同程度地对跨境数据流动加以限制。[①]尤其是在2013年斯诺登曝光"棱镜计划"（PRISM）后，数据本地化要求及立法数量大大增加，但对于数据本地化要求能否有效实现公共政策目标，不少学者持怀疑态度。[②]此外，贸易保护主义也常常藏匿其中。[③]如何区分合理的公共政策需求和隐匿的贸易保护成为一大难题。美国极力倡导贸易数据跨境自由流动的国际经济贸易新规则，并使其逐渐成为新一轮双边、区域贸易谈判的新议题。2016年2月4日签署的《跨太平洋伙伴关系协定》（Trans-Pacific Partnership Agreement，以下简称TPP）成为首个将涉及数据跨境流动的约束性条款写入协定文本的自由贸易协定（Free Trade Agreement，FTA）。不能否认数据本地化要求对公共政策目标可以实现的贡献，但从国际贸易发展的视角出发，我们认为，数据跨境流动是未来贸易发展不可或缺的一个要素，如何在全球治理下促进数据的安全和充分流动是一个值得研究的命题。

一、跨境数据流动国际规制之现实障碍：数据本地化

"数据"是跨境数据流动自由化与数据本地化中最重要的概念。1980年经济合作与发展组织（The Organization for Economic Co-operation and Development，简称经合组织或OECD）在1980年发布的《关于保护隐私与个人数据跨境流动的指南》（Guidelines Governing the Protection of Privacy and Trans-border Flows of Personal Data）中首次提出"跨境数据流动"的概念。[④]其所指仅为个人数据。

[①] 例如，发达国家和地区中的欧盟、澳大利亚和韩国，以及发展中国家的中国、印度、印度尼西亚、越南、尼日利亚等。

[②] 例如，虽然韩国对地图数据要求本地储存，但即使地图服务商和服务器均位于韩国境内，位于境外的人仍可以轻易通过如Naver和Daum两大网站获取韩国的在线地图，甚至可以标出青瓦台的位置。See Lan Goh, Punishment Imposed if Map Data is Exported Overseas, Creative Economy Impeded by 50 - year -oldThorn, Joongang Ilbo, 20 August 2013.

[③] Shahmel Azmeh & Christopher Foster, The TPP and the Digital Trade Agenda：Digital industrial policy and Silicon Valley's influence on new trade agreements, LSE International Development, Working Paper No. 16, 2016, p. 175.

[④] OECD, Guidelines Governing the Protection of Privacy and Trans-border Flows of Personal Data, 1980, C (80) 58, Article1 (c).

早期的数据跨境流动国内规制，也限定在针对个人数据的范畴，例如澳大利亚《1988年隐私法案》。随着数字技术的发展，"数据"的外延不断扩大，包括如电子导航服务商的地图数据以及服务中收集、使用、提供的用户位置数据，搜索引擎服务商收集、加工的用户偏好数据等。如 TPP 第 14.2.2 条和第 14.11 条就明确规定其适用于影响电子商务的数据，数据形式为"电子形式"，内容包括但不限于个人信息。本文所讨论的"数据"亦不局限于个人数据，而是泛指"与国际贸易有关的数据"，除了与电子商务有关的数据外，还包含与货物贸易和服务贸易有关的数据。

"数据本地化"指一国要求收集或产生于该国的数据存储于境内，并限制或禁止数据跨境流动。"数据本地化"与数字工业政策或经济保护主义有关，但也通常蕴含公共政策目标，① 主要为：第一，国家安全保障。保障国家安全是许多国家限制数据流动时最常见的追求目标。例如，巴西、② 德国、③ 印度④要求与国家安全有关的数据必须存储于境内服务器。俄罗斯、⑤ 越南⑥和印度尼西亚⑦则将数据主权视为国家安全和防范外国监控的题中之义。有的国家特别

---

① Daniel Crosby, Analysis of Data Localization Measures Under WTO Services Trade Rules and Commitment. International Centre for Trade and Sustainable Development and World Economic Forum, March 2016.

② Decreto No. 8.135, de 4 de Novembro de 2013, Diário Oficial da União [D.O.U.] de 11.5.2013（Braz.）.

③ Beschluss des Rates der IT Beauftragtender Ressorts, Nr. 2015/5, 29 July 2015（Ger.）, cited in Matthias Bauer & Hosuk Lee – Makiyama, The Bundes Cloud：Germany on the edge to discriminate against foreign suppliers of digital services, Ecipe Bulletin, September 2015.

④ Ministry of Science and Technology, National Data Sharing and Accessibility Policy – 2012 [10], 17 March 2012,（Ind.）.

⑤ Federal Law No. 242 – FZ, On Amending Certain Legislative Acts of the Russian Federation for Clarification of the Procedure of Personal Data Processing in Information and Telecommunication Networks, dated on 21 July 2014, entered into force on 1 September 2016.

⑥ Decree on the Management, Provision and Use of Internet Services and Online Information, No. 72/2013/ND – CP. art 4.4, art 5（15 July 2013）（Viet.）.

⑦ Undang – Undang Tentang Pelayanan Publik [Public Service Law], Law No25/2009, 18 July 2009（Government Gazette of the Republic of Indonesia Year 2009, No. 112）, available at：http：//www.setneg.go.id//components/com_perundangan/docviewer.php?id=2274&filename=UU%2025%20Tahun%202009.pdf., last visited on 28 June 2017.

限制关键基础设施数据的跨境流动,尤其是关涉政府部门的数据,如德国[①]和法国[②]致力于为政府数据建立本地云端系统。越南在2013年颁布了《互联网服务和信息管理、提供和使用》,即72号指令,[③]该指令禁止在线传递损害"国家安全、社会秩序和安全"的信息,并要求互联网供应商(internet service providers, ISPs)至少将一个服务器设在本地以方便有关部门对信息进行检查、存储和提供。[④] 第二,维护公共道德或公共秩序。一些国家出于维护公共秩序或公共道德的目的,对某些数据跨境传输进行限制。这种限制可能普遍适用于本土或国际在线服务商或网站,也可能仅限制数据从境外传输至境内。例如,新加坡、[⑤] 黎巴嫩[⑥]和土耳其禁止成人娱乐网站的输入。[⑦] 第三,个人隐私保护。出于对本国公民个人隐私的保护而限制个人数据的跨境流动,是各国立法中较常见的目的。在健康和金融行业,这种限制更为常见。例如,2012年澳大利亚通过《个人控制的电子健康记录法案》(Personally Controlled Electronic Health Records, PCEHR),禁止除特定例外情形外的个人健康记录出境,[⑧] 这一规定从实质上即是要求管理健康数据的跨国企业在澳大利亚境内设立数据中心,或将该数据运营业务外包给澳大利亚境内的公司。[⑨] 第四,国内执法需要。即一国为了更便于在执法活动中掌握本国公民信息,要求电信服务商和网络运营

[①] HosukLee - Makiyama & Matthias Bauer, The Bundes Cloud: Germany on the edgeto discrimination against foreign suppliers of digital services, Ecipe Bulletin, September 2015.

[②] Valery Marchive, France Hopes to Turn PRISM Worries Into Cloud Opportunities, Zdnet, 21 June 2013.

[③] Decree on the Management, Provision and Use of Internet Services and Online Information (Vietnam), Decree No. 72/2013/ND - CP, July 15, 2013. Available at: http://www.moit.gov.vn/Images/FileVanBan/_ ND72 - 2013 - CPEng.pdf., last visited on 28 June 2017.

[④] Decree No. 72, art. 24.

[⑤] Internet Code of Practice, art. 4 (1 November 1997) (Sing).

[⑥] Mohammed Najem, Lebanon Bans Six Porn Sites, Sparks Fears of Future Censorship, Global Voices, 10 September 2014.

[⑦] Mustafa Akgül & Melih Kırlıdoğ, Internet Censorship in Turkey, Internet Policy Review, 2015, Vol. 4, No. 2, p. 51.

[⑧] PCEHR Act, Section 77.

[⑨] M. James Daley et al., The Impact of Emerging Asia - Pacific Data Protection and Data Residency Requirements on Transnational Information Governance and Cross - Border Discovery, in Sedona Conference Journal, 2015, Vol. 16, No. 1, pp. 201 - 216.

者将本国公民数据存储于域内。这源自美国微软案引发的担忧。① 该案由一起毒品案件的调查所引发，最大的争议点在于判断一国执法权能否管辖存放于境外服务器的数据。美国司法部认为，虽然该服务器位于爱尔兰，但服务器的所有者为微软，微软可以轻易地获取服务器中的数据，因此，微软作为美国公司，应当服从美国法律和司法部门的执法要求。② 但是，美国联邦第二巡回上诉法院裁定，由于该信息存放于微软爱尔兰数据中心，司法部的搜查令不具有域外效力，如果需要获取境外数据，只能通过双边司法协助的途径。③ 由于该案确认了一国执法权对数据的管辖受到该数据所在地域的限制，可能促使各国政府为避免域外执法，要求本国通信服务商和网络运营商将本国公民数据存放于域内的做法。④ 综上，数据本地化要求有其合理性，但也由此而成为数据跨境流动国际规制的现实障碍。

二、跨境数据流动国际规制之方向：自由化

2011 年，世界贸易组织（World Trade Organizition，以下简称 WTO）多哈回合期间，在磋商与服务贸易跨境流动有关的贸易壁垒议题时，美国和欧盟倡议，各成员应当达成共识，不得为互联网服务供应商设置障碍或阻碍在线信息的自由流动。⑤ 美国希望各成员利用 WTO 谈判讨论信息流动、网络安全和相关的隐私保护问题，但其他 WTO 成员对美国倡议热情不高。⑥

鉴于多边框架下对电子商务和数字议题谈判的进程缓慢，美国开始将此类议题转向双边和区域贸易协定谈判。2012 年，美国和韩国签订自由贸易协定

---

① In re Warrant to Search a Certain Email Account Controlled and Maintained by Microsoft Corporation, (2d Cir. 2015).

② In re Warrant to Search a Certain Email Account Controlled and Maintained by Microsoft Corporation, (2d Cir. 2015). at 12.

③ In re Warrant to Search a Certain Email Account Controlled and Maintained by Microsoft Corporation, (2d Cir. 2015). at 7 – 9.

④ Reema Shah, Law Enforcement and Data Privacy: A Forward – Looking Approach, Yale Law Journal, 2016, Vol. 125, No. 2, pp. 543 – 558.

⑤ Unkown, US and EU proposal forbidding blocking, Inside U. S. Trade, 5 July 2011.

⑥ Unkown, WTO Members Seek Services Accord as Doha Stalls, Bloomberg News, 3 February 2012.

(The Free Trade Agreement Between the United States of America and the Republic of Korea, KORUS FTA)，在"电子商务"章节中，KORUS FTA 首次提及数据自由流动问题。KORUS FTA 第 15.8 条要求各缔约方"尽量避免对电子信息跨境流动强加或维持非必要的壁垒"。① 但该条并未禁止各缔约方设置贸易壁垒，也没有明确何为"必要"或"非必要"的壁垒。显然，从上述表述进行判断，该条要求不具有强制性。另外，KORUS FTA 没有明确规定出于合理例外情形的需要而设置的壁垒是否属于"必要"，例如，出于网络安全或隐私保护等目的而设置的壁垒。再者，该协定也未明确规定缔约一方能否适用该条规定在未来争端中挑战设置此类壁垒的另一缔约方。除"电子商务"章外，KORUS FTA 的"金融服务"章也首次涉及金融机构信息的跨境传输，规定"缔约一方应当允许另一方的金融机构，出于正常业务范围的需要，将电子形式或其他形式的信息传输入境或出境，以对其进行数据处理"。② 与"电子商务"章节一样，该表述也呈现出原则性的特点，亦未准确界定何为"正常业务范围"。但美国贸易代表委员会认为，KORUS FTA 的"金融服务"章具有"开创性"意义，相比美国此前签订的多数 FTA，该章所涉范围更加广泛，如涉及数据跨境流动问题。③ 尽管仅是框架性的规定，但考虑到数据流动条款对金融服务机构的重要性，KORUS FTA "金融服务"章节的上述规定将为美国未来 FTA 文本奠定基础。

在与韩国签订涉及电子商务和金融信息跨境流动的原则性条款后，美国决定在未来贸易谈判中为数据跨境流动引入具有约束性和可诉性的条款。④ 在 2011 年 TPP 第七轮谈判时，美国即首次将强制性的跨境数据流动规制列入草案文本中。⑤ 美国的主要目的是依据设置的数据本地化要求，对本地科技行业提

---

① 参见 KORUS FTA 第 15.8 条。
② 参见 KORUS FTA 附件 13 – B。
③ Unkown, "KORUS FTA Facts: New Opportunities for Financial Services", available at: https://ustr.gov/archive/assets/Document_Library/Fact_Sheets/2008/asset_upload_file972_15191.pdf., last visited on 29 June 2017.
④ Susan Ariel Aaronson, The Digital Trade Imbalance and Its Implications for Internet Governance, Institute for International Economic Policy Working Paper Series, IIEP – WP – 2016 – 7, p. 13.
⑤ Unkown, Official Says US Tabled Text on Free Data Flow at Vietnam TPP Round, Inside U. S. Trade, 22 July 2012.

供保护并阻止外国数据服务商进入本国市场的国家。① 当时，一些 TPP 谈判国基于不同的原因而无法接受美国这一提议。澳大利亚、新西兰和加拿大希望 TPP 能在个人数据的跨境流动领域为其留存安全监管的空间。② 越南则直接表示反对，认为美国的这一提议与其国内基于国家安全而限制互联网使用和数据传输的法律相冲突。③ 另外，马来西亚国内法也对跨境数据流动进行了特别的限制。④ 新加坡的诉求则是为该条款设置例外，以便其基于对公共道德的保护而限制数据流动。⑤ 从 2013 年泄露的 TPP 电子商务章节草案来看，当时 TPP 各缔约方仍然未能在数据流动规制条款上达成一致。⑥

虽然我们无法得知博弈的细节，但 TPP 各方最终解决了上述分歧。TPP 成为第一个在"电子商务"章纳入具有约束力的条款用以规制数据跨境流动⑦并限制数据本地化存储的自由贸易协定。⑧ 综观 TPP 的规定，TPP 对跨境数据流动的规制体现在三个层面：第一，强制要求各方允许数据跨境流动。TPP 第 14.11.2 条规定，当通过电子方式跨境传输信息是为"涵盖的人（covered person）"开展业务时，缔约各方应允许此跨境传输，包括个人信息的传输。并且，TPP 对"涵盖的人"这一术语进行了界定，除了不包括所有类型的金融机构或金融服务的跨境供应商外，包括了所有其他服务供应商、投资及投资者。⑨ 第二，禁止数据本地化。TPP 第 14.13.2 条禁止任何一方将要求"涵盖的人"使用该国境内的计算设备或将计算设备设置于该国境内作为允许其在该国境内

---

① Unkonwn, TPP Countries to Discuss an Australian Alternative to Data Flow Proposal, Inside U. S. Trade, 6 July 2012.

② Ibid.

③ Decree on the Management, Provision and Use of Internet Services and Online Information (Vietnam), Decree No. 72/2013/ND – CP, 15 July 2013.

④ Personal Data Protection Act 2010 (Malaysia), Act No. 709 (Adopted 2 June 2010) Section 129 (1).

⑤ Unkown, Vietnam Seeks Delay on Enforceability of TPP E – Commerce Commitments, Inside U. S. Trade, 7 November 2014.

⑥ Wikileaks, "TPP Country Positions", November 6, 2013, available at: http://big.assets.huffingtonpost.com/1296_ 001. pdf. , last visited on 28 June 2017.

⑦ TPP 第 14.11 条。

⑧ TPP 第 14.13 条。

⑨ TPP 第 14.1 条。

从事经营的条件。因此，除非出现 TPP 第 14.13.3 条规定的例外情形，TPP 各缔约方不得要求其他缔约方的服务供应商在当地存储数据。第三，例外情形。TPP 第 14.11.3 条和 14.13.3 条分别规定了信息跨境传输和计算设备本地化的法定例外情形。① 上述两条规定均允许各缔约方为实现公共政策目标而"采取或维持"（adopt or maintain）与该第 14.11.2 条和第 14.13.2 条不一致的措施，并且，TPP 进一步规定了该措施不得以构成任意或不合理歧视的方式实施，或对国际贸易构成变相限制；以及不得对信息传输（或计算设备的使用和设置）施加超出实现合法公共政策目标所必需的限制。我们可以发现，TPP 在上述两条中均使用了"采取或维持"一词，这表明，TPP 的要求不仅针对现存措施，而且针对未来措施。

特别值得一提的是，2016 年 10 月，新加坡与澳大利亚就《新加坡—澳大利亚自由贸易协定》（Singapore – Australia Free Trade Agreement）达成修订协议，在该协定的电子商务一章中，几乎将 TPP 第 14 章"电子商务"内容完全纳入新修订协议之中。② 此外，正在进行的《跨大西洋贸易与投资伙伴关系协定》（Transatlantic Trade and Investment Partnership，以下简称 TTIP）③ 和《服务贸易协定》（Trade in Services Agreement，以下简称 TiSA）谈判，④ 也有谈判参与方提议，引入与 TPP 类似甚至相同的电子商务条款。⑤ 当然，欧盟和美国在数据流动和个人隐私保护问题上持有不同观点，就此问题而言，双方可能提出不同诉求的谈判版本。再者，就中国参与的《区域综合经济伙伴关系协定》（Regional Comprehensive Economic Partnership，以下简称 RCEP）而言，包括中

---

① 后文将对该两条规定进行更详细的论述。

② Agreement to Amend the Singapore-Australia Free Trade Agreement（signed on 13 October 2016），Chapter 14.

③ Unknown，TTIP Consolidated Proposed Electronic Communications/Telecommunications Text，Greenpeace Netherlands，available at：https：//www.ttip – leaks.org.，last visited on 28 June 2017.

④ Wikileaks，"TISA Annex on Electronic Commerce"，May 2016. https：//wikileaks.org/tisa. See also，Wikileaks，"TISA Localization Provisions"，June 2016，available at：https：//wikileaks.org/tisa.，last visited on 28 June 2017.

⑤ Neha Mishra，The Role of the Trans-Pacific Partnership Agreement in the Internet Ecosystem：Uneasy Liaison or Synergistic Alliance？，Journal of International Economic Law，2017，Vol. 20，No. 1，p. 34.

国在内的谈判方也提出了在协定中纳入涉及跨境数据流动的条款。① 总地看来，跨境数据流动正在受到国际规制，并逐步迈向自由化的方向。

三、跨境数据流动国际规制之成效检视：基于 WTO 和 TPP 视角的分析

乌拉圭回合谈判于 1993 年年底结束之时互联网尚未普及，各 WTO 成员在谈判各议题并作出具体承诺时无法预料当今跨境数据流动的迅猛发展，因而没有能够针对跨境数据流动进行多边规制，导致通过适用 WTO 现有规则规制跨境数据流动存在一些难以克服的困难。

（一）多边框架下规制跨境数据流动的困境

诚然，WTO 没有专门针对跨境数据流动的规则或条款。但在 WTO 中，的确存在一些涉及影响数字贸易的协定。② 而 WTO 的现有规则能否用于规范各成员对跨境数据流动的限制，需要逐案分析。当专家组/上诉机构在选择法律适用时，需要首先对数据流动涉及的贸易类型进行归类，以辨明其适用于 WTO 的货物贸易规则还是服务贸易规则。如若是借助数字产品等实物商品载体进行交易的数据，例如可用于读取软件或音乐的电子光盘，对这类数据的限制措施会影响到相关的货物贸易，这将与各成员在 GATT1994 及 TRIPS 项下的义务有关。如若是跨境服务贸易中产生的数据，例如全球酒店预订服务商 Agoda 在为用户提供住宿预订过程中收集或产生的个人身份信息和出行数据。这种情形更为常见，因为通常情况下，跨境数据流动无须借助实体媒介，而是随服务贸易而产生并以电子形式进行流动。因此，此时涉及 GATS 项下义务的可能性较大。如若是伴随大数据时代而产生的以电子数据为商品的交易形式，例如美国实时交通数据提供商 Inrix 将收集到的交通状况数据出售给一家投资基金，后者利用

---

① RCEP Working Group on Electronic Commerce, "Terms of Reference", February 2015, available at: http://www.bilaterals.org., last visited on 28 June, 2017.
② 例如，《信息技术协定》（Information Technology Agreement, ITA）要求消除数字产品关税；《与贸易有关的知识产权协定》（Agreement on Trade-Related Aspects of Intellectual Property Rights, TRIPS）可保护与信息有关的知识产权，如电脑程序。

该数据中某商场附近的交通状况来推算该商场的零售销量，从而在该商场的季度财政报表公布前，利用该分析结果对该商场进行股权投资。① Inrix 出售的数据既不属于附随服务贸易产生的数据，也无须借助任何实物载体，难以归入现有的货物或服务贸易类型。因此，涉及此类交易的数据跨境流动，难以适用货物贸易或服务贸易规则加以规制。

我们以服务贸易为例进一步对此进行阐析。在分析 WTO 某一成员对数据跨境流动的限制措施是否违反 GATS 项下的义务时，专家组/上诉机构首先需要对该措施对应的服务提供模式进行归类。GATS 第 1.2 条将服务贸易定义为四种模式，即跨境交付、② 境外消费、③ 商业存在④和自然人流动。⑤ WTO 各成员以上述不同模式为基础，针对不同部门或分部门作出了程度各不相同的具体承诺。因此，提供模式的不同导致了履行不同的承诺。跨境交付（模式 1）应当是涉及跨境数据流动最多的模式，因为服务的跨境流动，往往也伴随着消费者数据和商业数据的跨境流动。当 WTO 成员通过模式 1 对某一服务的跨境交付作出承诺时，也包含了允许数据跨境流动的承诺。⑥ 因此，WTO 成员对数据跨境流动的限制，反过来可能影响到该成员在某一服务部门项下就模式 1 而作出的承诺。例如，在 US-Gambling 案（DS285）中，专家组和上诉机构将安提瓜向美国提供的在线博彩服务认定为"跨境交付"模式。⑦ 由于美国在其服务贸易承诺表 10. D 项 "其他休闲服务（运动除外）" 下作出了 "跨境交付" 市场

---

① ［美］维克托·迈尔-舍恩伯格、肯尼思·库克耶：《大数据时代：生活、工作与思维的大变革》，盛杨燕、周涛译，浙江人民出版社 2013 年版，第 174 页。

② 根据 GATS 第 1 条第 2 款第（a）项，"跨境交付"指"自一成员领土向任何其他成员领土提供服务"。

③ 根据 GATS 第 1 条第 2 款第（b）项，"境外消费"指"在一成员领土内向任何其他成员的服务消费者提供服务"。

④ 根据 GATS 第 1 条第 2 款第（c）项，"商业存在"指"一成员的服务提供者通过在任何其他成员领土内的商业存在提供服务"。

⑤ 根据 GATS 第 1 条第 2 款第（d）项，"自然人流动"指"一成员的服务提供者通过在任何其他成员领土内的自然人存在提供服务"。

⑥ Daniel Crosby, Analysis of Data Localization Measures Under WTO Services Trade Rules and Commitment, International Centre for Trade and Sustainable Development and World Economic Forum, March 2016, p. 3.

⑦ United States — Measures Affecting the Cross-Border Supply of Gambling and Betting Services, WT/DS285/R, paras. 6. 285 – 87, para. 6. 29.

开放的承诺,而专家组和上诉机构进一步认为,美国服务贸易承诺表 10. D 项涵盖了对赌博服务的承诺。① 因此,美国在 10. D 项下对在线博彩服务"跨境交付"作出的承诺,也包含了对在线博彩服务数据跨境的承诺。另外,GATS 服务贸易的其他模式也可能与数据跨境流动有关。例如,在 China-Electronic Payment Services 案(DS413)中,专家组在界定中国在"所有支付和汇划服务"部门下的承诺时,认为服务减让表中承诺的部门应当包括"任何属于该部门定义范围的服务行为",而不论该行为是否在减让表中的部门或分部门中被列举。② 从专家组的裁决可推断,"所有支付和汇划服务"涵盖了跨境电子支付中的所有服务行为,包括消费者和服务提供者之间的数据流动。另外,该案专家组裁定中国对电子银行支付卡的措施既违反了中国在"跨境交付"模式下的义务,同时还违反了中国在"商业存在"模式下的义务。③ 因此,对数据流动限制的措施除了与模式 1 有关,还可能涉及成员在模式 3 下的承诺。

除了服务模式外,在判定某一措施是否违反某一成员所承诺的义务时,还需要对该措施所涉及的服务部门进行归类,用以比较该措施与某成员在该部门项下承诺的一致性,这并非易事。WTO 成员常用的部门划分依据是《联合国中央产品分类》(United Nations Central Product Classification, CPC),但该分类系统并未与科技发展同步。当前,与数据有关的产品分类仅有代码为 84 "计算机及相关服务"项下的两个子目,代码分别为 843 "数据处理服务"和 844 "数据库服务",④ 以及代码为 752 "电信服务"项下的子目,代码为 7523 "数据及信息传输服务"。⑤ 而服务提供者在涉及数据流动时所广泛运用的云计算服务、社交网络平台服务等,则难以恰当地归入上述子目。因此,涉及跨境数据

---

① United States — Measures Affecting the Cross-Border Supply of Gambling and Betting Services, WT/DS285/R, para. 6. 102.

② United States — Measures Affecting the Cross-Border Supply of Gambling and Betting Services, WT/DS285/R, para. 7. 179.

③ China – Certain Measures Affecting Electronic Payment Services, WT/DS413/R, para. 8. 1 (f) (i).

④ 《联合国中央产品分类》,UNSTAT 网站,available at: https://unstats.un.org/unsd/cr/registry/regcs.asp?Cl=9&Lg=1&Co=84., last visited on 29 June 2017.

⑤ 《联合国中央产品分类》,UNSTAT 网站,available at: https://unstats.un.org/unsd/cr/registry/regcs.asp?Cl=9&Lg=1&Co=752., last visited on 29 June 2017.

流动的服务部门划分只能在争端解决过程中通过个案予以解决。在解决服务模式和服务部门的归类问题之后，专家组/上诉机构还需要逐条审查被诉措施是否违反了 GATS 的最惠国待遇（第 2 条）、国内规制（第 6 条）和市场准入（第 16 条）等义务，以及是否能够援引一般例外（第 14 条）和国家安全例外（第 14 条之二）加以排除。鉴于此，WTO 未对跨境数据流动进行直接规制的缺陷导致了适用上的不确定性，甚至适用的困难，而目前只能寄希望于在争端发生时采取逐案分析的方式，以确定跨境数据流动应当适用的具体协定及该协定项下的具体条款。

（二）TPP 规则面临的适用难题

在区域层面，TPP 努力实现"自由开放的互联网"的目标值得肯定，但纵观 TPP 相关条款，TPP 第 14.11 条和第 14.13 条仍然存在局限性，未能提供充分的法律确定性。另外，TPP 各缔约方通过协定的例外规定寻求"合法公共政策目标"所带来的潜在冲突，可能并不能够理想地通过 TPP 争端解决机制予以解决。TPP 规则适用的难题主要体现在以下两个方面。

一方面，满足 TPP 规制条件的跨境数据难以识别。TPP 协定第 14 章的目标是促进互联网的开放和电子商务的跨境自由流动。[①] TPP 第 14 章仅适用于缔约方采取或维持的影响电子商务的措施，不适用于政府采购或缔约方以政府名义持有或处理的信息，或与此信息相关的措施，包括与信息收集相关的措施。[②] 因此，TPP 第 14 章规制的重点为商业交易，而非政府处理的信息。如某一措施要求对政府数据进行本地化存储，将不受该章影响；即便是商业实体受雇于政府部门或代表政府部门被要求数据本地化存储，也不受该章影响。另外，与 KORUS FTA 不同的是，TPP 对数据流动和本地化的规制排除了金融数据。TPP 第 14.11.2 条对纳入规制的跨境数据进行了限定，一是形式为"电子方式"，二

[①] TPP 第 14.2.1 条。
[②] TPP 第 14.2.2 条和第 14.2.3 条。

是"为涵盖的人开展业务"。① 其中,"涵盖的人"在TPP第14.1条中被明确为第9章(投资)所定义的"一国涵盖的投资或投资者",以及第10章(服务)所定义的"服务提供者",但不包括第11章(金融服务)所定义的"金融机构"或"缔约方的跨境金融服务提供商"。②

单从数据的形式看,TPP规制的适用范围较大,因为当前大多数数据都通过互联网传输,符合TPP的"电子方式"这一限定。但TPP第14.11.2条要求"为涵盖的人开展业务",意味着受规制的数据与"涵盖的人开展业务"之间应当存在特定程度的联系,此表述带来了适用上的困境。因为判断该联系的前提是需要知晓该数据的内容,这在实践中难以实现。因为互联网具有点对点的功能,除非ISPs对数据进行监控或过滤,否则网络基础设施不会主动审查其传输的数据。而互联网庞大的信息量意味着主动审阅的实现需要耗费巨大的成本。并且,即便是内容审查的难题得以解决,如何判断数据与"涵盖的人开展业务"之间的关系,仍不甚明了。实践中,表面上看起来与商业活动无关的信息,服务供应商是否可以辩称该信息与其业务相关?例如,包含性取向的个人信息,网络新闻服务商能否辩称该信息数据能够帮助其实现消费者个性推送服务,如向同性恋者、双性恋者和跨性别者(LGBT)推送与其性取向相关的新闻?因而该个人信息满足与"涵盖的人开展业务"这一要求?因此,在数据和涵盖业务之间建立联系不仅耗费成本,且可行性存疑。

另一方面,TPP例外条款表述的模糊亦带来适用困难。TPP第14.11.3条③和第14.13.3条分别规定了该协定例外的适用条件,④但均未对其中的"合法公共政策目标"予以界定。这样处理的原因不详,或许该条款的用语已经经过深思熟虑,尽管在法律上存在不确定性,却保护了各缔约方的监管自治权,使

---

① TPP第14.11.2条规定:"当通过电子方式跨境传输信息是为了涵盖的人开展其业务时,缔约方应允许此跨境传输,包括个人信息。"
② TPP第14.1条。
③ TPP第14.11.3条规定:"本条不得阻止缔约方为实现合法公共政策目标而采取或维持与第2款不符的措施,条件是该措施:(a)不得以构成任意或不合理歧视的方式适用,或对贸易构成变相限制;及(b)不对信息传输施加超出实现目标所需要的限制。"
④ TPP第14.13.3条规定:"本条不得阻止缔约方为实现合法公共政策目标而采取或维持与第2款不符的措施,条件是该措施:(a)不得以构成任意或不合理歧视的方式适用,或对贸易构成变相限制;及(b)不对计算设施的使用或位置施加超出实际目标所需要的限制。"

其可以在高速发展的互联网经济中为保护公共利益而采取必要的措施。然而，这将为实践带来无尽的难题。现实中，各国政治、文化、价值观的不同导致对"合法公共政策目标"的诉求不同。当某一特定政策目标被一些 TPP 缔约方认定为合法正当，但被另一些缔约方认定为不合法时，例如对言论自由的审查和限制，那么究竟该如何判定？另外，TPP 第 14.11.1 条①和第 14.13.1 条中的"各自监管需求"和第 14.11.3 条和第 14.13.3 条中的"合法公共政策目标"之间是否存在某种关联？② 再者，国际宣言或条约，例如《世界人权宣言》中达成共识的原则能否作为"合法公共政策目标"判断时的考虑因素？对于这些问题，目前无法回答，只有待未来 TPP 生效后，由发生争端时的争端解决专家组予以解答了。

因此，如果发生 TPP 第 28 章所指的国与国之间的争端，TPP 专家组将面临一项具有挑战性的任务。第一，专家组需要解释"合法公共政策目标"的内涵和外延。根据《维也纳条约法公约》（Vienna Convention on the Law of Treaties，VCLT）第 31.1 条的规定，③ 专家组可将 TPP 第 14 章作为适用法，并结合第 29.1.3 条的规定，用于解释何为"合法公共政策目标"。因为 TPP 第 29.1.3 条提及第 14 章。根据 TPP 第 29.1.3 条的规定，就第 14 章而言，GATS 第 14 条（a）（b）（c）款经必要修订后纳入 TPP 并成为 TPP 的组成部分。④ 因此，GATS 第 14 条中规定的例外情形，例如公共道德、公共秩序、隐私和消费者保护等概念，可以作为专家组理解 TPP 第 14.11.3 条和第 14.13.3 条"合法公共政策目标"的参考。第二，判断一缔约方采取的某一限定措施与"合法公共政策目标"之间具有何种程度的联系并非易事。如前所述，对于限制数据跨境流

---

① TPP 第 14.11.1 条规定："各缔约方认识到每一缔约方对通过电子方式跨境传输信息可能有各自的监管要求。"

② TPP 第 14.13.1 条规定："各缔约方认识到每一缔约方对于计算设施的使用可能有各自的监管要求，包括寻求保证通信安全和保密的要求。"

③ 《维也纳条约法公约》第 31.1 条规定："条约应依其用语按其上下文并参照条约之目的及宗旨所具有之通常意义，善意解释之。" See Vienna Convention on the Law of Treaties, art 31 (1), 23 May 1969, 1155 U.N.T.S. 331 (entered into force on 27 January 1980).

④ 参见 TPP 第 29.1.3 条。该条列于 TPP 第 29 章"例外和总则"项下。除了第 14 章以外，该条还规定了第 10 章（跨境服务贸易）、第 12 章（商务人员临时入境）、第 13 章（电信）和第 17 章（国有企业和指定垄断）适用该条规定。GATS 第 14 条是关于"一般例外"的规定。

动的特定措施是否能够实际产生保护个人隐私或公共安全的效果本身存在争议。实践中，当追求正当目标为贸易保护主义创造了机会时，数据本地化措施背后的政策意图也并非容易被识别。第三，TPP 第 14.11.3 条和第 14.13.3 条的（a）项和（b）项均借鉴了 GATS 第 14 条和 GATT 第 20 条的类似表述。① 故我们认为，WTO 专家组/上诉机构认定"任意或不合理的歧视"或"变相的贸易歧视"的判例可以为 TPP 条款的解释提供参考。② 并且，这完全可能成为 TPP 生效后的一种普遍做法，因为，不少 TPP 条款以 WTO 协定条款为基础，WTO 与这些条款有关的判例法可以成为解释 TPP 协定条款的依据。③ 另外，在评判某一措施是否超过实现各缔约方政策目标所必要的限度时，TPP 专家组还可以采用类似于 GATT 第 20 条的"必要性测试"。④

综上所述，满足 TPP 规制条件的跨境数据的识别困难和"合法公共政策目标"例外的解释困难，削弱了 TPP 数据流动条款适用的确定性。此外，解释过程中需要运用的技术知识，也可能超出贸易争端专家的专业知识范围，而使该难题变得更加复杂。例如，数据安全的认定，测量数据流量以判定数据本地化措施产生的限制性影响等，这些问题看似不能从现有规则中找到答案，只能向专业专家寻求意见，而类似 TPP 协定的表述正在被其他国际贸易协定借鉴。⑤

---

① TPP 第 14.11.3 条和第 14.13.3 条的（a）（b）项均模仿 GATS 第 14 条和 GATT 第 20 条表述为：（a）不得以构成任意或不合理歧视的方式适用，或对贸易构成变相限制；以及（b）不对……超出实现目标所需要的限制。

② United States — Measures Affecting the Cross-Border Supply of Gambling and Betting Services, WT/DS285/AB/R, paras. 339, 344, 356; WTO Appellate Body Report, United States — Import Prohibition of Certain Shrimp and Shrimp Products, WT/DS58/AB/R, paras. 156, 159; United States — Standards for Reformulated and Conventional Gasoline, WT/DS2/AB/R, paras. 22 – 24; Brazil — Measures Affecting Imports of Retreaded Tyres, WT/DS332/R, paras. 7.272 – 7.273.

③ 从某种程度上，WTO 争端解决机构的裁决可构成《国际法院规约》第 38 条第 1 款（d）项规定的确定法律规则的附属手段；也可被视为 VCLT 第 32 条规定的解释条约的补充手段。参见陈咏梅："WTO 法在区域贸易协定解释中的适用探究"，载《现代法学》2014 年第 4 期，第 154~163 页。

④ Brazil-Measures Affecting Imports of Retreaded Tyres, WT/DS332/R, paras. 7.379 – 7.380. See also United States-Measures Affecting the Cross-Border Supply of Gambling and Betting Services, WT/DS285/R, paras. 239 – 242; Korea-Measures Affecting Imports of Fresh, Chilled and Frozen Beef, WT/DS161/AB/R, paras. 164, 166.

⑤ E.g. TISA, Article X.3.5 bis (as proposed by Australia); Amendment to SAFTA, Articles 14.13.3, 14.15.3.

四、跨境数据流动国际规制之路径设想：通过谈判承诺促进分类数据的流动

如前所述，TPP 作为跨境数据流动国际规制的最新成果，其采用的一般约束性规则加例外的规制路径，极有可能导致 TPP 规制跨境数据流动条款的适用陷于各缔约方政策目标的冲突之中，而要协调各缔约方政策目标的冲突至少在短期内无法实现。例如，尽管对个人隐私的保护目前在世界各国已达成一定程度的共识，① 但对于哪些数据应当被纳入个人隐私的范畴，各国的规定仍然存在不一致。因此，对于未来跨境数据流动的国际规制，我们试图另辟蹊径，避免追求各国政策目标的协调性，也不力图寻求在贸易协定中对"合法公共政策目标"进行明确的界定，因为这的确难以界定，而是尝试像货物产品分类和服务部门分类那样，将数据进行分类，并通过多边、区域抑或多边谈判对已分类数据逐类加以承诺开放，以此来促进数据的安全及充分流动。

（一）数据分类

在对数据进行分类前，我们主张，承认各国对数据拥有主权，并通过协调数据主权的定义和内涵，解决数据管辖权冲突等问题。明确数据本地化要求的合法性，依据为各国的数据主权，即一国对其拥有主权的数据，可提出本地化要求而不受质疑。在此基础上，互联网被视为有国界，将各国对数据出境的限制视为各国具有的一般性权利，将各国赋予数据出境的自由视为各国的特殊性义务，而该特殊性建立在对数据分类开放的承诺之上。因此，首先需要解决的问题是如何对数据进行分类。数据类型可基于持有主体的不同而划分，② 还可基于产生或收集数据的行业而划分。③ 但无论以何种方式对数据进行分类，均无法回避一个问题，即数据的交叉性。例如，同样是地图数据，可能由国家测

---

① 截至 2015 年 2 月，全球 109 个国家或地区制定了个人数据保护法规。See Graham Greenleaf, Global Data Privacy Laws 2015: 109 Countries, with European Laws Now a Minority, Privacy Laws & Business International Report, February 2015, p. 133.

② 例如，持有该数据的主体为企业，不论该数据的内容是否与消费者个人相关，均归为企业数据；如持有该数据的主体为国家，则不论该数据与企业合法经营是否相关，均归为国家数据。

③ 例如，金融服务中产生的数据，或电信服务中产生的数据等。

绘部门持有，也可能由地图服务运营商持有；同样是个人收入信息，可能产生于金融服务提供商，也可能产生于电商平台。加之一般情况下，各国是否对数据流动进行限制，并不取决于其持有主体，也不取决于产生或收集数据的行业，而是基于数据的内容。因此，可以考虑成立类似于联合国统计委员会那样的国际机构，根据数据的内容属性，对数据进行分类。

（二）通过谈判对分类数据的流动自由作出承诺

在对数据进行合理分类后，借鉴服务贸易部门开放或货物贸易关税减让谈判的形式，由国际贸易协定的各谈判方就数据的流动自由进行谈判。至于承诺减让表的形式，可采用混合清单的模式，即先由各国根据国内治理需要，列示出需要纳入限制的数据范围，承诺该范围以外的数据一律不予限制，即负面清单模式。在此基础上，进一步通过谈判，采用正面清单模式，对列入清单中的限制数据的可开放种类作出承诺。考虑到多边谈判国与国之间对数据保护或个人隐私保护立法水平的不一，可参考欧盟的做法，① 尝试在多边协定下设立专门机构或借助其他国际机构，根据各国自行提供的数据保护法律、法规和缔结的条约，对各国的保护水平进行分级评定。在此前提下，各国的正面清单谈判可针对不同评定级别的国家分别进行，并作出不同水平的数据开放承诺。

在谈判中有两类数据需要予以阐明：一是涉及国家机密的数据不纳入承诺谈判范围；二是涉及企业商业机密和个人隐私的数据，即便未被一国纳入限制

---

① 欧盟《1995年数据保护指令》（Directive 95/46/EC）认识到数据跨境流动对贸易的必要性。同时，当与欧洲公民有关的数据在全世界范围传递时，该指令希望能确保该数据获得有效保护。当数据可以被一国国内法或外国公司的合同安排所充分保护时，该指令允许数据被传送出欧盟境外。为此，欧盟理事会和欧洲议会授权欧盟委员会，根据该指令裁定欧盟外第三国是否基于国内法或国际承诺对数据实施了充分保护。迄今为止，欧盟委员会确认十二个国家和地区对数据能够实施充分保护，即安道尔、阿根廷、加拿大、法罗群岛、根西岛、以色列、英属曼岛、新西兰、泽西岛、瑞士、乌拉圭和美国。这12个国家中，欧盟委员会并未直接认可美国国内法对个人数据的有效保护，但鉴于与美国之间数据传输量之庞大，双方签署了安全港协议（EU-US Safe Harbor）。2015年10月6日，欧盟法院裁定安全港协议无效。2016年2月2日，欧盟委员会和美国商务部（DoC）达成新的隐私盾协议（Privacy Shield），以替代此前的安全港协议。参见欧盟委员会网站，available at: http://ec.europa.eu/justice/data-protection/international-transfers/adequacy/index_en.htm., last visited on 29 June 2017.

范围或虽纳入限制范围但经过谈判一国承诺对某些国家加以开放，也并不意味着企业和个人即失去对该类数据的控制权，各谈判国应当通过一定的方式，赋予企业和个人在数据收集、使用或出境中的知情权和许可权。

（三）例外条款的设置

对于承诺开放的数据，可以设置类似 TPP"合法公共政策目标"那样的例外条款，在特殊情况下加以限制。即便如此，例外情形的适用不能超出必要的限度并构成任意或不合理的歧视或对国际贸易的变相限制。在设置例外条款的时候，可借鉴 GATT 第 20 条和 GATS 第 14 条的做法，通过各国谈判，将例外情形以穷尽的方式加以列举，以增强其适用性。由于例外情形的适用而引发的国与国之间的争端，国际贸易协定的争端解决机构可以引入类似 GATT 第 20 条判例关于必要性的测试等用以判断被诉措施是否超出必要的程度，从而构成对国际贸易的变相限制。这里需要说明的是，虽然此处的例外情形采用穷尽列举的方式，比 TPP 例外条款确定性更强，但例外条款的固有缺陷易使规则适用陷入"例外的迷宫"，仍无法完全解决 TPP 例外条款的适用困境。但考虑到我们对跨境数据流动国际规制路径的设想已根据前述方案对数据进行了分类，并已通过谈判对分类数据的自由流动作出了承诺。故从理论上讲，规制的确定性已大大增强。

五、中国的因应：寻求数字贸易发展与国内治理需求之平衡

近年来，我国在顶层设计中提出了对互联网产业的发展加以扶持，[①] 并已在互联网技术、产业、应用以及跨界融合等方面取得了积极进展。2016 年全球最大型互联网企业名单的前五名中，中国占据两位，美国占据前三位。[②] 在互联网产业蓬勃发展的同时，我国与其他国家一样面临着互联网国内监管带来的挑战，并顺势进行了数据本地化的相关立法。我国早期的数据本地化要求主要

[①] 2015 年，第十二届全国人民代表大会上李克强总理提出制订"互联网+"行动计划。

[②] List of largest internet companies，参见维基百科，available at：https：//en. wikipedia. org/wiki/List_ of_ largest_ Internet_ companies. ，last visited on 29 June 2017.

见于部门内部文件。① 近年来，我国进一步强调网络空间主权，以《全国人民代表大会常务委员会关于加强网络信息保护的决定》为开端，网络安全和信息化立法突飞猛进。《网络安全法》于 2017 年 6 月 1 日正式生效，相关配套性规定也相继出台。② 数据本地化立法在实现国内监管目标的同时，也为互联网产业发展带来一定的挑战。《网络安全法》及其配套规定不仅影响了在我国境内经营的内资和外资网络运营者，还影响了从事跨境互联网服务的境外网络运营者。而中国互联网企业在进入这些受影响企业的所在国时，这些国家也可能会采取对等的政策，限制我国互联网企业的数据跨境传输。因此，我们尝试从以下三个方面提出完善国内规制的应对之策，以取得产业发展目标与国内治理需求之平衡。

（一）重视国内监管目标之间的平衡

虽然《网络安全法》及其配套规定均以"维护国家安全、社会公共利益，保护公民、法人和其他组织的合法权益"作为立法目标，③ 但从该法配套规定《个人信息和重要数据出境安全评估办法（征求意见稿）》（以下简称《评估办法》）和《信息安全技术数据出境安全评估指南（草案）》（以下简称《评估指南》）的内容来看，似乎更加侧重于"国家安全"目标的实现。例如，《评估办法》第 4 条规定了个人信息出境需经信息主体同意。但第 8 条第（2）项进一步规定，"涉及个人信息情况"的数据，应重点评估"个人信息的数量、范围、类型、敏感程度，以及个人信息主体是否同意其个人信息出境等"。另外，根据《评估办法》第 9 条第 1 款第（1）项的规定，含有或累计含有 50 万人以上

---

① 如《征信业条例》第 24 条第 1 款规定："征信机构在中国境内采集的信息的整理、保存和加工，应当在中国境内进行。"又如中国人民银行《关于银行业金融机构做好个人金融信息保护工作的通知》第 6 条规定："中国境内收集的个人金融信息的存储、处理和分析应当在中国境内进行。除法律法规及中国人民银行另有规定外，不得向境外提供"。

② 例如，与《网络安全法》同时生效的有《网络产品和服务安全审查办法（试行）》（简称《审查办法》）。2017 年 5 月 20 日，国家网信办专门针对数据出境发布的《个人信息和重要数据出境安全评估办法（征求意见稿）》也已结束公开征求意见。同年 5 月 27 日，全国信息安全标准化技术委员会发布《信息安全技术数据出境安全评估指南（草案）》，并公开征求意见。

③ 《网络安全法》第 1 条、《个人信息和重要数据出境安全评估办法（征求意见稿）》第 1 条。

的个人信息，网络运营者应报请行业主管或监管部门组织安全评估。由此可见，在已经取得信息主体同意的情况下，符合法定情形的个人信息仍需经过安全评估，这体现了注重国家安全保护的立法目标。但在个人信息保护方面，与其他发达国家相比，我国还存在较大的差距。如前所述，截至2015年2月，全球有109个国家和地区设置了个人信息保护立法。我国虽然在该领域也有相关的法律规定，但目前尚不具有完整的个人信息保护法，涉及个人信息保护的规定散见于几十部法律、行政法规、部门规章。① 因此，我国未被列入具有个人信息保护立法的109个国家和地区之中。② 一方面，正在征求意见的《评估指南》第B.3.3.1条规定，我国在评估数据接收方的安全保障能力等级时，需评估个人信息接收方所在国的政治法律环境。由此判断，我国拟采用类似欧盟的评估模式，对信息接收方所在国的政治法律环境进行评估。另一方面，在国内个人信息保护立法方面，我国却远远落后于欧盟和其他发达国家和地区的立法保护水平，导致国内立法保护水平不高而用国内标准评价外国立法保护水平的尴尬。因此，我国应当尽快思考将个人信息保护法律体系的立法思路纳入国家立法规划，以实现个人信息保护和国家安全利益保护的平衡。

（二）加强国内规制与国际规制的协调

在完善跨境数据国内规制的过程中，应当结合WTO规则和我国入世承诺，注重国内规制的合法性评估，使之与WTO规则相协调。首先，在制定与数据流动相关的国内规则时，应当根据我国入世减让表中的具体承诺和GATT第20条、第21条和GATS第14条、第14条之二进行一般例外和国家安全例外评估，即国内规则是否符合中国的入世承诺以及如果与入世承诺有违，是否能够

---

① 例如，2012年《全国人大关于加强公民个人信息保护决定》，引入了国际通行的个人信息保护原则。2013年修订的《消费者权益保护法》补充了法律责任条款，但并未作出进一步的具体规定。2015年颁布的《刑法修正案（九）》将《刑法修正案（七）》中的"出售、非法提供公民个人信息罪"和"非法获取公民个人信息罪"整合为"侵犯公民个人信息罪"。2017年5月9日，最高人民法院和最高人民检察院发布《关于办理侵犯公民个人信息刑事案件适用法律若干问题的解释》，并于2017年6月1日起施行。

② Graham Greenleaf, Global Data Privacy Laws 2015：109 Countries, with European Laws Now a Minority, Privacy Laws & Business International Report, February 2015, p. 133.

满足 GATT/GATS 的例外规定？并在条文表述上尽量与 GATT/GATS 相协调。例如，《评估办法》第 1 条"为保障个人信息和重要数据安全，维护网络空间主权和国家安全、社会公共利益，保护公民、法人和其他组织的合法权益"的表述，可考虑参考 GATT 和 GATS 例外条款中"保护公共道德或维护公共秩序"等术语，或通过对"社会公共利益"等概念进行解释，使之与 GTAA/GTAS 例外条款的"公共秩序"表述相协调。其次，对数据的国内规制不应当构成任意或不合理的歧视或构成对国际贸易的变相限制。例如，《评估办法》将对数据本地化存储和数据出境安全评估的监管对象，从《网络安全法》规定的"关键基础设施运营者"扩展至所有"网络运营者"，扩大了该措施的适用范围。可考虑对该扩展进行必要性评估，使其适用尽可能不违背 WTO 规则而对国际贸易构成变相的限制。最后，《评估办法》规定了由"行业主管或监管部门负责本行业数据出境安全评估工作"，[①] 因此，未来各行业主管或监管部门可能会针对本行业数据参照《评估指南》出台相应的评估措施，这些部门在制定和实施具体措施的过程中，则要注意遵守 WTO 的透明度规则。

（三）争取跨境数据国际规则话语权

虽然特朗普政权下 TPP 协定前路尚未明朗，但美国通过贸易协定谈判输出国内互联网法律，掌握互联网国际规则制定权的目标不会改变。[②] 即便 TPP 最终未能生效，其促进跨境数据流动的约束性条款也将成为未来贸易谈判的参考。中国也应当在完善国内规制的基础上，积极探索发展中国家的数据跨境流动国际规则并在双边贸易谈判、RCEP 谈判，甚至多边谈判中推进中国式规则。例如前述的《评估指南》，已经提出了数据分类的概念，在该指南附录 A 中详细列举了 27 个行业（领域）及其重要数据类别供参考，并在最后规定了兜底条款，指出了其他行业判断重要数据的标准。同时，还要求在数据出境时需要考

---

① 参见《评估办法》第六条。
② 在 TPP 谈判过程中，美国总统奥巴马曾经指出，"当我们 95% 的潜在客户都在境外时，我们不能让中国等国家来设定全球经济的规则，我们要自己来制定这些规则。"See Sara Hsu,"China and the Trans‐Pacific Partnership", available at http：//thediplomat.com/2015/10/china‐and‐the‐trans‐pacific‐partnership/., last visited on 29 June 2017.

虑数据接收方的技术保障能力和所在国家或地区的政治法律环境，并针对技术保障能力和政治法律环境水平作出高、中、低三个等级的评定。虽然评定标准多采用"较为""基本"等措辞，具有一定的不确定性，且未明确针对不同等级的国家或地区在数据出境开放与限制程度上有何差异。但我国可以对此加以完善，并在实践的基础上，为跨境数据流动的国际规制提供路径参考，例如，如何在国际规制中对数据进行分类，如何针对不同立法水平的国家和地区进行数据开放承诺等。

六、结　论

大数据时代背景下，数据已不仅仅是贸易的配角，而逐渐成为主导国际经济贸易发展的重要力量。跨境数据自由流动目标与各国数据本地化要求之间的冲突，对区域、多边贸易谈判提出了新的挑战。美国是互联网的发源地，在互联网核心技术上远远领先于其他国家，并利用优势谈判地位主导了互联网国际贸易规则的制定方向。跨境数据流动国际规制的新发展主要体现为以美国主导的 TPP 为代表，但通过对 TPP 相关规则的考察，术语的模糊性带来适用上的不确定性，难以实现促进数据跨境自由流动与维护各国公共政策目标之平衡。跨境数据流动国际规制的未来路径，需要更好地平衡大多数国家的意愿和利益。中国应当在进一步完善跨境数据流动国内规制的同时，在包括规制跨境数据流动在内的互联网贸易国际规则制定中，体现新兴互联网大国的责任与担当，代表广大发展中国家的利益，在互联网全球治理的过程中发出中国声音。

参考文献

［1］陈咏梅. WTO 法在区域贸易协定解释中的适用探究［J］. 现代法学，2014（4）：154～163.

［2］Neha Mishra. The Role of the Trans-Pacific Partnership Agreement in the Internet Ecosystem：Uneasy Liaison or Synergistic Alliance？［J］. Journal of International Economic Law，2017，20（1）：34.

［3］Reema Shah. Law Enforcement and Data Privacy：A Forward-Looking Approach

[J]. Yale Law Journal, 2016 (2): 543.

[4] M. James Daley et al. The Impact of Emerging Asia-Pacific Data Protection and Data Residency Requirements on Transnational Information Governance and Cross-Border Discovery [J]. Sedona Conference Journal, 2015 (16): 1.

[5] Mustafa Akgül & Melih K1rl1doğ. Internet Censorship in Turkey [J]. Internet Policy Review, 2015 (4): 2.

[6] David Smick. Could globalization crack up? [J/OL] [2017 – 08 – 15]. International Economy, http: //www. international – economy. com/TIE_ F12_ FoundersPage. pdf.

[7] Daniel Crosby. Analysis of Data Localization Measures Under WTO Services Trade Rules and Commitment [R]. International Centre for Trade and Sustainable Development and World Economic Forum, March 2016.

[8] James Manyika, Susan Lund, Jacques Bughin, Jonathan Woetzel, Kalin Stamenov & Dhruv Dhingra. Digital Globalization: the new era of global flows [R]. McKinsey Global Institute, February 2016.

[9] Shahmel Azmeh & Christopher Foster. The TPP and the digital trade agenda: Digital industrial policy and Silicon Valley's influence on new trade agreements [R]. LSE International Development, Working Paper No. 16, 2016.

[10] HosukLee-Makiyama & Matthias Bauer. The Bundes Cloud: Germany on the Edgeto Discriminate against Foreign Suppliers of Digital Services [R]. Ecipe Bulletin, September 2015.

[11] Jeffrey Rothfeder. The great unraveling of globalization [N]. Washington Post, 24 April 2015.

[12] Mohammed Najem. Lebanon Bans Six Porn Sites [N]. Sparks Fears of Future CensorshipGlobal Voices, 10 September 2014.

[13] Lan Goh. Punishment Imposed if Map Data is Exported Overseas. Creative Economy Impeded by 50 – year – oldThorn [N]. Joongang Ilbo, 20 August 2013.

[14] Valery Marchive. France Hopes to Turn PRISM Worries Into Cloud Opportunities [N]. Zdnet, 21 June 2013.

[15] WTO Members Seek Services Accord as Doha Stalls, US Says [N]. Bloomberg

News, 3 February 2012.

[16] [美] 维克托·迈尔·舍恩伯格,肯尼思·库克耶. 大数据时代：生活、工作与思维的大变革 [M]. 盛杨燕,周涛译. 杭州：浙江人民出版社,2013：174.

[17] China-Certain Measures Affecting Electronic Payment Services [R]. WT/DS413/R.

[18] Brazil-Measures Affecting Imports of Retreaded Tyres [R]. WT/DS332/R.

[19] United States—Measures Affecting the Cross-Border Supply of Gambling and Betting Services [R]. WT/DS285/R.

[20] Korea-Measures Affecting Imports of Fresh, Chilled and Frozen Beef [R]. WT/DS161/AB/R.

[21] United States—Import Prohibition of Certain Shrimp and Shrimp Products [R]. WT/DS58/AB/R.

[22] United States—Standards for Reformulated and Conventional Gasoline [R]. WT/DS2/AB/R.

新时期自由贸易试验区法律服务业开放的规则研究

李晓郛 著[*]

摘要： 加入 WTO/GATS 以来，粤沪自贸区是国内法律服务业开放的主要创新平台，其"解禁"了国内在商业存在模式上的一些限制，主要措施为允许中外律所互派律师和中外律所进行联营。以 TiSA、TPP 等为代表的国际新标准，要求谈判国进一步解除对商业存在模式和自然人流动模式的限制，实现更高阶段的法律服务自由化。自贸区的新规则由于在业务范围、市场准入、国民待遇和投资方式等领域依然没有突破原有 GATS 承诺表的内容，因此落后于全球新标准，实践效果也不佳。当前形势要求国内继续开放法律服务业，宜借鉴韩日等国分阶段开放法律服务市场的经验，以自贸区为平台，一方面对接国际新标准，另一方面做好压力度测试、设置缓冲期，保护和发展国内法律服务业。未来自贸区应通过法治引领法律服务业开放，继续探索中外律所合伙制度，取消外籍律师解释和适用中国法律的限制，引入律师"飞进飞出"制度和完善律师责任险等配套立法和措施。

关键词： 法律服务业；开放；自由贸易试验区；TiSA

---

[*] 李晓郛，华东政法大学法治战略研究中心、中国自由贸易区法律研究院助理研究员。

一、问题的提出

2017年1月,经中央全面深化改革领导小组第24次会议审议通过,司法部、外交部、商务部、国务院法制办联合印发《关于发展涉外法律服务业的意见》。①该意见就涉外法律服务业发展的重要性和必要性、总体要求、主要任务、主要措施和组织领导等作了全方位战略部署。颁布该份意见预示着中国涉外法律服务发展新机遇期的到来。②2017年3月31日,国务院印发《全面深化中国(上海)自由贸易试验区改革开放方案》,方案明确"建立综合性对外投资促进机构和境外投资公共信息服务平台,在法律查明和律师服务、商事纠纷调解和仲裁、财务会计和审计服务等方面开展业务合作"。③同一时间成立了七个自由贸易试验区(以下简称自贸区),有若干个自贸区总体方案也提到了法律服务业的发展和开放。比如,《中国(浙江)自由贸易试验区总体方案》要求"积极推动国际航运相关的海事、金融、法律、经纪等服务业发展"。又如,《中国(湖北)自由贸易试验区总体方案》要求"建立涉自贸试验区法律服务人才培养机制"。再如,《中国(陕西)自由贸易试验区总体方案》要求"建立优质、高效、便捷的法律服务体系,建设网上法律服务平台,为自贸试验区内企业提供律师、公证、司法鉴定等综合性法律服务。"④

"法律服务"(legal service)是一个范围很广的概念,既包括咨询和代理服务,也包括司法行政活动,涉及的人员除了律师之外,还有法官、检察官、政府法律顾问和公证员等。本文研究的法律服务以 WTO/GATS 规则覆盖的服务贸易为主,只是剔除"非基于商业基础亦非与一个或者多个服务提供者竞争所提供"的"行使政府权力提供之服务"(第1条),比较接近"涉外法律服

---

① 《关于发展涉外法律服务业的意见》全文可见司法部网站:http://www.moj.gov.cn/index/content/2017-01/09/content_6946567.htm,访问日期:2017年1月25日。
② 龚柏华:"涉外法律服务业迎来新的发展机遇期",载《光明日报》2017年1月10日,第4版。
③ 《全面深化中国(上海)自由贸易试验区改革开放方案》全文可见新华网:http://news.xinhuanet.com/local/2017-03/31/c_1120733310.htm,访问日期:2017年3月31日。
④ 新成立的7个自贸区总体方案全文可见新华网:http://news.xinhuanet.com/2017-03/31/c_1120732803.htm,访问日期:2017年3月31日。

业"的概念，但涉及司法行政的法律服务不在 GATS 和本文的框架内。

虽然法律服务在整个服务贸易总量中所占份额相对较小，但是由于法律服务与国家/地区的政治、经济和文化等密切相关，是服务贸易中直接触及上层建筑的部分，因此，法律服务开放和自由化有其重要性和特殊性。在经济全球化背景下研究法律服务开放和自由化问题，[①] 不仅关系国家/地区法律服务业开放程度以及政策取向，而且对国家/地区的政治、经济和文化等相关政策的确立具有重要的现实意义和价值。[②]

在试点创新的基础上，持续扩大开放与合作，是国内经济多年快速增长的重要因素。然而，作为"促进贸易和投资便利化"重要手段的法律服务业，在中国加入 WTO 以及自贸区建设前期并不是重点，主要创新规则和变化集中于广东省和上海市。在美欧主导《服务贸易协定》（Trade in Service Agreement，以下简称 TiSA）谈判，以及特朗普总统威胁退出 WTO 的新时期，自贸区现行法律服务业开放的规则是否符合全球法律服务业开放的新要求，以及自贸区如何进一步开放法律服务业，进而推动本地区和国内经济发展，这是下文要展开和分析的内容。

二、国内通过自由贸易试验区扩大法律服务业开放

（一）自由贸易试验区内法律服务需求升温

自贸区战略被认为是中国深化改革开放，特别是加入 WTO 后在更加扩大开放方面迈出的重要一步。建立自贸区的意义可从两个层面予以解读：一是对内实现以改革促发展；二是对外实现以开放促改革。在新一轮全球化遭遇贸易

[①] 经济全球化的含义很多，目前没有统一概念。IMF 认为："经济全球化是一个历史进程，是人类创新和技术进步的结果。它指世界各国经济日益一体化，主要是通过贸易和资金流动来实现。该术语有时也指人（劳动）和知识（技术）跨国界的活动，但是不包括更广泛的文化、政治或者环境层面的全球化"。OECD 认为："经济全球化可看作是一种过程，在这个过程中，经济、市场、技术与通信形式都越来越具有全球特征，民族性和地方性在减少"。OECD 推出经济全球化指标，具体信息可见 OECD："OECD Handbook on Economic Globalisation Indicators"，http://www.oecd.org/sti/sci-tech/oecdhandbookoneconomicglobalisationindicators.htm，访问日期：2017 年 1 月 1 日。

[②] 李本森："经济全球化背景下的法律服务自由化"，载《法学》2004 年第 1 期，第 104 页。

保护主义严峻挑战、世界经济快速深刻复杂变化的新形势下，加快推进以服务贸易为重点的"二次开放"，是中国经济转型的重大任务，也是自贸区发展和建设的新起点。自贸区建设与其说是实行引进外资、畅通贸易、统一税收、增强服务功能等优惠政策，不如说是机制创新和法治引领的"全新"突破。现在，服务贸易已经成为国内产业结构调整的重要部分，自贸区建设可以成为商品贸易向服务贸易转变的重要助推器。自贸区的实质内涵是逐步取消绝大部分货物的关税和非关税壁垒，在服务业领域改善市场准入条件实现商品、服务、资本、技术、人员等生产要素的自由流动。总体而言，上述内容都需要法律服务。

随着自贸区建设进程的不断加快，频繁的金融资本跨境流动和跨界交流都会催生出一个本国法与外国法服务一体化的国际性、开放性的法律服务市场，对相关法律服务的需求日益迫切。因此，自贸区建设也包括法律服务市场的开放和自由化，这是法律服务业发展的必然趋向。从这个角度而言，自贸区建设既为国内法律服务市场注入发展的活力和动力，又为国内法律服务提供者进入外国乃至全球法律服务市场创造条件，其对法律服务业的影响和需求会越来越大。[①]

诚然，自贸区法律服务业发展和需求与传统/国内法律服务发展和需求有一定区别。一般而言，本地律师的优势在于比较了解当地商事法律和监管环境，而跨境律师的优势在于对国际商事法律的熟练程度。因此，商事法和国际法是受国际法律服务贸易影响最大的部门法，不过也不应低估外国服务提供者进入国内传统法律服务部门的可能性，毕竟国内一些法律部门的国际化也在增强。商事法和国际法领域是自贸区法律服务业的重要领域，对这些领域法律服务的需求大部分来自参与国际交易的企业和组织。法律服务提供者如果能为这些企业或者组织提供高质量的公司法律服务，企业或者组织可以不在乎提供者的来源地。法律服务的跨境贸易包括通过邮政或电信设备传送法律文书或者咨询意见。电信部门的技术发展正在形成越来越有效和便捷的法律服务跨境贸易方式。

[①] 盛雷鸣、彭辉、史建三："中国（上海）自由贸易试验区建立对法律服务业的影响"，载《法学》2013 年第 11 期，第 123～124 页。

与其他服务贸易类似,法律服务贸易受益于互联网和电子商务的增长,因为提供法律服务的大部分活动,除了法院出庭,都可以电子方式提供。除此之外,与自贸区法律服务行业发展紧密相关的金融、航空、知识产权、海商海事等业务也在逐步开放,这些也是自贸区区别于传统/国内发展的领域,同样亟须高质量的法律服务人才和资源。

(二) 自由贸易试验区法律服务开放新规则集中在商业存在模式

就法律服务业而言,国内市场开放有两个层次:第一个层次是通过实施《内地与香港/澳门之间更紧密经贸关系安排》(Closer Economic Partnership Arrangement,以下简称 CEPA)具体条款的方式进行,地域集中在广东自贸区;① 第二个层次是上海自贸区以广东自贸区法律服务创新实践为基础,继续扩大法律服务业市场开放。不论是 CEPA 有关法律服务业开放的条款,还是粤沪自贸区的具体规范,都逐步被吸收入中国新签订的自由(服务)贸易协定中。这些条款和措施,主要以律师作为被规制主体,内容集中在 GATS 框架下的商业存在模式。

2014 年 1 月 27 日,司法部下发《关于同意在广东省开展内地律师事务所与港澳律师事务所合伙联营试点工作的批复》;② 同年 8 月 4 日,《广东省司法厅关于香港特别行政区和澳门特别行政区律师事务所与内地律师事务所在广东省实行合伙联营的试行办法》(以下简称《广东试行办法》,2016 年 8 月 18 日修订)和《广东省司法厅关于内地律师事务所向香港律师事务所驻粤代表机构派驻内地律师担任内地法律顾问试点工作实施办法》(以下简称《广东实施办

---

① 作为"一国两制三法系四法域"的国家,在一个主权下,大陆、香港、澳门和台湾分别以单独关税区身份成为 WTO 成员方,彼此之间签订的贸易协定也被视作自由贸易协定的一种。在中国自由贸易服务网上,"内地与港澳之间更紧密经贸关系安排"列入"已签协议的自贸区"之一。具体信息可见"已签协议的自贸区",载中国自由贸易区服务网:http://fta.mofcom.gov.cn,访问日期:2016 年 12 月 13 日。

② 《关于同意在广东省开展内地律师事务所与港澳律师事务所合伙联营试点工作的批复》(司复〔2014〕2 号)全文可见司法部律师公证工作指导司网站:http://www.moj.gov.cn/lsgzgzzds/content/2015-04/21/content_6052538.htm? node=278,访问日期:2016 年 8 月 23 日。

法》）出台。① 《广东试行办法》和《广东实施办法》中的措施主要在广州南沙、深圳前海、珠海横琴三处的自由贸易试验区（片区）实施。这些措施对应的是《内地与香港/澳门关于建立更紧密经贸关系的安排》补充协议八关于"密切内地与香港/澳门律师业的合作，探索完善两地律师事务所联营方式"的开放措施，如表1所示。

表1　《广东试行办法》和《广东实施办法》中的创新规则和措施（2014年）

内　容	形　式
合伙联营	（1）一家或多家香港或澳门律师事务所与一家内地律师事务所，在广东省内组建合伙型联营律师事务所，以联营律师事务所的名义对外提供法律服务，承担法律责任。（2）联营律师事务所采用特殊普通合伙形式设立
出资比例	（1）合伙联营各方的出资额合计不得少于人民币500万元，出资方式由联营各方协商确定。联营的香港、澳门一方为一家律师事务所的，其出资比例不得低于30%，不得高于49%；为多家律师事务所的，各方出资比例均应当低于内地律师事务所的出资比例。（2）联营各方出资可实行认缴制。但在申请联营时各方实际出资不得少于认缴额的30%，其余应在联营获准后3年内缴齐
派驻律师	（1）合伙联营各方派驻联营律师事务所的律师合计不得少于10人。各方派驻律师数量由联营各方协商确定。联营各方在派驻的律师中应指定1名牵头负责的律师。（2）联营各方派驻律师的执业经历不得少于3年，且派驻前2年内未受过行政处罚或者行业处分。（3）联营律师事务所的负责人，应当在内地律师事务所的派驻律师中产生，但应得到其他各方的认可。（4）香港、澳门律师事务所派驻的律师，可以是香港、澳门本地律师，也可是其聘用并在香港、澳门注册的外国律师。派驻律师不得同时在本所驻内地代表机构兼任代表，不得同时受聘于外国律师事务所驻华代表机构

---

①《广东省司法厅关于香港特别行政区和澳门特别行政区律师事务所与内地律师事务所在广东省实行合伙联营的试行办法（修订）》全文可见广东省律师网：http://www.lawyer.gd.cn/html/qitaxinxi/2016/0829/8266.html，访问日期：2016年8月23日。《广东省司法厅关于内地律师事务所向香港律师事务所驻粤代表机构派驻内地律师担任内地法律顾问试点工作实施办法》全文可见广东省司法厅网站：http://www.gd.gov.cn/govpub/bmguifan/201408/t20140814_201479.htm，访问日期：2016年8月23日。

续表

内　容	形　式
业务范围	联营律师事务所可以受理、承办民商事领域的诉讼、非诉讼法律事务,不得受理、承办涉及内地法律适用的刑事诉讼、行政诉讼法律事务
法律顾问	(1) 符合条件的内地律师事务所,可以与一家至三家香港律师事务所签订协议,向其驻粤代表机构派驻本所律师担任内地法律顾问。(2) 符合条件的内地律师只能被派驻一家香港律师事务所驻粤代表机构担任内地法律顾问。(3) 港澳律师可以受聘为内地律师事务所担任法律顾问

除此之外,《内地与澳门关于建立更紧密经贸关系的安排》将法律服务业市场开放延伸到公证领域:2003 年《〈内地与澳门关于建立更紧密经贸关系的安排〉协议正文》附件四《关于开放服务贸易领域的具体承诺》允许"对经培训合格的澳门律师,授予内地认可的公证人资格"。① 这也是考虑到澳门地区公证制度的特殊性。

与广东省类似,上海自贸区法律服务业创新的方向也是瞄准"一站式"法律服务。经过司法部《关于同意在中国(上海)自由贸易试验区探索密切中外律师事务所业务合作方式和机制试点工作方案的批复》,② 2014 年 11 月 18 日,上海市人民政府办公厅转发市司法局制定的《中国(上海)自由贸易试验区中外律师事务所互派律师担任法律顾问的实施办法》(以下简称《法律顾问实施办法》)和《中国(上海)自由贸易试验区中外律师事务所联营的实施办法》(以下简称《联营实施办法》)。③ 法律服务业作为上海自贸区首批 23 项服务业扩大开放的领域之一,变化主要体现在两个方面:一方面,将广东省允许港澳

---

① 2003 年《〈内地与澳门关于建立更紧密经贸关系的安排〉协议正文》附件四《关于开放服务贸易领域的具体承诺》全文可见商务部网站：http：//images. mofcom. gov. cn/www/table/mo_ 4. pdf,访问日期：2016 年 12 月 19 日。

② 《司法部关于同意在中国(上海)自由贸易试验区探索密切中外律师事务所业务合作方式和机制试点工作方案的批复》(司复〔2014〕3 号)全文可见司法部网站：http：//www. moj. gov. cn/lsgzgzzds/content/2015 - 04/21/content_ 6052539. htm? node = 278,访问日期：2016 年 7 月 30 日。

③ 《中国(上海)自由贸易试验区中外律师事务所互派律师担任法律顾问的实施办法》和《中国(上海)自由贸易试验区中外律师事务所联营的实施办法》全文可见商务部网站：http：//tradeinservices. mofcom. gov. cn/local/2014 - 11 - 26/256044. shtml,访问日期：2016 年 8 月 19 日。

律所和内地律所联营的措施，扩大到自贸区内的外国律所；① 另一方面，将内地律所与香港律所之间"互派法律顾问"的模式扩大到中外律所之间。② 目前，上海自贸区是内地唯一可以实施中外律所互派法律顾问和联营政策的地区，业务范围较司法部原来的文件放宽——"对于涉外法律事务，特别是涉及国际条约、国际惯例适用的法律事务，由各方派驻律师合作办理"。③ 然而，上海中外律所联营方式不包括广东自贸区的合伙联营方式，如表2所示。

表2 上海自由贸易试验区法律服务业在互派法律顾问和联营方面的主要规则

内　容	形　式
内资律所要求	（1）成立满3年；（2）采用合伙形式；（3）有专职执业律师20人以上；（4）具有较强的法律服务能力，内部管理规范；（5）最近3年内未受过行政处罚或行业处分；（6）总所设在上海（含自贸区），或者总所设在其他省、自治区、直辖市，但已在上海（含自贸区）设立分所。中国律师事务所分所不得作为联营一方的主体申请联营
外国律所要求	（1）已在上海设立代表机构满3年，或者已在其他城市设立代表机构满3年且已在上海（含自贸区）设立代表机构；（2）已设立的代表机构最近3年内未受过中国监管部门行政处罚。外国律师事务所驻华代表机构不得作为联营一方的主体申请联营
内地律师要求	（1）具有5年以上在中国专职执业经历；（2）具有较强的办理内地及涉外法律事务的能力；（3）最近3年内未受过行政处罚或者行业处分

---

① 根据司法部的《外国律师事务所驻华代表机构管理条例》和《香港、澳门特别行政区律师事务所驻内地代表机构管理办法》，不管是外国律师事务所，还是港澳律师事务所，它们与内地律师事务所的合作只能是委托关系，表现为签订单项法律事务委托或者长期法律实务委托。

② 根据《香港法律执业者和澳门执业律师受聘于内地律师事务所担任法律顾问管理办法》，澳门律师可以受聘为内地律师事务所担任法律顾问，而内地律师不允许到澳门所驻内地代表机构担任法律顾问，这是一种"单向"模式。上海市司法局同时规定："中国香港、澳门特别行政区律师事务所申请参加互派法律顾问试点工作的，参照本办法执行。"

③ 《司法部关于修改〈香港、澳门特别行政区律师事务所驻内地代表机构管理办法〉的决定（2015年）》《外商投资产业指导目录（2015年修订）》《外国律师事务所驻华代表机构管理条例（2002年施行）》《司法部关于执行〈外国律师事务所驻华代表机构管理条例〉的规定（2004年修订）》。

续表

内容	形式
外国律师要求	(1) 具有 5 年以上在外国律师执业经历;(2) 具有较强的办理所在国及国际法律事务的能力;(3) 最近 3 年内未受过执业地所在国及中国律师监管部门的行政处罚或行业处分
数量要求	中国或外国律师事务所只能与一家外国或中国律师事务所建立互派法律顾问的法律关系/联营合作的法律关系,互派法律顾问/联营应当经过市司法局备案。中国律师事务所和外国律师事务所互派法律顾问的数量不得超过 3 名。参与联营试点的中外律师事务所,不得与第三方律师事务所及其分所(或代表机构)建立互派律师担任法律顾问合作关系

2015 年 8 月 13 日,上海市浦东新区市场监管局公布一系列市场准入便利化意见,其中包括允许上海自贸区内的律所将其办公场所作为企业住所进行登记。这项改革借鉴香港特别行政区以律所作为企业通信及法律文书送达地址的成熟经验,推动浦东进一步"对标"国际通行规则。[①] 2016 年 1 月 15 日,上海市浦东新区市场监督管理局下发《关于允许上海通力等律师事务所将其办公场所作为企业集中登记地的通知》,配合 2015 年 11 月出台的《浦东新区关于贯彻〈上海市企业住所登记管理办法〉的实施意见》。根据这个文件,上海自贸区内已经有 7 家律所获得此项资质。[②]

三、自由贸易试验区法律服务业创新规则落后于全球新标准

(一) WTO/GATS 对全球法律服务业自由化的推动作用有限

WTO 将服务贸易分成 12 大类,在 WTO 服务部门分类表(GNS/W/120)中,法律服务、会计服务、税收服务等属于 12 大类中"商业服务"(business

---

[①] "浦东新区关于贯彻上海市企业住所登记管理办法的实施意见的解读",载上海浦东网站:http://www.pudong.gov.cn/shpd/InfoOpen/Detail.aspx?Id=659637,具体信息可见"上海浦东:企业住所可登记在律师事务所",载商务部网站:http://www.fdi.gov.cn/1800000121_21_82667_0_7.html,访问日期:2016 年 12 月 1 日。

[②] 《浦东新区关于贯彻〈上海市企业住所登记管理办法〉的实施意见》全文可见上海浦东:http://www.pudong.gov.cn/shpd/InfoOpen/Detail.aspx?Id=659637,访问日期:2016 年 12 月 25 日。

service）下的"（A）专业服务"（professional service），法律服务与联合国临时中心产品分类目录编号（Provisional Central Product Classification）"CPC861"对应。WTO成员方倾向于接受GATS对法律服务业的分类方法，[①]因为更能反映不同成员方法律服务市场的开放程度。[②]GATS第1条明确了4种服务贸易提供方式：除了传统的"跨境交付"（cross-border supply）之外，依据"消费者跨越国境接受服务"定义为"境外消费"（consumption abroad），依据"服务提供者作为法人"和"自然人跨越国境提供服务"分别定义为"商业存在"（commercial presence）和"自然人流动"（presence of natural persons）。这四类服务贸易提供方式被许多国际/双边自由（服务）贸易协定所采纳。

和1995年1月1日WTO成立时的112个初始成员数量相比，就法律服务业开放作出承诺的国家/地区并不多。除了英美法系的少数国家，成员方以谨慎的态度对待国内法律服务市场开放——共计有47个（准）WTO成员方作出过法律服务承诺，作出的承诺在程度上参差不齐，如表3所示。[③]虽然在GATS生效之后，成员方之间针对几个具体的专业服务领域进行了多次/轮谈判，形成

[①] 联合国对法律服务业的分类包括5种：（1）"关于刑法的法律咨询和代理服务"（legal advisory and representation services concerning criminal law, CPC86111）；（2）"关于其他法律领域中司法程序的法律咨询和代理服务"（legal advisory and representation services in judicial procedures concerning other fields of law, CPC86119）；（3）"关于准司法法庭和理事会等的法定程序的法律咨询和代理服务"（legal advisory and representation services in statutory procedures of quasi-judicial tribunals, boards, etc., CPC86120）；（4）"法律文书和证明服务"（legal documentation and certification services, CPC86130）；（5）"其他法律和咨询信息"（other legal and advisory information, CPC86190）. See World Trade Organization: "Legal Service Background Note by the Secretariat", S/C/W/43, 6 July 1998, para. 16.

[②] GATS对法律服务业的分类也是5种：（1）"东道国/地区法律咨询和代理服务"（host country law（advisory/representation））；（2）"母国/地区或者第三国/地区法律咨询和代理服务"（home country law and/or third country law（advisory/representation））；（3）"国际法律咨询和代理服务"（international law（advisory/representation））；（4）"法律文书和证明服务"（legal documentation and certification services）；（5）"其他咨询和信息服务"（other advisory and information services）。

[③] 这45个成员方依次是：安提瓜和巴布达、阿根廷、阿鲁巴、澳大利亚、奥地利、巴巴多斯、加拿大、智利、哥伦比亚、古巴、捷克共和国、多米尼加共和国、厄瓜多尔、萨尔瓦多、欧洲共同体、芬兰、冈比亚、圭亚那、匈牙利、冰岛、以色列、牙买加、日本、莱索托、列支敦士登、马来西亚、荷属安的列斯群岛、新西兰、挪威、巴布亚新几内亚、波兰、罗马尼亚、卢旺达、塞拉利昂、斯洛伐克共和国、斯洛文尼亚、所罗门群岛、南非、瑞典、瑞士、泰国、特立尼达和多巴哥、土耳其、美国、委内瑞拉。另外2个正在谈判加入WTO的保加利亚和巴拿马也作出了法律服务业开放的部分承诺。

若干份法律文件，但是这些都不包括法律服务业。①

表3 WTO秘书处公布的成员方法律服务市场开放承诺（1998年）②

法律服务类型	子项	开放的成员方数量
东道国/地区法律	咨询服务	22
	代理服务	20
国际法律	咨询服务	42
	代理服务	20
母国/地区法律	咨询服务	42
	代理服务	20
其他法律服务	—	6

WTO/GATS无更多对法律服务开放的细节性规定，相反，WTO/GATS自身的一些原则、规则被成员方"利用"，限制了法律服务业的进一步开放。其一，虽然GATS第2.1条确立"最惠国待遇"（most-favored-nation treatment）原则，并放在"一般义务和纪律"之下，但是第2.2条却允许成员方行使与前款不一致的措施——依据GATS附件2作出豁免。从实际情况来看，成员方豁免/例外措施被移除出GATS附件的情况较少。"World Trade Statistical Review 2016"显示，截至2016年5月，WTO成员方自2008年以来采用的2835项贸易限制措施，只有708项（25%）被移出。③ 其二，虽然GATS第17条确立"国民待遇"（national treatment）原则，但是放在"特定承诺"之下，这项条款就从一般规定变成具体承诺。其三，考虑到发展中国家在服务贸易的大多数领域同发达国家相比具有明显劣势，GATS关于发展中国家在服务贸易领域自由化、市场准入、进一步参与、信息提供等方面设置许多有利于发展中国家的优惠条款。WTO希望发展中国家在开放法律服务贸易领域方面可以充分利用这些优惠的条款，把发展国际法律服务贸易与促进本国法律服务市场健康发展有

---

① GATS补充协议主要是在金融服务、基础电信、信息技术和自然人移动四个方面。
② 这些统计以GATS第1条设置的4种服务提供模式的一种为基础。
③ World Trade Organization："World Trade Statistical Review 2016", WTO: https://www.wto.org/english/res_ e/statis_ e/wts2016_ e/wts16_ toc_ e.htm, last visited on November 15, 2016.

机结合起来。然而，发展中国家大多通过这些条款限制法律服务业开放，保护本土法律服务提供者，阻碍了全球法律服务业自由化的浪潮。

还有一个数据也可以显示法律服务业不是 WTO 成员方关注的重要议题——截至2017 年 3 月，WTO 争端解决机制（Dispute Settlement Body）一共才处理24 例涉及 GATS 的争端案件，无一例与法律服务贸易有关，且这24 例案件仅占案件总数（524）的 4.6%；① 而热点议题，如涉及反倾销协定的案件113 起，② 涉及反补贴协定的案件117 起。③

（二）TiSA 等国际经贸新协定促进法律服务业开放和自由化

TiSA 来源于 GATS 第 19 条"达到渐进之更高度自由化"的授权，然而，其与《跨太平洋伙伴关系协定》（Trans-Pacific Partnership Agreement，以下简称 TPP）、④《跨大西洋贸易与投资伙伴协定》（Transatlantic Trade and Investment Partnership，以下简称 TPIP）都强调谈判和制定过程的保密性——不公开进行谈判，文件只保存于谈判方。⑤ 欧盟是基于 28 个成员方的授权，由欧盟委员会（European Commission）作为代表参与 TiSA 谈判。出于透明度的要求，在满足谈判保密性的前提下，欧盟自 2015 年 3 月起，定期公布谈判进展报告，同时与其他 WTO 成员方进行一定的信息交流。⑥

---

① WTO: "Disputes by agreement", available at: https://www.wto.org/english/tratop_e/dispu_e/dispu_agreements_index_e.htm? id = A8, last visited on March 25, 2017.

② WTO: "Disputes by agreement", available at: https://www.wto.org/english/tratop_e/dispu_e/dispu_agreements_index_e.htm? id = A6, last visited on March 25, 2017.

③ WTO: "Disputes by agreement", available at: https://www.wto.org/english/tratop_e/dispu_e/dispu_agreements_index_e.htm? id = A20, last visited on March 25, 2017.

④ 本文关于 TPP 文本内容引自商务部国际经济贸易研究院翻译的"跨太平洋伙伴关系协定"，载商务部网站：http://www.caitec.org.cn/article/gzdt/xshd/201512/1453.html，访问日期：2016 年10 月 1 日。

⑤ 所有愿意加入 TiSA 谈判的成员方都被称作"服务贸易真正好友"（Really Good Friends of Services），除了欧盟以整体形式加入，谈判集团还包括澳大利亚、加拿大、智利、中国台北地区、哥伦比亚、哥斯达黎加、中国香港地区、冰岛、以色列、日本、韩国、墨西哥、新西兰、挪威、巴拿马、巴基斯坦、秘鲁、瑞士、土耳其和美国。新加坡曾经加入，后退出。参见段子忠、林海："服务贸易协定（TISA）谈判追踪"，载《WTO 经济导刊》2016 年第 6 期，第 53~55 页。

⑥ TiSA 谈判的会议纪要可见 "News on TiSA"，载欧盟网站：http://ec.europa.eu/trade/policy/in-focus/tisa/，访问日期：2016 年 8 月 24 日。

TiSA 谈判文本尚未全部公开。综合欧盟 2013 年发布的议案（proposal）、① 2014 年提交的修改议价以及陆续公布的谈判纪要，② 加上维基解密（WikiLeaks）公开的 TiSA 核心文本草案（2016 年 6 月 21 日），③ 从渊源和文本上都可以找到 TiSA 与 GATS 之间存在"继承"的法律关系。同时，TiSA 希冀"超越"GATS：TiSA 谈判伊始就确立目标——要在 GATS 多边化、最优区域化承诺基础上实现"高水平"（high level of ambition）。而且，不同于 GATS 谋求服务贸易自由化与国内政策目标平衡的做法，④ 为推动服务贸易自由化，TiSA 对国内规制权进行诸多限制。TiSA 对法律服务业自由化的规定主要出现在核心文本、专业服务附件和自然人流动模式附件。

与 GATS 分类相同，法律服务（CPC861）属于 TiSA "商务服务"（business services）下的"专业服务"（professional services）。虽然 TiSA 和 GATS 都采用"混合列表"（hybrid list）方式，但是两者存在一些区别。⑤ GATS 的"混合列表"既不是肯定式，也不是否定式。⑥ TiSA 在市场准入上采用正面清单，这对于服务业相对落后的国家来说较为灵活，并且考虑到与 GATS 相容性的问题，正面清单较容易与 GATS 承诺表合并解读。TiSA 在国民待遇上采用负面清单——除被列出的部门外，所有服务与服务提供方式都会被要求提供国民待遇，并且这些保留限制必须在一定承诺时期内逐渐减少。⑦

---

① 欧盟 2013 年发布的议案全文可见欧盟网站：http：//trade. ec. europa. eu/doclib/docs/2014/july/tradoc_ 152687. pdf，访问日期：2016 年 8 月 24 日。
② 欧盟 2014 年提交的修改议价全文可见欧盟网站：http：//trade. ec. europa. eu/doclib/docs/2014/july/tradoc_ 152687. pdf，访问日期：2016 年 8 月 24 日。
③ 具体信息可见维基解密网站：http：//WiKiLeaks. 0rg/tisa/core-text/06 - 2016/，访问日期：2016 年 12 月 1 日。
④ 从 GATS 序言可以看出，一方面 GATS 推进世界服务贸易自由化进程，但另一方面又尊重各国国内的政策目标，在这两者之间谋求平衡，并在互利和权利义务平衡的原则上分别就各服务行业进行谈判。参见曹建明、贺小勇：《世界贸易组织（第三版）》，法律出版社 2011 年版，第 253 页。
⑤ TiSA 减让表的具体形式和排布可以参考欧盟 2016 年 5 月公开的修改议价，载欧盟网站：http：//trade. ec. europa. eu/doclib/docs/2016/may/tradoc_ 154590. pdf，访问日期：2016 年 11 月 8 日。
⑥ WTO 各成员方的服务贸易承诺表分为两部分：第一部分是总承诺，又称水平承诺（horizontal commitments），适用于有关成员方承诺开放的所有服务部门；第二部分是具体承诺，针对具体服务部门或者具体服务贸易模式。
⑦ 李伍荣、周艳：《〈服务贸易协定〉的发展路向》，载《国际经济评论》2014 年第 6 期，第 116 页。

TiSA核心文本存在禁止逆转机制,包括棘轮条款和冻结条款。这并非TiSA首创,采用负面清单模式的《北美自由贸易协定》(1994年1月1日生效)是使用这两类条款的代表性协定。① 国际经济法中的"棘轮条款"(ratchet clause)是指当一个国家通过自主方式实现服务贸易自由化的程度,不得回退,效力永久,并纳入贸易协定受其约束。② 棘轮条款/机制具有自动修正承诺表之功能。国际经济法中的"冻结条款"(standstill clause)是指国家对外国服务及提供者保持现有待遇,承诺不会实施新的限制或者对现有条件制造贸易障碍/壁垒,它约束了现有的开放水平。③

TiSA核心文本还从其他方面推动服务贸易自由化的整体水平。一是未重申GATS第4条——给予发展中国家更多优惠,一旦TiSA生效,即便是最不发达国家也背负与发达国家一样的约束和义务。二是透明度条款,TiSA除了要求"各缔约方应确保及时公布或者以其他方式提供其关于TiSA所涉任何事项的一般适用的法律法规、程序和行政裁决,以使利害关系的人和缔约方能够熟悉",还附上了美国文本的建议——要求确保包括跨国公司在内的商业利益,以及当地商业或者其他国家公民的权利也有机会进入和影响政府有关上述主体利益的决策。

针对GATT/WTO时期存在的服务贸易若干种限制,比如市场准入、跨境提供、当地存在、外国资本限制、跨国合作或参与管理的限制、合作企业要求、经济需求测试、商业命名等,TiSA专业服务附件均予以"解禁",还特别设计了"律师飞进飞出"制度,与TiSA自然人流动模式附件配合:一是TiSA中的

---

① 美国的负面清单最早始于"二战"后签订的友好通商航海条约。对美国双边投资条约缔约实践产生最大影响的是于1992年签订、1994年生效的《北美自由贸易协定》(NAFTA)。不过即使是在这份被视为负面清单模式最典型代表的协定里,也并没有出现"负面清单"这四个字眼。负面清单所指向的内容在这些协定是通常以"不符措施"(non-conforming measures)的形式出现。美国后来的双边投资协定(BIT)延续NAFTA的结构,但实际上在条约里无论是正文还是附件,并没有直接使用"负面清单"这个词,用的是"不符措施"。将这些不符措施汇总之后的形式在习惯上被称为"负面清单"。在NAFTA里出现两类负面清单,分别是措施列表和行业列表,前者列举现存不符措施,后者则是列举保留将来采取不符措施权利的行业。

② 公司法中的棘轮条款主要出现在企业经营不好,不得不以更便宜价格出售股权或者更低作价进行融资的情况下,由于前期投入投资可能贬值,所以投资者会要求附加棘轮条款,保护自己的利益。

③ 公司法中的"冻结条款"主要是保证在一定期限内,不再买进目标公司的股票。

"自然人"专指临时移动到境外提供服务活动的人士;二是提高签证申领要求和程序的透明度;三是满足欧美青睐中高水平专业人士入境的意愿,如表4所示。

表4 TiSA专业服务附件中有关法律服务业开放的新举措

条款名称	文本内容
1. 范围和定义	专业服务包括法律服务;法律服务分成母国法律服务、东道国法律服务、外国法律服务和国际法律服务
2. 市场准入保障	缔约方任何不符合专业服务领域的市场准入的条款、限制和条件从协定生效之日起停止实施或者被新措施替代
3. 跨境提供	(第1段)不考虑本条第2段,TiSA要求缔约方对跨境交付模式和境外消费模式不加任何限制;(第2段)根据具体承诺减让表,缔约方不得采取或者维持对专业服务的跨境提供模式的市场准入或者国民待遇限制
4. 当地存在	禁止缔约方要求其他缔约方服务提供者设立或者维持代表处,或任何形式的商业存在,或把有本国居民或者定居作为提供专业服务的跨境支付模式的条件
5. 外国资本限制	禁止缔约方对通过商业存在提供专业服务的实体进行限制,限制外国资本参与的最大比例和设定单个或者总体外资持股比例
6. 跨国合作或参与管理的限制	禁止缔约方限制合作伙伴、高级管理人员或者其他重要人士的国籍,以此约束以商业存在模式提供专业服务的实体
7. 合作企业要求	禁止缔约方把合作企业作为提供专业服务的一项条件
8. 经济需求测试	禁止缔约方采取或者维持歧视性经济需求测试,包括劳动力市场测试,作为提供专业服务的一项要求
9. 商业命名	在符合法律和法规的情况下,各缔约方同意服务提供者在境内采用自己在其他缔约方境内惯常使用的名字,否则保证对商业命名的要求不会过于严厉

续表

条款名称	文本内容
10. 律师飞进飞出	a. 如果同意其他缔约方以跨境支付的方式提供外国法律服务，缔约方应当同意以飞进飞出为基础的进入和临时停留，不得要求服务提供者设立或者维持代表处，或任何形式的商业存在，或把有本国居民或者定居作为当地执业或者登记的同意或者资质条件。 b. 如果同意其他缔约方以跨境支付的方式提供国际法律服务，缔约方应当同意以飞进飞出为基础的进入和临时停留，不得要求服务提供者设立或者维持代表处，或任何形式的商业存在，或把有本国居民或者定居作为当地执业或者登记的同意或者资质条件。 c. 停留的时间在以 12 个月为周期的总长度里面不能超过 90 天

  无独有偶，2015 年 10 月 5 日，12 个 TPP 谈判国在美国亚特兰大举行的部长会议上达成基本协议，TPP 协定进入各谈判方内部投票阶段。TPP 协定的全部内容也得以公开。TPP 第 10 章"跨境服务贸易"附件 10 - A"专业服务"也设计了内容相近的法律服务业新标准，要求"缔约方在管理或寻求管理外国律师和跨国法律服务"时，考虑以下七种法律服务内容/方式：第一，外国律师可基于在其母国司法管辖区内执业外国法律的权利，在本国执业该外国法。第二，外国律师可准备和出席商业仲裁、调解和斡旋程序。第三，当地有关伦理、行为和纪律的标准以不苛于对本国（东道国）律师施加要求的方式适用于外国律师。第四，对外国律师规定最低居住要求的替代要求，如要求外国律师向客户披露其外国律师身份，或维持专业人员赔偿保险，或向客户披露其不具有该保险。第五，接受下列提供跨国法律服务的模式：（1）以临时的"飞进飞出"为基础；（2）通过使用网络或电信技术；（3）通过设立商业存在；以及（4）结合"飞进飞出"和（2）和（3）规定的 1 种或 2 种模式。第六，外国律师和本国（东道国）律师可在提供完全整合的跨国法律服务中一同工作。第七，外国律师事务所可选择使用其律所名称。

  综合 TiSA 文本和 TPP 最终文本，新时期全球法律服务业开放新规则呈现如下特点：首先，对于在"WTO 时代"各成员方限制较少的跨境交付模式和境外消费模式，新协定要求继续维持 GATS 承诺并扩大到不存在任何限制，比如放弃具备本国居民或者定居作为跨境支付模式的要求。其次，从形式和内容上"松绑"对商业存在模式的限制：一是放弃外方资本/控股比例的限制，二是放弃对服务提供者合作伙伴、高级管理人员的国籍要求。内容上主要集中于律师服务，对于公证服务这种在多数缔约方具有公权力属性的服务不做强制要求。新规则重点要求缔约方开放母国和国际法律服务市场，乃至东道国法律服务市场。最后，扩大对自然人流动模式的适用，重点是"进入和暂时停留"以及"律师飞进飞出"制度。

（三）自由贸易试验区新举措与国际新标准差距较大

2006 年，上海市律师协会根据调研，形成一份《关于外国律师事务所驻华代表机构严重违规从事法律服务活动的报告》。这份报告指出，大量外国律师事务所驻沪代表处严重违反法律法规，长期非法从事涉及中国法律的事务。[①]《法律顾问实施办法》和《联营实施办法》中的规定能够从一定程度上解决上述报告提到的外国律所聘用"辅助人员"从事涉及中国法律的服务、违规实际参与中国法律事务的业务以及外国律所驻华代表机构及代表间接从事国内诉讼或者仲裁业务，甚至实际控制诉讼的整个业务流程这三类违规现象。若能将《法律顾问实施办法》和《联营实施办法》推广到全国，效果会更好。然而，粤沪自由贸易试验区为代表的国内法律服务业规则创新整体上落后于国际新趋势。

就服务提供模式而言，与广东省做法类似，《法律顾问实施办法》和《联营实施办法》对自然人流动模式并未"松绑"，即不允许境外（含港澳）律师以自然人身份提供法律服务，也没有吸收前述 TiSA 和 TPP 文本针对国际社会较为谨慎的律师服务领域设计的"飞进飞出"制度。

就业务范围而言，无论是《广东试行办法》和《广东实施办法》，还是上

[①] 据悉，这些现象不单是在上海，在北京等存在外国律师事务所驻华代表机构的区域也发生过，且长期存在。相关情况也可参见向涛："外国律师事务所驻华代表机构及代表的监管问题研究"，载《中国律师》2011 年第 3 期，第 65 页。

海自由贸易试验区的《法律顾问实施办法》和《联营实施办法》，合作律所的律师业务范围基本相同，中方律师的业务范围大致可分为三类。这些新规的创新点在于中外双方律师（法律顾问）可以合作处理跨境和国际法律事务。然而，与国内律师相比，中方律师/法律顾问不能在合作中提供涉及刑事或者行政事务的诉讼服务，业务范围反而受限。对派驻内地律所（含分所）的外国律师和港澳律师而言，仅可就当地法律信息和法律环境等涉外因素提供服务与咨询，与中国律所就同一案件进行分工合作。这些做法并没有突破内地《律师法》（2012年修订）、《外商投资产业指导目录》（2015年修订）以及GATS承诺表的范围。

就市场准入而言，法律实体类型方面的限制是GATT/WTO时代最常见的市场准入限制，自贸区与之前国内司法部的规范性文件内容相比，没有根本性变化——仍然坚持外国律所设立驻华代表机构的做法就是明显的商业存在模式限制。GATT/WTO时代商业存在模式另外两个方面的限制依然存在：一是有关派驻人员资质。例如，职业资格、国内法律执业年限（5年）、职业道德"无污点"（3年）等。二是有关数量的限制。自贸区没有对《司法部关于执行〈外国律师事务所驻华代表机构管理条例〉的规定》第10条"在华最近设立的代表处连续执业满3年"的规定作出修改。因此，即便外国律师事务所驻华代表机构有新设代表处的计划或者需求，也要等待3年。

就国民待遇而言，自贸区也没有突破禁止中外律所合伙或者中外律师合伙的限制，转而以"联营"的方式进行合作。广东自贸区设置的联营律所49%的出资限制也与国际/区域/双边贸易协定中"禁止限制外国资本参与的最大比例和设定单个或者总体外资持股比例"的倾向不符。《法律顾问实施方案》和《联营实施方案》最大的特色在于通过中外"合作"提供法律服务，然而，TiSA专业服务附件第1部分明确"禁止缔约方把合作企业作为提供专业服务的一项条件"。

此外，《联营实施办法》第12条要求中外律所联营"应当共用办公场所、办公设备，实行合署办公，可以共用行政、文秘等辅助人员"。这是属于办公形式的创新，表面上符合 TPP 附件 10 - A 的"外国律师和本国（东道国）律师可在提供完全整合的跨国法律服务中一同工作"。然而，由于《联营实施办法》第 2 条明确规定："联营期间，双方的法律地位、名称和财务各自保持独立，各自独立承担民事责任。"因此，中外律所"联营"虽然是一个（新的）律师事务所对外服务，但是性质上不是《民法通则》规定的"法人型联营"，①加上具有法人资格且不对合作事务承担连带责任，因此也不是"合伙型联营"，② 本质上类似于"合同型联营"。③

面临诸多限制的情况下，创新规则效果不佳也就不足为奇。根据上海市司法局于 2014 年 12 月新闻发布会公布的数据，上海当时有 153 家外国律师事务所驻华代表机构（含港澳地区）。虽然官方认为七成内资律所不符合互派法律担任法律顾问或者联营的要求，但是以超过 1300 家内资律师事务所（含分所）的规模，④ 在《法律顾问实施办法》和《联营实施办法》公布后 2 年的时间里，仅成立了 3 家联营律师事务所。⑤ 自贸区外，中外律所合并依旧"如火如荼"。比如，大成律师事务所与德国 DENTONS 律师事务所于 2015 年 1 月依照国际流行的"瑞士联盟结构"（Swiss verein structure）组成联合体，⑥ 合并形成的新律所拥有超过 6500 名律师，是目前全球人数最多的律师事务所。⑦ "瑞士联盟结

---

① 《民法通则》第 51 条规定："企业之间或者企业、事业单位之间联营，组成新的经济实体，独立承担民事责任，具备法人条件的，经主管机关核准登记，取得法人资格。"

② 《民法通则》第 52 条规定："企业之间或者企业、事业单位之间联营，共同经营、不具备法人条件的，由联营各方按照出资比例或者协议的约定，以各自所有的或者经营管理的财产承担民事责任。依照法律的规定或者协议的约定负连带责任的，承担连带责任。"

③ 《民法通则》第 53 条规定："企业之间或者企业、事业单位之间联营，按照合同的约定各自独立经营的，它的权利和义务由合同约定，各自承担民事责任。"

④ 王凤梅："自贸区中外律所互派律师、联营焦点十问"，载中国律师网：http://www.acla.org.cn/html/lilunyanjiu/20141210/19093.html，访问日期：2016 年 8 月 15 日。

⑤ 这三家联营律师分别是奋讯·贝克麦坚时联营律所、瀛泰·夏礼文联营律所以及联合信实·霍金路伟联营。

⑥ 2004 年，美国贝克·麦坚时律师事务所最先采用瑞士联盟结构进行合作，截至 2014 年，超过 7 家大型外国律师事务所采用过瑞士联盟结构，包括：Baker & McKenzie, Dentons, DLA Piper, Hogan Lovells, King & Wood Mallesons, Norton Rose Fulbright 及 Squire Patton Boggs。

⑦ 佚名："大成与 Dentons 联手打造世界最大律师事务所"，载大成律师事务所网站：http://www.dachengnet.com/cn/news/dachengNews/33589.html，访问日期：2016 年 8 月 15 日。

构"下的律所关系较为松散,类似《民法通则》第 53 条规定的"合同型联营"。① 又如,安杰律师事务所与香港肯尼狄律师事务所(Kennedys)也在 2015 年年初签订了战略合作协议。② 再如,2015 年 4 月,汉坤律师事务所宣布与意大利律所 Gianni, Origoni, Grippo, Cappelli& Partners(GOP)达成协议联盟。③ 汉坤律师事务所采用与安杰律师事务所近似的方法:外国律师事务所不再开设内地办公室,而是共用中方办公室。

四、未来自由贸易试验区法律服务业开放的法治路径和建议

(一)坚持法律服务业开放和自由化进程

在经济全球化的推动下,服务业的自由化和跨国转移成为国际贸易发展的重要特征。全球化的深入发展离不开服务业以及服务贸易的支撑。服务贸易已经成为各国在国际贸易中获取实际利益多寡的表现。加快服务贸易发展、增强服务贸易竞争力是各国全面深度参与经济全球化的重要途径,更是发展中国家提高参与国际分工能力和国际贸易水平的战略选择。2016 年是中国加入 WTO 的第 16 个年头,经验表明,不管是制造业还是服务业,凡是对外开放比较彻底、积极参与全球资源配置的领域,都是发展得比较好、竞争力较强的领域。因此,当前宜重新全面审视国内加入 WTO 时保留的限制措施,下决心加快仍然留有保护和限制措施的行业,特别是要加快服务业的改革开放步伐,尽快推出取消限制和保护、进一步扩大开放的实质性举措。④

---

① 大成 DENTONS 合并采用的"瑞士联盟结构"规定在《瑞士民法典》第 2 章第 2 节"社团法人"下(第 60~79 条),与德国民法的主要不同之处在于瑞士法下社团的成立并不需要登记,自表示成立意思的章程作成时,社团即可取得独立的法人资格;如果该社团(以自身名义)从事商业营利性活动,则必须在官方的商业登记簿上登记。

② 佚名:"签订国际合作协议,安杰律师事务所强化国际市场地位",载安杰律师事务所网站:http://www.anjielaw.com/news_detail/newsId=148.html,访问日期:2016 年 8 月 15 日。

③ 佚名:"汉坤宣与意大利律所 Gianni, Origoni, Grippo, Cappelli& Partners 达成联盟",载汉坤律师事务所网站:http://www.hankunlaw.com/newsAndInsights/newsDetail.html?id=531de3894ff81393014ffe64381b021e&keyword=&pageIndex=8,访问日期:2016 年 8 月 15 日。

④ 白洁:"中美服务贸易开放度的比较和启示——基于频度分析的方法",载《亚太经济》2015 年第 6 期,第 82 页。

"十二五"期间，国内服务贸易获得了不小的成绩，然而，也要看到当前发展面临的巨大挑战：一是服务贸易整体水平较低，在进出口贸易总额中的比重较少，国际市场占有率较低，与世界第二大经济体的身份不符。① 二是服务行业结构不平衡，导致服务贸易逆差呈现扩大趋势。② 这几年服务贸易逆差固然有国内居民收入增加、消费能力增强的因素。然而，传统服务出口在服务出口总额占比四成，专业服务等高附加值的现代服务业占比较低，国内服务贸易的内部结构性问题并未根本改观是主要原因。③

世界银行通过收集整理 103 个国家的数据，④ 主要涵盖电讯业、金融业、交通业、零售业和专业服务五个服务部门，构建了一个服务贸易限制数据库。数据显示，全球专业服务贸易的限制水平是所有服务贸易最高的，而国内对专业服务贸易的限制水平高于全球平均水平，尤其是法律服务行业，如表 5 所示。

一方面，形势要求国内开放和发展法律服务业；另一方面，国内法律服务业发展大有可为。21 世纪前五年，美国法律服务收入约占本国 GDP 的 1.5%，这个比例位居世界首位，英国为 1.2%、德国为 1.0%、法国为 0.4%、日本和中国同为 0.1%。业内人士对本国法律服务业市场发达程度的感受，与上述六国法律服务收入占 GDP 中的比例基本一致。⑤

---

① 比如，2016 年前十个月，国内服务贸易占对外服务贸易总额的 18%，这是改革开放以来国内服务贸易占对外服务贸易总额最高的一次数据，然而，这个数据是金砖五国中最少的，与世界平均水平也有差距。
② 具体信息可见"2016 年商务工作年终综述之九"，载商务部网站：http://tradeinservices.mofcom.gov.cn/a/2017-01-12/292921.shtml，访问日期：2017 年 1 月 16 日。
③ 宗泊："《服务贸易协定》介评"，载《河北法学》2016 年第 2 期，第 103 页。
④ 数据来源国包括 23 个非洲国家，8 个东亚和太平洋国家，5 个南亚国家，8 个北非和中东国家，5 个海湾阿拉伯国家，18 个拉美和加勒比海国家，16 个东欧和中亚国家，20 个高收入的经合组织国家。数据库主要以 WTO 成员方 2008 年的数据为主（2 个国家数据以 2009 年为主，1 个国家数据以 2010 年为主，3 个国家数据以 2011 年为主），详细信息可参见相关网站：http://iresearch.worldbank.org，访问日期：2016 年 8 月 22 日。
⑤ 史建三："全球化背景下法律服务市场大趋势"，载《中国律师》2009 年第 10 期，第 11 页。

表5 世界和国内服务贸易限制对比（Services Trade Restrictions Database）[①]

比较	项目（GATS承诺为基础）	服务贸易平均限制指数			
		跨境交付	商业存在	自然人流动	平均
世界	专业服务	28	40	60	48
	会计服务	23	31	53	38
	审计服务	47	38	59	48
	法律服务	14	43	63	52
	服务贸易平均	30	26	60	28
中国	专业服务	0	70	75	66
	会计服务	0	50	50	40
	审计服务	0	50	75	50
	法律服务	0	83	83	80
	服务贸易平均	39	37	75	37

（二）韩日法律服务业分阶段开放经验对自贸区的借鉴意义

目前，内地是韩国最大贸易伙伴，韩国是内地第三大贸易伙伴。就法律服务业开放而言，《韩美自由贸易协定》谈判时，韩国面临的局面比现时中国更严峻：韩国法律服务市场规模较小，限制程度比中国更大，比如韩国律师执业受到地域限制，中国律师可在大陆任一地区自由执业；由于历史和政治的原因，韩国较容易屈服于外部的压力，特别是来自美国的压力。与中国类似，在开放法律服务业之前，韩国政府与本土律师界人士持怀疑态度，担心韩国法律服务市场被更具竞争力和更有经验的英美大型律师事务所占领，优秀的本土法律人才向国际律师事务所聚集。因此，为了在充分享受自由贸易协定红利，同时将开放带来的消极影响降到最低，韩国政府通过吸收近邻日本法律服务业开放的

---

① 根据Services Trade Restrictions Database的说明，0为"完全开放"，25为"实质开放"，50为"存在重要限制"，75为"实质封闭"，100为"完全封闭"。

经验,①采用"分步走"的方式,一边是对接国际高标准、符合国际趋势,另一边是为本土法律服务提供者设置一个缓冲期。②

在 2012 年 5 月正式生效的《韩美自由贸易协定》文本中,韩国将关于法律服务业的市场准入和国民待遇规则作为其"服务和投资之不符措施"的一部分体现在 FTA 附件一和附件二中。在附件一中,韩国主要重申了其在 FTA 生效之前限制外资进入本国法律服务业的大部分规制措施依然有效,从内容上看,这些规制措施和我国目前国内(除粤沪地区)法律服务业开放规则具有高度重合性,甚至保护的程度更高,比如外国律师事务所连开设代表处的权利也没有。③ 在附件二中,韩国以分阶段履行的方式向美国作出了开放本国法律服务市场的承诺。除此之外,法律服务业开放还受到 FTA 有关国内规制措施的特别要求、透明度原则、资格承认规则以及其他专业服务规则的规制。韩美双方还将通过设立联合委员会等专门机构对以上规则进行执行方面的监督,并提供争端解决机制;还设立了专业服务工作组,以促进专业资格方面的相互承认。④

对自贸区而言,韩日做法具有以下借鉴意义:

首先,通过法治的道路开放法律服务市场。法治的道路表现为两个方面:一是制定自由贸易(港)区发展大战略,通过签订自由贸易协定,对接国际新标准和新潮流,对外承诺开放,以开放"倒逼"改革;二是通过制定、修改和实施国内法律法规,将国际义务转化为国内依据,自上而下地推动改革,并使

---

① 日本法律服务市场于 1987 年首次开放,至 2004 年走向完全开放——允许外国律师事务所雇用日本律师,允许国内外律师事务所同业。日本企业、银行等"封闭"立场对法律府服务市场的保护给予借鉴意义和经验。因此,日本政府在这 17 年中采取各种措施保护本国法律服务市场,甚至一些已经进入日本的国际大型律师事务所,如吉布森律师事务所(Gibson, Dunn & Crutcher)不得不退出日本市场。此外,日本律师事务所大型化、专业化发展模式也相应减轻英美国际律师事务所进驻本土带来的冲击。

② Jeanne Lee John: "KORUS FTA on Foreign Law Firms and Attorneys in South Korea-A Contemporary Analysis on Expansion into East Asia", Northwestern Journal of International law & Business, 2012, Vol. 33, No. 1, p. 240.

③ 《韩美自由贸易协定》全文可参见美国联邦贸易代表网站:www.ustr.gov/trade-agreements/free-trade-agreements/korus-fta,访问日期:2017 年 2 月 18 日。

④ 张方舟:"论中国法律服务市场开放的新标准——以上海自贸区的实践为视角",载《研究生法学》2016 年第 1 期,第 133 页。

得创新"有法可依"。①

其次，因地制宜地进行法律服务业开放。既不是继续封闭市场，也不是"毕其功于一役"，追求"一步到位"，而是在适当的时候，或者选择合适的国家开放法律服务市场。作为阶段性开放措施之一，韩国《外国法律顾问法》规定外国法律顾问不得与国内律师事务所进行业务协助、合伙及雇用韩国律师，以减少对本土法律服务市场的冲击。比较上海自贸区法律服务开放规则和韩国法律服务市场三个阶段内容，上海自贸区已经实现韩国前两个阶段的开放内容，甚至不考虑律所/律师是否来自中国签订自由贸易协定的国家。然而，就中外律所合伙而言，国内目前尚未对此开放，而且，允许合伙、对合伙作出限制的要求已经落后于 TiSA 等国际新协定。对此，韩国虽然在 TiSA 谈判中反对进一步开放商业存在模式、自然人流动模式的内容，但是政府已经启动新一轮的韩美自由贸易协定，共同商定未来法律服务业开放的规则。

再次，国内在制定开放规则的框架性以及原则性规定时，应当学习韩日政府，使用更加明确的法律语言，对缔约方给予更明确的回答。作为主要利益相关方的外国律所/律师关注的是一些具体法律问题，如"能否和中国律所实现合伙/合资"，概念上不是目前粤沪自贸区这种简单的合作；"雇用的中国律师能否代表律所以律师身份出庭"；"外国律师能否以律师身份或者外国法律顾问身份参与仲裁案件"等。上海自贸区等在表述法律服务领域开放之宗旨时使用的语词是"探索密切中国律师事务所与外国（港澳台地区）律师事务所业务合作的方式和机制"。这种表述固然可以增强立法的灵活性，但是牺牲了立法的明确性和可预见性。这些问题涉及法律服务业开放的市场准入和国民待遇等的实质变化。②

最后，法律服务业开放的实施问题。粤沪自贸区在监管权的合理、透明行使方面还有很多不足。法律服务业作为专业服务的一种，其实质意义上的开放

---

① 转引自杜相希："韩国法律市场：'自由贸易协定'下的'开放'与'防范'较量"，载法律图书馆：http：//www.law-lib.com/lw/lw_view.asp? no=10858.，访问日期：2017 年 1 月 5 日。
② 张方舟："论中国法律服务市场开放的新标准——以上海自贸区的实践为视角"，载《研究生法学》2016 年第 1 期，第 142 页。

程度受国内监管的影响极大。如果国内监管权的行使不够透明或者给服务贸易发展制造不必要的实践障碍，那么即使文本上欢迎外国资本和服务提供者进入国内市场，该市场本质上仍然不是开放的。与《韩美自由贸易协定》设立的联合委员会相比，国内在服务贸易政策审议、贸易救济方面的规定还显得非常单薄。《中国（上海）自由贸易试验区条例》第52条和第53条虽然看似保障了行政监管权按照合理、透明的原则行使，①但实质上都为宣示性条款，缺乏实际操作性。

（三）完善自贸区法律服务业开放的配套立法和措施

未来自贸区法律服务业开放应是朝着逐步放宽对市场准入限制和实现国民待遇的方向，重点是在业务范围、商业存在模式和自然人流动模式等方面放宽限制。②

其一，在部分国内律师事务所逐渐"做大""做强"，在一些领域已经接近甚至超过英美大型律所水准的情况下，可以进一步探索中外律所合作提供法律服务的途径和方式，一方面实现"强强联合"，另一方面实现国内外律师事务所优秀管理经验、资源的分享和融合。未来宜融合《广东试行办法》与《联营实施办法》的有关规则，通过粤沪自由贸易试验区的"先行先试"，将有利经验扩展到全国。广东省突出的是合伙联营，上海市突出的是合作联营，前者突出合伙的"深度"，后者突出合作的"广度"。一方面，可以将《广东试行办法》第2章"联营条件"中的要求"移植"入《联营实施办法》中，将对港澳律师事务所联营的要求扩大为对外国律师事务所驻华代表机构联营的要求，

---

① 《中国（上海）自由贸易试验区条例》第52条："本市制定有关自贸试验区的地方性法规、政府规章、规范性文件，应当主动公开草案内容，征求社会公众、相关行业组织和企业等方面的意见；通过并公布后，应当对社会各方意见的处理情况作出说明；在公布和实施之间，应当预留合理期限，作为实施准备期。但因紧急情况等原因需要立即制定和施行的除外。本市制定的有关自贸试验区的地方性法规、政府规章、规范性文件，应当在通过后及时公开，并予以解读和说明。"第53条："公民、法人和其他组织对管委会制定的规范性文件有异议的，可以提请市人民政府进行审查。审查规则由市人民政府制定。"《中国（上海）自由贸易试验区条例》全文可见上海政务：http：//shzw.eastday.com/shzw/G/20140726/u1ai133283.html，访问日期：2017年1月22日。

② Mark A. Cohen. International Law Firms in China："Market Access and Ethical Risk"，Fordham Law Review，2011，Vol. 80，No. 1，pp. 2569-2575.

同时将"合伙联营各方的出资额合计不得少于人民币 500 万元"修改为"人民币 1000 万元"。这主要是基于有关法规和外国律所驻华代表机构收入的考量。中外律所合伙/合作之后，在国内形成除个人律所和合资律所之外的第三类律所，在法律上是"特殊"的律所，对这种"新事物"应该有较高的要求和风险防范规则。《律师事务所管理办法》对律师事务所最低资产的最高要求是"人民币 1000 万",[1] 虽然此种"特殊"合伙的律所与律所联营性质的"特殊"有区别，但是可以作为参考。司法部数据显示，截至 2012 年 7 月底，来自 20 个国家的律所设立了 250 家驻华代表处，与国内律所的数量比约为 1∶75，营业收入比约为 1∶10。外国律师收入比国内律师收入高出许多，作出高标准的"入伙"要求也是对现实的一个反应。

其二，自贸区在对"一带一路"沿线国家提供法律服务时，可以推动香港法作为"适用法"（Governing Law）。分析英美服务在国际法律服务贸易中享有的比较优势，两个因素发挥着关键作用：一个因素是服务部门的结构，英美提供法律服务主要依赖大中型律师事务所，而不是专业人士；另一个因素是英国法和美国法在国际商事交易中扮演的重要角色。英美法律制度的普遍适用性，特别是纽约州法律成为国际商事交易的重要标准之一。为确保国际商业交易和金融交易的法律确定性，当事方常常会选择能够确定协议的他国法律，而不是自身居住地法律，即便选择适用的法律与交易本身无关。[2] 一方面，"一带一路"沿线国家中有 20 多个普通法国家。香港法源自普通法，采用香港法律为适用法，当事人对处理结果具有可预测性和信任感。另一方面，"一带一路"沿线有多个不同法系的国家，包括伊斯兰法系、普通法系、大陆法系等。由于法律体制之间的差异会招致法律风险，因此在进行跨境投资前，投资者必须充分了解不同法律体系、当地实体法和程序法的风险。香港法律界继承英国普通法传统，高度国际化，有能力协助境内外人士解决"一带一路"带来的法律

---

[1] 《律师事务所管理条例》（司法部令 2016 年第 133 号）全文可见中央人民政府网站：http：//www. gov. cn/gongbao/content/2016/content_ 5109321. htm，访问日期：2017 年 1 月 26 日。

[2] World Trade Organization："Legal Service Background Note by the Secretariat"，S/C/W/43，6 July 1998，para. 29.

问题。

其三，仲裁作为跨国法律纠纷解决机制，已经得到国内外法律界以及当事人的高度认可。然而，按照《外国律师事务所驻华代表机构管理条例》和《司法部关于执行〈外国律师事务所驻华代表机构管理条例〉的规定》的规定，外国律师在中国代理仲裁案件时，不得对中国法律的适用发表代理意见。实务中越来越多的外国律师参与国内进行的仲裁案件/程序，是不容忽视的现实。建议取消《司法部关于执行〈外国律师事务所驻华代表机构管理条例〉的规定》中第34条第2款"在仲裁活动中，以代理人身份对中国法律的适用以及涉及中国法律的事实发表代理意见或评论"的内容，提高外籍律师参与国内仲裁的积极性，进而使中国成为国际上的重要仲裁地。

其四，可以通过自贸区这个创新平台对两类制度进行试行：一是通过与"一带一路"沿线国家签订自由贸易协定，以自贸区为试点，有限地适用律师"飞进飞出"规则，为今后国内自然人流动模式的适用进行压力度测试。二是完善律师责任险制度，[1] 作为探索中外律所合伙/合作提供法律服务业的重要配套措施。

附录1 GATS 文本与 TiSA 文本比较

GATS（缔约方采用"Member"）		TiSA（缔约方采用"Party"）
第一部分：范围和定义	第1条"范围和定义"	TiSA 将 GATS 第1条内容作为第 I-1 条"范围"内容
第二部分：一般义务及纪律	第2条"最惠国待遇"	TiSA 采用 GATS 第2条第1款和第3款，部分缔约方对保留第2款"豁免"持异议
	第3条"透明度"	TiSA 将"透明度"条款和"机密信息的披露"放在

---

[1] 中国理论界和实务界对律师责任险有"律师职业责任保险"与"律师执业责任保险"两种表达方式，美国法上则统一表述为"Lawyers' Professional Liability Insurance"。笔者采用韩长印教授的观点，认为"律师职业责任保险"着眼于具体险种归属，"律师执业责任保险"则凸显该种保险承保的保险事故的性质。本文采用"律师责任险"的表述。此外，中国立法及实务中散见"职业责任保险""执业责任保险"等不同的表述方式。参见韩长印、郑丹妮："我国律师责任险的现状与出路"，载《法学》2014年第12期，第138~149页。

续表

第二部分：一般义务及纪律	第3条之二"机密信息的披露"	第1-5条"附加承诺"之后，内容与GATS第3条相比有较多修改
	第4条"发展中国家的更多参与"	TiSA无类似规定
	第5条"经济一体化"	TiSA将"经济一体化"条款列在"最惠国待遇"条款之后，部分缔约方对"经济一体化"条款内容及存在持有异议
	第5条之二"劳动力市场一体化协定"	TiSA无类似规定
	第6条"国内规制"	TiSA全面修改GATS第6条内容，如赋予缔约方基于国内公共政策而制定新规则的权利
	第7条"承认"	TiSA将GATS第7条作为I-6"承认"内容
	第8条"独占及排他性服务提供者"	TiSA将GATS第8条第1款、第2款和第5款作为"独占及排他性服务提供者"内容。由于TiSA未设立服务贸易理事会，因此，TiSA删除了GATS第8条第3~4款内容
	第9条"商业惯例"	TiSA无类似规定
	第10条"紧急保障措施"	TiSA无类似规定
	第11条"支付和转移"	TiSA将GATS第11条作为I-7"支付和转移"内容
	第12条"保障国际收支的限制"	TiSA将GATS第12条作为I-8"保障国际收支的限制"内容
	第13条"政府采购"	TiSA将GATS第13条第1款作为"政府采购"内容。GATS第13条第2款，要求成员方在世界贸易组织协议生效后二年内，就政府采购服务之事宜，进行多边诸商谈判
	第14条"一般例外"	TiSA将GATS第14条作为I-9"一般例外"内容
	第14条之二"安全例外"	TiSA将GATS第14条之二作为I-10"安全例外"内容
	第15条"补贴"	TiSA无类似规定

续表

第三部分：具体承诺	第16条"市场准入"	TiSA将GATS第16条作为I-3"市场准入"内容
	第17条"国民待遇"	TiSA将GATS第17条作为I-4"国民待遇"内容
	第18条"附加承诺"	TiSA将GATS第18条作为I-5"附加承诺"内容
第四部分：逐步自由化	第19条"具体承诺的谈判"	TiSA将这部分内容合并入第2章"具体承诺"
	第20条"具体承诺减让表"	
	第21条"减让表的修改"	
第五部分：机构条款	第22条"磋商"	TiSA谈判包含此部分，主要分为四个板块：Section 1 争议解决、Section 2 本协定的未来参与、Section 3 多边化、Section 4 制度条款（包括审议/修改减让表）
	第23条"争端解决与执行"	
	第24条"服务贸易理事会"	
	第25条"技术合作"	
	第26条"与其他国际组织的关系"	
第六部分：最后条款	第27条"利益之拒绝"	TiSA将GATS第27条作为"利益之拒绝"内容
	第28条"定义"	TiSA将GATS第28条作为第I-2条"定义"内容
	第29条"附件"	TiSA要求等待第四部分"新的和增强的纪律和机构"文本确定后再进行商讨

附录2　GATS、TPP和TiSA金融服务相关内容

内容	GATS	TPP	TiSA
提供金融服务的垄断权利的分配	《关于金融服务承诺的谅解》第2部分第1条	没有规定	第5条规定本条所列目的为确保金融服务的透明度
公共实体购买的金融服务方式的国民待遇	《关于金融服务承诺的谅解》第2部分第2条	第11.2条规定	第6条规定
跨境贸易的市场准入	《关于金融服务承诺的谅解》第2部分第3条、第4条	第11.5、11.6条规定：强调除列入负面清单的部门外，不得对服务提供者强制实施数量限制	第3条：加拿大在谈判时考虑将旅客运输纳入保险的范围，但澳大利亚、韩国等对此表示反对
金融服务提供者的建立或扩大商业存在的权利以及与此相关的人员的暂时进入	《关于金融服务承诺的谅解》第2部分第5、6、9条	没有规定	第8条对人员的暂时进入进行了规定
金融服务提供者提供新的金融服务的权利	《关于金融服务承诺的谅解》第2部分第7条	—	第9条规定成员方应允许提供新的金融服务，智利、香港、新西兰、瑞士等提议成员方应在具体承诺表中列出新的金融服务的具体含义、限制性条件和资质等
金融服务提供者进行正常业务必要的信息的传递、金融信息的处理或设备的转移	《关于金融服务承诺的谅解》第2部分第8条	第11.8条以及在附件11-B具体承诺中列出，并强调对个人信息的保护	第10条补充规定（美国提议）：成员方应当允许金融服务提供者以电子通信的方式传送必要的金融信息，并且强调对个人信息的保护
市场准入方面的非歧视性措施的取消或限制	《关于金融服务承诺的谅解》第2部分第10条	第11.11条例外规定中涉及	第14条规定

参考文献

[1] 段子忠,林海.服务贸易协定(TISA)谈判追踪[J].WTO经济导刊,2016(6):53~55.

[2] 宗泊.《服务贸易协定》介评[J].河北法学,2016(2):103.

[3] 张方舟.论中国法律服务市场开放的新标准——以上海自贸区的实践为视角[J].研究生法学,2016(1):132~143.

[4] 白洁.中美服务贸易开放度的比较和启示——基于频度分析的方法[J].亚太经济,2015(6):82.

[5] 李伍荣,周艳.《服务贸易协定》的发展路向[J].国际经济评论,2014(6):116.

[6] 韩长印,郑丹妮.我国律师责任险的现状与出路[J].法学,2014(12):138~149.

[7] 盛雷鸣,彭辉,史建三.中国(上海)自由贸易试验区建立对法律服务业的影响[J].法学,2013(11):123~124.

[8] 向涛.外国律师事务所驻华代表机构及代表的监管问题研究[J].中国律师,2011(3):65.

[9] 史建三.全球化背景下法律服务市场大趋势[J].中国律师,2009(10):11.

[10] 李本森.经济全球化背景下的法律服务自由化[J].法学,2004(1):104.

[11] 龚柏华.涉外法律服务业迎来新的发展机遇期[N].光明日报,2017-1-10(4).

[12] 曹建明,贺小勇.《世界贸易组织(第三版)》[M].北京:法律出版社,2011:253.

[13] World Trade Organization. World Trade Statistical Review 2016 [R/OL] [2016-11-15]. https://www.wto.org/english/res_e/statis_e/wts2016_e/wts16_toc_e.htm.

[14] Jeanne Lee John. KORUS FTA on Foreign Law Firms and Attorneys in South Korea-A Contemporary Analysis on Expansion into East Asia [J]. Northwestern Journal of

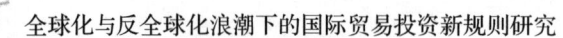

International law & Business,2012,33(1):240.

[15] Mark A. Cohen. International Law Firms in China:"Market Access and Ethical Risk"[J]. Fordham Law Review,2011,80(1):2569-2575.

[16] World Trade Organization. Legal Service Background Note by the Secretariat [R]. S/C/W/43,6 July 1998.

国际贸易投资制度的融合和多元化

以《中国（上海）自由贸易试验区仲裁规则》为视角探索临时措施制度的
发展和完善　陈　胜　著 / 75

"一带一路"推进过程中的投资规则构建　李　锋　著 / 86

以《中国（上海）自由贸易试验区仲裁规则》为视角探索临时措施制度的发展和完善

陈　胜　著[*]

摘要： 2013年上海自由贸易试验区的成立不仅带来了新的贸易和商业发展机遇，同时也给争端解决方法注入了创新动力。上海国际经济贸易仲裁委员会近年来也一直致力于更新规则，引入现代程序以确保它能适应最新的国际惯例。面对新的机遇和挑战，上海国际经济贸易仲裁委员会首先在自贸区内设立了一个新的纠纷解决机构提供相关咨询，并颁布了《中国（上海）自由贸易试验区仲裁规则》（自2015年1月起生效）。该自贸区仲裁规则共10章85条，其中借鉴和吸收了斯德哥尔摩商会和国际商会中最新的仲裁规则和程序，包括临时措施、开放仲裁员名册、合并仲裁等。本文将通过比较《中国（上海）自由贸易试验区仲裁规则》和国内及国际仲裁规则中有关临时措施的规定，探索临时措施制度的发展和完善。

关键词：《自贸区仲裁规则》；临时措施；发展和完善

中国的商事仲裁实践始于20世纪50年代，随着经济发展的需要，由最初的"对外贸易仲裁委员会"和"海事仲裁委员会"两家机构，发展到目前全国近200家仲裁院，辅以配套的各类仲裁法律法规及行业自治性文件，基本形成了较完整的仲裁体系。自中国实行改革开放以来，涉外的商事争端不断增多，

---

[*] 陈胜，金杜律师事务所合伙人，博士。

与之相关的符合国际仲裁要求的规范性文件及机构设置，也成为国内仲裁领域的焦点。1986 年加入《承认及执行外国仲裁裁决公约》(《纽约公约》，the New York Convention on the Recognition and Enforcement of Foreign Arbitral Awards) 至今，中国在与国际一般仲裁规则接轨方面取得了长足的发展，其中的最新发展即是 2015 年 1 月上海国际经济贸易仲裁委员会（Shanghai International Economic and Trade Arbitration Commission，以下简称 SHIAC）颁布的、供涉及上海自由贸易试验区（以下简称自贸区）的案件选用的《中国（上海）自由贸易试验区仲裁规则》（以下简称《自贸区仲裁规则》）。[①]

一、《自贸区仲裁规则》对中国临时措施制度的完善

根据《自贸区仲裁规则》规定，"当事人可以根据临时措施执行地所在国家/地区的法律向仲裁委员会及/或具有管辖权的法院提出如下一种或数种临时措施的申请：(1) 财产保全；(2) 证据保全；(3) 要求一方作出一定行为及/或禁止其作出一定行为；(4) 法律规定的其他措施"。据此，临时措施的目的有两个方面，一是为了维持待解决争议中双方的现状，二是为了保证最终裁决得以执行而对仲裁庭所作的指令、命令或是裁决的内容中所指的财产或是证据，一方在一定期限内作为或者不作为进行保全。[②]

从中国现有的仲裁规则来看，中国 2014 年之前的仲裁规则（2006 年广州仲裁委员会仲裁规则、2007 年武汉仲裁委员会仲裁规则、2013 年的上海仲裁委员会仲裁规则）一般都是针对财产和证据的保全，对于要求当事人一方作为或者不作为的临时措施并没有作出具体的规定，所以理论上其并没有完全达到采取临时措施的目的，并没达到维持待解决争议中双方现状的目的。

（一）扩大仲裁临时措施的范围

《自贸区仲裁规则》通过一个章节，详细地对临时措施予以规定，从理论

[①] 上海国际经济贸易仲裁委员会（上海国际仲裁中心）网站：http://www.cietac-sh.org/SHIAC/index.aspx，访问日期：2017 年 8 月 16 日。

[②] 黄荣楠："中国（上海）自由贸易试验区仲裁规则评述"，载《上海对外经贸大学学报》2014 年第 6 期，第 27～39 页。

和实践两个层面上更为符合临时措施的要求。《自贸区仲裁规则》第 18 条中规定,"临时措施是仲裁庭或法院在仲裁开始前或仲裁进行过程中,根据当事人的申请,所采取的财产、证据、行为以及法律允许的其他保全措施"。有些学者认为这条并没有给出临时措施的界定,[①] 但是我们认为从这条中可以总结出,临时措施的范围包括财产、证据、行为及其他法律允许的保全。

将保全范围扩大至行为及其他法律所允许的其他措施,一方面,符合 2012 年修订的《中华人民共和国民事诉讼法》(以下简称《民事诉讼法》)中对于行为保全的规定(第 100 条)。另一方面,这一变化对于日益增多的知识产权类的案件意义重大,除了符合国际商事仲裁的惯例,临时措施对行为保全的一个重要目的就是制止侵犯任何知识产权活动的发生,尤其是制止刚由海关放行的进口商品等侵权商品进入商业渠道。另外,对于临时措施的种类并没有作出穷尽式列举,这也给予了仲裁庭自由裁量的空间(见表 1)。

表 1　国内仲裁规则中关于临时措施制度的比较

国内仲裁规则	临时措施的规定
广州仲裁委员会仲裁规则(2006)	第 19 条　财产保全
武汉仲裁委员会仲裁规则(2007)	第 77 条　财产和证据保全
上海仲裁委员会仲裁规则(2013)	第 21 条　财产保全;第 40 条　证据保全
自贸试验区仲裁规则(2015)	第 3 章　临时措施(第 18~24 条)
北京仲裁委员会仲裁规则(2015)	第 16 条　保全措施
上海国际经济贸易仲裁委员会仲裁规则(2015)	第 18 条　保全措施
中国国际经济贸易仲裁委员会仲裁规则(2015)	第 23 条　保全和临时措施

(二) 增加仲裁前临时措施的规定

2012 年修改后的《民事诉讼法》第 101 条规定:"利害关系人因情况紧急不立即申请保全将会使其合法权益受到难以弥补的损害的,可以在提起诉讼或

[①] 张虎:"关于《自贸区仲裁规则》适用的几个问题",载《上海商学院学报》2014 年第 6 期,第 17~22 页。

者申请仲裁前向被保全财产所在地、被申请人住所地或者对案件有管辖权的人民法院申请采取保全措施。申请人应当提供担保，不提供担保的，裁定驳回申请。"该条规定新增了在申请仲裁前，可以申请临时措施，这是中国对于仲裁前临时措施肯定的立法表现，为《自贸区仲裁规则》增设仲裁前临时措施的规定提供了依据。

《自贸区仲裁规则》在临时措施规定上体现出时间的全面性，包括了仲裁前、仲裁中以及仲裁案件受理之后、仲裁庭组成之前，在这几个重要的时间点为当事人权利的救济和保护提供了更有力的保护。这一规定，填补了现行仲裁规则中有关仲裁前临时措施的空白。值得注意的是，根据《自贸区仲裁规则》第19条的规定，"仲裁前的临时措施可以由当事人直接向具有管辖权的法院提出，也可以请求仲裁委员会协助向有管辖权的法院提出"。这同时保证了与《民事诉讼法》的一致性，即在临时措施的申请上，由当事人向有管辖权的法院提出仲裁临时申请。上海市第二中级人民法院在2014年颁布的《关于适用〈中国（上海）自由贸易试验区仲裁规则〉仲裁案件司法审查和执行》（以下简称《若干意见》），也为《自贸区仲裁规则》提供了一定的保障。按照《若干意见》，当事人提出仲裁前或仲裁程序中保全申请的，应当立即受理。情况紧急、符合法律规定的保全条件的，应当在24小时内作出裁定并移交执行。对提出仲裁保全申请的当事人，可以责令其提供担保。

（三）引入仲裁庭的决定权

临时措施的决定权通常有三种模式，即仲裁庭、法院和两者并存的模式。尽管越来越多的国家或地区的仲裁制度已将临时措施的决定权完全授予仲裁庭行使，但是在中国为遵循《民事诉讼法》和《中华人民共和国仲裁法》（以下简称《仲裁法》）的规定，中国仍采纳法院模式。当事人申请临时保全措施的，需要由仲裁委员会将当事人的申请提交人民法院，并由法院对是否需要采取临时措施以及采取何种临时措施作出裁定。这种规定不利于中国仲裁制度的国际化。有学者指出，对于临时保全措施的决定和执行，这两者之间本身就不具有矛盾性，应该鼓励法院更多地支持仲裁的决定权，完善法院对仲裁庭的协助。[1]

《自贸区仲裁规则》第 20 条第 2 款规定："对于临时措施申请，仲裁委员会将根据临时措施执行地所在国家/地区的有关法律及本规则的规定，转交具有管辖权的法院作出裁定，或提交仲裁庭作出决定……"我们认为这一条规定是在现有法律规定下的创新，引入了国际通行做法，虽然没有彻底授予仲裁庭决定权，但是给予仲裁庭在有限范围之内对临时措施作出决定的权力。在不违背中国现行法律规定的基础上，巧妙地、创造性地扩大了能够作出临时措施决定的主体范围，但前提是临时措施执行地所在国家或地区的有关法律规定仲裁庭有权作出临时措施决定。换而言之，《自贸区仲裁规则》这一规定中可以理解是仲裁庭根据仲裁协议的法律适用，而决定其是否有权做临时保全措施的决定。[2] 显然，这样的规定赋予当事人最大程度上的意思自治。但即使当事人提供或同意仲裁规则，法庭也有权对临时措施作出裁定，这样的裁决是否可以实现取决于不同国家的具体法律法规。

二、紧急仲裁员制度

作为临时措施制度中的另一个亮点就是紧急仲裁员制度，这也是《自贸区仲裁规则》的重大亮点。紧急仲裁员制度的本质是临时措施发布的问题，解决在仲裁庭组建前，当事人如何向仲裁机构申请临时救济的问题。此规定的目的是弥合纠纷发生时的紧急性和仲裁庭解决纠纷的时效性之间所存在的差距，[3] 确保临时措施的实施保障当事人的权利，这并不影响仲裁庭对实体争议的审理及当事各方的其他程序权利。此外，通过紧急仲裁庭来决定临时措施将确保仲裁的"独立"性，减少法院对于仲裁的干扰。

从比较角度看，紧急仲裁规则已广泛应用于主要的国际惯例。在世界各主

---

[1] 胡荻："论国际商事仲裁中仲裁庭的临时保全措施决定权"，载《南昌大学学报（人文社会科学版）》2013 年第 4 期，第 102～110 页。

[2] 朱玉璋："国际商事仲裁中临时保全措施的决定与执行"，载《合肥师范学院学报》2006 年第 4 期，第 57～61 页。

[3] Niclas Rockbom Charlotta Falkman & Johannees Lundblad："The New SCC Emergency Arbitrator Rules：Some features worth considering"，载《北京仲裁》2010 年第 1 期，第 128 页。

要仲裁机构的仲裁规则中，仲裁庭通常都有权根据当事人的申请，发出以保全财产或证据为目的的临时措施指令，向申请方提供临时性救济。2006年，美国仲裁协会（American Arbitration Association，以下简称AAA）仲裁规则首次推出紧急仲裁制度的规定。在2010年晚些时候，斯德哥尔摩商会（Arbitration Institute of the Stockholm Chamber of Commerce，以下简称SCC）和新加坡国际仲裁中心（Singapore International Arbitration Ceatre，以下简称SIAC）也在各自的仲裁规则中增加了紧急仲裁员的规定。根据ICC和SIAC的规定，除非当事人另有约定，紧急仲裁庭可适用于所有仲裁规则。至于国内仲裁规则，目前为止，《自贸区仲裁规则》和上海国际经济贸易仲裁委员会仲裁规则中对此均有明确的规定。

《自贸区仲裁规则》第21条对紧急仲裁庭作出规定，体现了与国际仲裁发展趋势接轨，也是仲裁规则制度创新的表现。具体而言，《自贸区仲裁规则》从以下五个方面构建了紧急仲裁庭制度：第一，当事人可以提出书面申请要求成立紧急仲裁庭，申请必须附具理由；第二，决定是否成立紧急仲裁庭的机构是仲裁委员会，由仲裁委员会主任指定一名仲裁员成立紧急仲裁庭；第三，担任紧急仲裁庭的仲裁员应承担披露义务和遵守回避制度；第四，紧急仲裁庭的职权范围与一般仲裁庭的范围相同，在仲裁庭组成之日解散，并应向仲裁庭移交全部案卷材料。紧急仲裁员不能担任该仲裁案件的仲裁员，除非当事人另有约定；第五，紧急仲裁庭程序不影响仲裁程序的进行。

对于中国而言，紧急仲裁规则仍然是一项比较新的规则。有些人可能会将紧急仲裁与临时仲裁（ad hoc arbitration）相混淆。两者虽然都具有程序上的高效率和灵活性。然而，这两者存在基本的差异。首先，紧急仲裁是在特定时期内保护双方当事人的合法权利，即仲裁委员会受理案件后但在尚未组成正式的仲裁庭前所进行的紧急仲裁程序；对于临时仲裁而言，仲裁员不属于任何机构，当事人更想要的是双方自主性较强的而不是现有机构化的机制。其次，两者仲裁决定效力的不同也决定了临时仲裁和紧急仲裁机制的不同。虽然授予紧急仲裁员在任何必要时作出临时措施的决定，但紧急仲裁员的决定不会影响仲裁庭的最终决定。紧急仲裁员的权力也在仲裁庭正式组成之后终止。但特别仲裁决基于当事人的协议的争端是终局的。因此，从裁决的效力上来讲，临时仲裁是一种完全不同于紧急仲裁的机制。中国目前还没有实行临时仲裁制度。

表2从紧急仲裁员制度的四个方面，即指定紧急仲裁员、作出仲裁决定时限、仲裁决定形式和费用，对《自贸区仲裁规则》（FTZ）、《中国国际经济贸易仲裁委员会仲裁规则》（CIATEC）、《香港仲裁中心》（HKIAC）、《新加坡国际仲裁中心仲裁规则》（SIAC）、《国际商会仲裁规则》（ICC）和斯德哥尔摩商会仲裁院（SCC）进行比较研究。

表2 国内和国际仲裁规则对紧急仲裁庭的比较

仲裁规则	FTZ（2015）	CIETAC（2015）	HKIAC（2013）	SIAC（2013）	ICC（2012）	SCC（2010）
指定紧急仲裁员	3天	1天	2天	1个营业日	2天	24小时
作出临时措施裁决时限*	20天	15天	15天	无限制	15天	5天
仲裁决定形式	决定	决定	决定/命令/裁定	决定/裁定	命令	决定/裁定
紧急仲裁程序费用	人民币10 000**	人民币30 000	***	新加坡币5000（外国当事人）	美元40 000****	欧元15 000

注：*表示该时限为一般规定，当事人提供担保的情况下可以缩短或经过双方当事人同意可以延长。

**表示当事人仅申请一项临时措施时，收费金额为10 000元，如果为多项临时措施，则每一项申请另收取2000元。

***表示紧急仲裁程序费用包括HKIAC的行政费，紧急仲裁员的费用和其他合理的法律支出。紧急仲裁员按照小时费率计算。

****表示ICC的紧急仲裁程序费用中包括两部分，其中10 000美元是ICC的行政管理费，还有30 000美元紧急仲裁员的花费和支出。

通过比较，可以看出，各个规则中指定仲裁员的时限均不超过3天，而审限则不超过20天。与之相对的，《自贸区仲裁规则》中规定的普通仲裁庭应在

15 天内指定仲裁员,① 而对审限未作出明确限制。② 由此,"紧急"两字的程度可见一斑。

(一) 限制指定紧急仲裁员的时间

从上面的表中,可以较为清晰地看到紧急仲裁员制度的一个重要特征——效率。以 SHIAC 的一般规则为例,指定仲裁员的时间为 15 天,但是根据《自贸区仲裁规则》第 21 条的规定,如申请临时措施的当事人完成所有手续,那么仲裁委主席可在 3 日内在仲裁员名册中指定一名仲裁员组成紧急仲裁庭处理临时措施申请。

紧急仲裁员的任命和临时措施的决定的时间限制是主要仲裁机构所采纳的规则。目前为止,SCC 的规定最为严格,以"小时"而不是"天"作为计算标准。除此之外,SIAC 使用"营业日"这一个概念也值得注意。一般而言,工作日或营业日的表达方式更为准确,但是如果某些紧急仲裁正好发生在公共假期则仲裁程序的实际程序将不可避免地被延长,因此从紧急仲裁庭程序的目的来考虑,用"天"作为计量单位较为直接和清晰。

(二) 加快临时措施裁决的程序

一般情况下,仲裁庭应在组庭之日起 45 日内作出裁决书。《自贸区仲裁规则》第 22 条规定了作出临时措施决定的时间,紧急仲裁庭应在组成之日起 20 日内作出而仲裁庭则是在收到临时措施申请之日起 20 日内作出。如果当事人提供担保,那么还可以加快临时措施裁决的速度,紧急仲裁庭或者仲裁庭应当在当事人提供担保之日起 10 个工作日内作出。显然通过《自贸区仲裁规则》第 22 条第 3 款的规定,能更为高效地达到临时措施的效果。考虑到临时措施的性质以及为了保证最终裁决前当事人财产的安全性,紧急仲裁庭在合理担保的情

---

① 《自贸区仲裁规定》第 28 条第 (1) 款规定,当事人在收到案件受理通知/仲裁通知之日起 15 日内,可各自选定或委托仲裁委员会主任指定一名仲裁员。

② 《自贸区仲裁规则》中未明确审限。《中国国际经济贸易仲裁委员会仲裁规则》则规定审限一般为 6 个月。

况下加速其作出临时措施保全的过程能保证最终裁决的执行。

与其他国内外仲裁规则相比,这一点上体现了《自贸区仲裁规则》赋予了仲裁庭在临时保全措施上享有更多的自由裁量权。同时,紧急仲裁的程序并不会影响到正常的仲裁程序,相反该程序保证当事人的权利可以得到最大程度的保护。

三、临时保全措施的执行

(一) 国内仲裁临时保全措施的执行

临时保全措施作出后,如果不能得到承认与有效执行,那么临时保全措施将变得没有意义。就国内仲裁而言,与仲裁裁决的执行不同,国内目前在立法层面,并没有针对仲裁涉及的临时保全措施的执行有专门的法条加以规定,《民事诉讼法》及《仲裁法》中,也仅是散落一些关于临时措施的规定,并不涉及执行。因此,《自贸区仲裁规则》在临时保全措施的执行方面也是暂时留白,仅在第19条作了原则的表述,规定当事人可以向仲裁委员会及/或具有管辖权的法院提出申请。据此,涉及仲裁中的临时保全措施,当事人向具有管辖权的法院提出,即成为应有之义。同时,《上海市第二中级人民法院关于适用〈中国(上海)自由贸易试验区仲裁规则〉仲裁案件司法审查和执行的若干意见》第6条给予了积极回应,规定当事人提出仲裁前或仲裁程序中保全申请的应立即受理,并降低了仲裁临时措施担保的门槛,缩短了仲裁保全立案审查与执行的期限,这将促进仲裁保全措施的实施,有利于保障仲裁当事人的合法权益。依据该规定,上海市内各区及中级人民法院将支持依据《自贸区仲裁规则》作出的临时措施,并对其予以执行。

事实上,在实践中,即使当事人选择向仲裁机构申请采取临时保全措施的,仲裁机构在接到申请后也会移交给具有管辖权的法院,由法院视保全的具体内容依据《民事诉讼法》关于保全措施的规定予以执行。

(二) 涉外仲裁临时保全措施的执行

对于涉外的仲裁而言,情况相对复杂,可以分两种情况讨论。

第一,仲裁地法院执行。当事人选择的仲裁地和案件本身关联性较强的时候，临时措施往往会在仲裁地执行。若仲裁地的法律支持仲裁庭作出此类临时措施，那么仲裁地的法院会支持相应临时措施的当地执行；否则这类临时措施就会面临无法被执行的风险。

第二，仲裁地域外执行。由于导致国际仲裁地选择的主要因素为仲裁地的商业便利性、法律环境公正性等因素，仲裁地域外执行包含两种情况：国外仲裁庭依据《自贸区仲裁规则》作出的临时措施决定在中国的执行，以及中国仲裁庭作出的临时措施的决定在国外的执行。但无论是哪一种情况，仲裁涉及的各个国家与中国是否有关于仲裁的司法协助存在，都将成为执行临时措施法院的主要审查对象。

第一种情况，当事人提出有关外国仲裁机构文书执行的申请，执行法院面临首先就要审查该文书的性质。在确定申请执行的文书是仲裁临时措施之后，还需判断申请执行的临时措施决定是否属于《纽约公约》所包含的裁决。《纽约公约》中所指的仲裁裁决应是对实体问题的裁决，包括对实体问题的临时裁决、部分裁决和终局裁决，而对程序问题的临时裁决则不属于公约下的裁决。《纽约公约》无明确界定，法院可依照中国的法律予以解释。根据现有的法律，中国法院不应承认及执行外国仲裁庭关于仲裁临时措施的裁决。《纽约公约》的实现建立在争端当事人纠纷解决的意思自治的基础上，另外还依赖于各国司法权的让渡。

第二种情况，根据《自贸区仲裁规则》，临时保全措施的执行将依据执行地所在国家/地区的法律进行。在该国家/地区与中国已签订司法协助协议或共同加入了某项关于司法协助公约的前提下，临时保全措施将被有条件地执行。

总体而言，受限于现有法律法规，《自贸区仲裁规则》并未对临时措施的执行作出详细规定。由于在现行规则下，仲裁机构对于保全等措施主要仍然起一个"转递"的作用，由人民法院作出相应的民事裁定自然也由法院强制执行。至于不属于保全的其他临时措施，是否能得到人民法院强制执行的司法保障则有待进一步观察。

四、结 语

随着国际经济的发展及商事纠纷的复杂化，仲裁的优势更加明显，国际上也加大了对临时保全措施的研究。扩大仲裁庭的权力是国际商事仲裁的趋势所在，给予仲裁庭与法院平等地位的理念在国际上获得了广泛认可。《自贸区仲裁规则》在遵循中国现行《民事诉讼法》和《仲裁法》等上位法相关规定的前提下，其仲裁规则内容实现了向国际化靠拢，一方面，体现除了自贸区在争议解决方面的创新性，赋予了仲裁庭更多的决定权；另一方面，紧跟国际主流的仲裁规则，为当事人的权利提供更多保护，保证仲裁裁决的最终执行力。SHIAC 此次颁布的《自贸区仲裁规则》可以说是目前中国内地开放程度、灵活程度最高的国际化仲裁规则之一，相信随着《自贸区仲裁规则》在其施行过程中充分发挥自贸区的扩散效应和改革示范效应，形成可复制、可推广的经验，中国商事仲裁制度的国际化发展会得到进一步的推动和促进。

参考文献

[1] 黄荣楠. 中国（上海）自由贸易试验区仲裁规则评述 [J]. 上海对外经贸大学学报，2014（6）：27~39.

[2] 张虎. 关于《自贸区仲裁规则》适用的几个问题 [J]. 上海商学院学报，2014（6）：17~22.

[3] 胡荻. 论国际商事仲裁中仲裁庭的临时保全措施决定权 [J]. 南昌大学学报（人文社会科学版），2013（4）：102~110.

[4] Niclas Rockbom Charlotta Falkman & Johannees Lundblad. The New SCC Emergency Arbitrator Rules: Some features worth considering [J]. 北京仲裁，2010（1）：128.

[5] 朱玉璋. 国际商事仲裁中临时保全措施的决定与执行 [J]. 合肥师范学院学报，2006（4）：57~61.

"一带一路"推进过程中的投资规则构建

李 锋 著[*]

摘要： "一带一路"作为倡议无法设立新的常设机构以协调投资纠纷，而目前海外投资领域正处于多边机制缺失、区域规则重构、双边 BIT 有待升级的新格局。为此，我们有必要在投资规则上有所作为，多边层面不断努力，倡导全球投资规则，争取建立长效机制；区域层面勇于尝试，以《区域全面经济伙伴关系协定》和亚洲基础设施投资银行为契机，创新规则；双边层面务实合作，升级现有双边投资协定，实现投资便利化和自由化；单边层面深化改革，主动对接新规则，为利用规则并扩大投资合作奠定基础。

关键词： 海外投资；一带一路；风险防范；投资规则

"一带一路"倡议自提出以来，中国不断加强同沿线国家的投资合作，取得了一定的成绩。[①] 但鉴于"一带一路"在对外宣传上仅仅是合作倡议，不能成立新的组织机构进行投资促进，而国际直接投资领域本身也面临机制缺失、规则重构等问题。为了更加务实有效地推进"一带一路"投资合作，必须充分利用现有投资规则，并不断在投资新规则上突破创新。

---

[*] 李锋，外交学院国际经济学院讲师。
[①] "一带一路"倡议虽是开放式的，"基于但不限于古代丝绸之路的范围"，但本文讨论的"一带一路"沿线国家，以 64 国（不包括中国）为讨论样本，国家清单详见：http://beltandroad.hktdc.com/tc/country-profiles/country-profiles.aspx，访问日期：2017 年 5 月 22 日。

一、中国向"一带一路"沿线国家直接投资的特点与不足

在全球经济不景气、国内下行压力大的背景下,中国推进"一带一路"的投资合作大有裨益。但在推进过程中,机遇与挑战并存。虽然直接投资发展迅猛,但也存在国别和行业过于集中,投资方式过于敏感等问题。

(一) 发展迅猛,潜力巨大

根据中国商务部的统计数据,2003~2014年,中国共向"一带一路"沿线的58个国家进行了直接投资,累计直接投资额达720.3亿美元。从2003年的2.0亿美元发展到2014年的136.6亿美元,中国对"一带一路"沿线国家的直接投资额在这十多年间发展非常迅速,年均增长率46.7%。虽然增速很快,但我们必须看到,中国对"一带一路"沿线国家的直接投资仅是中国对所有国家直接投资中很小的一部分,2014年仅占11.1%。中国向"一带一路"沿线国家的直接投资还有很大的发展空间,而随着"一带一路"倡议的深入推进和投资项目的不断落地,未来将发展更快、规模更大。

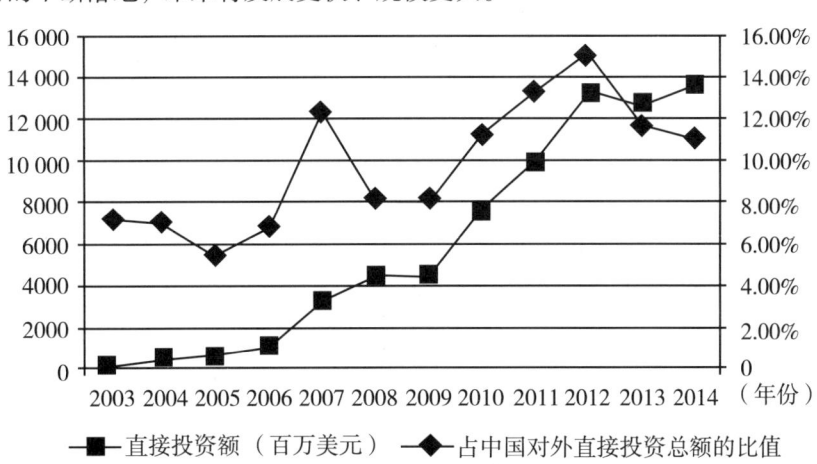

图1　2003年以来中国向"一带一路"沿线国家的直接投资＊

＊资料来源:根据历年《中国对外直接投资统计公报》数据整理。

(二) 分布集中,易受干扰

根据中国商务部的统计数据,新加坡、俄罗斯、印度尼西亚和哈萨克斯坦

是中国向"一带一路"沿线直接投资的四大投资目的地,占中国对沿线国家直接投资总额的43.1%;如果加总前十大投资目的地,这一比值则高达71.4%。这说明中国对"一带一路"沿线国家的直接投资高度集中于少数几个国家,从分散投资风险的角度来讲,国别分布过于集中显然不太有利。而且通过数据梳理,中国对不丹、亚美尼亚、摩尔多瓦、爱沙尼亚、黑山和斯洛文尼亚等六个国家没有任何直接投资;对拉脱维亚、巴林和叙利亚等三国的直接投资甚至是负值,说明存在撤资现象。

表1 2003~2014年中国向"一带一路"沿线直接投资的国别数据

单位:百万美元

国家	直接投资额	国家	直接投资额
新加坡	14312.69	克罗地亚	5.14
俄罗斯	5708.39	波黑	3.13
印度尼西亚	5646.85	马尔代夫	2.27
哈萨克斯坦	5374.41	黎巴嫩	1.21
老挝	3906.84	阿尔巴尼亚	0.65
缅甸	3390.66	马其顿	0.06
伊朗	3371.30	巴勒斯坦	0.04
蒙古国	3331.07	拉脱维亚	-0.19
泰国	3276.23	巴林	-1.94
巴基斯坦	3137.46	叙利亚	-7.20

注:左列为前十位的直接投资目的国,右列为后十位的直接投资目的国。资料来源:根据历年《中国对外直接投资统计公报》数据整理。

另外,由于"一带一路"沿线国家地缘政治关系复杂,容易受到突发事件的影响,导致中国对沿线国家的直接投资难以保持稳定。如叙利亚、巴林、阿曼、阿塞拜疆、科威特、斯里兰卡、土库曼斯坦等国,中国对这些国家的直接投资表现出很大的波动性,不断出现投资、撤资、再投资、再撤资的情况。

(三) 行业密集,风险扎堆

根据美国传统基金会的统计数据,2005~2015年中国向"一带一路"沿线直接投资最多的两个行业是能源和金属行业，按投资金额计算占比70.08%，行业集中度相当高。行业高度密集，而且集中于传统的能矿资源行业，这也在一定程度上导致了该领域的海外投资风险居高不下，能源和金属行业投资受阻的案例共计33件，涉及金额523.2亿美元，按金额计算77.79%的投资风险都集中在能源和金属行业。① 自然资源寻求型的海外投资，有助于中国解决能源供给的问题，但由于行业的敏感性以及地区的复杂局势，该领域的海外投资风险也较为突出。

表2　2005~2015年中国向"一带一路"沿线直接投资的行业数据

单位：百万美元

行业	投资概况			投资受阻案例		
	投资额	占比	项目数	投资额	占比	项目数
能源	91920	54.73%	87	44100	65.57%	25
金属	25780	15.35%	35	8220	12.22%	8
房地产	12810	7.63%	24	0	0.00%	0
交通	11010	6.56%	28	7150	10.63%	10
科技	7720	4.60%	17	300	0.45%	1
农业	6530	3.89%	7	4130	6.14%	1
金融	4120	2.45%	9	1010	1.50%	2
化工	2220	1.32%	4	1850	2.75%	1
其他	5850	3.48%	19	500	0.74%	1

资料来源：根据美国传统基金会"China Global Investment Tracker"数据整理。

（四）并购为主，倾向控股

根据美国传统基金会的统计数据，2005~2015年中国向"一带一路"沿线的直接投资更倾向于采用跨国并购的方式，59.97%的投资项目是通过并购实现的，希望能借此方式更快地进入东道国市场拓展业务。另外，根据已披露的投

---

① 美国传统基金会统计了中国海外投资中的受阻案例，数据库中以"troubled transactions"表示。

资股份的统计数据，四成以上的中国企业直接投资的股份都超过50%，可以看出中国企业更倾向于控股而不是参股，希望以此掌握海外投资项目的绝对控制权和实际话语权。从投资方式上讲，跨国并购比绿地新建更容易招致东道国的抵制；就股份比例而言，控股比参股的阻力和风险也越大。并购加控股，这种投资方式的风险性在能源和金属行业尤为凸显。

二、中国与"一带一路"沿线国家投资合作的现有规则体系

鉴于"一带一路"的投资合作还存在一些问题和风险，中国需要体制性或规则性的约束和保障机制。"一带一路"作为倡议，无法建立新的投资合作机制，只能利用现有的投资规则，在多边、区域和双边三个层面进行投资协调，但在实际操作过程中也存在一些问题。

（一）多边层面机制缺失

国际投资领域目前尚没有建立一个国际性的监管机构，也没有一个综合性的国际协定，因此"一带一路"的直接投资缺乏有效的协调机制和多边约束。这一点跟贸易相比非常尴尬，毕竟贸易领域的多边机构和协定（WTO及其GATT、GATS、TRIPS等协定）可以作为全球通用的规则直接用于规范和促进"一带一路"的贸易合作。

目前，国际上仅存的几个有约束力的多边投资协定包括：《多边投资担保机构公约》（MIGA）、《关于解决各国和其他国家的国民之间的投资争端的公约》（ICSID）以及WTO框架下的相关协定（主要指的是《与贸易有关的投资措施协议》，Agreement on Trade-Related Investment Measures，简称TRIMS）。其中MIGA用以降低在发展中国家投资的政治风险，ICSID通过调解和仲裁解决国家间的投资争端，TRIMS仅涵盖与货物贸易相关的、对贸易产生限制和扭曲作用的投资措施。[1]

上述几个多边协定，中国都是参与国，可以直接利用，以加强"一带一

---

[1] 李玉梅、桑百川："国际投资规则比较、趋势与中国对策"，载《经济社会体制比较》2014年第1期，第176~188页。

路"的投资合作，但作用非常有限。首先，这些协定的出发点是保护国际投资，涉及投资风险和投资壁垒，但没有涉及如何促进和鼓励直接投资，可以说处在国际规则的低级阶段；而作为对比反观现在的多边贸易规则，已经由贸易保护、贸易自由化升级到了贸易促进、贸易便利化的高级层次，《贸易便利化协定》（Trade Facilitation Agreement）就是佐证。其次，这些协定仅涵盖了部分投资议题，不全面也不系统，甚至可以说仅包含投资领域的冰山一角，大量的基础性问题（如国民待遇、最惠国待遇）以及敏感性问题（如国家安全审查、资金转移及监管）都没有给出规范性的解决办法。最后，这些协定的约束力、权威性和有效性还是受到质疑的。以 ICSID 为例，根据世界银行国际投资争端解决中心的统计数据，1972~2015 年仅有 549 起案件提交 ICSID 寻求调解或仲裁，相较于每年为数众多的投资纠纷而言，求助于 ICSID 的案件数还是很少，迄今为止中国企业也仅是用了 5 次。有解决机制却没有使用，这说明现有机制还是存在很多缺陷的，其约束力和有效性有待进一步加强。当然，ICSID 还是有一定作用的，毕竟"一带一路"沿线有 51 个国家都是缔约国，这在一定程度上有利于防范海外投资的政治风险。①

综合性的多边投资机制不是没有尝试过，只不过都没能实现，不管是 OECD 的《多边投资协议》（MAI），还是 WTO 的《多边投资框架》（MFI）最终都无功而返。② 另外，UNCTAD 也做过一些努力，如《世界投资报告》里提及的建立新一代投资政策框架、为可持续发展目标投资的行动计划等，但都仅是倡议而无实际约束力。其他的国际协定，有的虽然通过了但没有约束力，如国际商会的《关于外国投资的公正待遇的国际守则》、OECD 的《国际投资和多国企业宣言》等；有的则腹死胎中没有获得通过，如联合国的《跨国公司行为守则（草案）》等。

总结起来，多边层面面临机制缺失的尴尬局面，仅有零星几个协定可以使

---

① 没有签约的共有 10 个国家，包括不丹、印度、伊朗、老挝、马尔代夫、缅甸、巴勒斯坦、波兰、塔吉克斯坦和越南。另外，俄罗斯、吉尔吉斯斯坦和泰国三国已签约但没有生效。
② 邢厚媛："全球治理中的国际投资规则变化与对策"，载《国际经济合作》2013 年第 12 期，第 4~7 页。

用,但作用相当有限,"一带一路"的投资合作需要一个综合性的多边投资规则,以提供最基础的、具有普遍约束力和最大公信度的规则性保障。

(二) 区域层面规则重构

区域层面的投资协定包括两类,一类是专门针对直接投资的区域性协定,如《亚太贸易协定之投资协议》(APTA Investment,签约国包括中国、孟加拉国、老挝和斯里兰卡等沿线国家)、《中国—东盟自由贸易区投资协议》等;另一类是内容涉及直接投资的贸易协定,目前很多区域贸易协定都含有投资条款。①

"一带一路"沿线的区域协定屈指可数,作用也相当有限。首先,区域协定在投资议题上的约束力不强,尤其体现在投资争端解决方面,甚至就没有约束力,比如 APTA Investment 在 2009 年通过后就没有生效。其次,不管有没有单独针对直接投资签订协议,区域协定都是以贸易为核心议题展开的,所涵盖的投资内容相对有限。再次,从地理分布上看,无法覆盖"一带一路"沿线众多国家,其适用性也大打折扣。最后,涵盖的投资议题标准太低,无法跟上国际新规则。以《跨太平洋伙伴关系协定》(Trans-Pacific Partnership Agreement)为代表的区域协定,在很多投资议题上正引领着投资新规则,如竞争中性、投资者~东道国争端解决机制、劳工和环境标准等;② 而在"一带一路"沿线,可能仅有 RCEP 算得上新规则,但 RCEP 一方面还没有达成一致,另一方面由于国家的差异性和多样化无法实现 TPP 的高标准。③ 当然,TPP 的高标准也未必好,比如投资者—东道国争端解决机制就不太适合"一带一路",或者说标准高不可攀。允许外国投资者可以状告东道国政府,这一机制明显有利于发达国家的跨国公司,而不利于发展中国家的政府机构;与"一带一路"互利共赢

---

① 陆建人、孙玉红:"制定亚太区域多边投资规则探索",载《亚太经济》2014 年第 6 期,第 7 ~ 14 页。

② 文洋:"TPP 投资规则:内容、挑战及中国的因应",载《国际贸易》2016 年第 4 期,第 48 ~ 54 页。

③ 编者补充:RCEP 是英文"Regional Com-prehensive Economic Partnership"的缩写。它是东盟国家近年来首次提出,并以东盟为主导的区域经济一体化合作机制。

的理念有所冲突。因此，如何将投资新规则进行个性化设置，结合"一带一路"的合作理念和实际需求进行因地制宜的设计和采用，这才是大势所趋。

"一带一路"沿线国家也进行了一些有益的尝试，如亚洲基础设施投资银行（亚投行）。跟世界银行、亚洲开发银行相比，亚投行更加廉洁高效，而且本着互利共赢的原则，对投资项目以及投资东道国不会附加苛刻的政治条件，可以说亚投行的很多原则及举措正在不断推动金融性开发机构的改革，对原来的金融投资合作机制也是一种冲击，给域内的投资合作注入了改革的动力。当然，亚投行的成效还有待实践的检验，毕竟才刚成立不久。

总结起来，区域层面的投资协定或机制面临两大挑战：一是规则重构，如何结合"一带一路"的实际需求跟国际新规则进行对接，达成高标准的投资协定；二是有待落实，如何让亚投行真正发挥作用，让互利共赢的投资项目尽快落地。

（三）双边层面有待升级

双边层面的合作机制包括《双边投资协定》（BIT）和《避免双重征税协定》（DTT）。BIT 是目前最重要也是最有效的投资合作机制，中国已与"一带一路"沿线的 56 个国家签署了 BIT。[①] DTT 则有助于减轻海外投资企业的税收负担，中国已与"一带一路"沿线的 53 个国家签署了 DTT。[②]

在目前多边机制缺失、区域规则重构的大背景下，BIT 是中国推进"一带一路"过程中可以依靠的最有效的投资规则，但中国与沿线国家所签署的 BIT 也存在一些问题。首先，大多签署于 20 世纪 90 年代，版本低、内容旧，无法跟上新形势的需要。BIT 签署年代久远，而当时中国的直接投资才刚刚起步，中国的利益诉求并不那么强烈，因此可以想象，当时签署的 BIT 其象征意义大

[①] 尚未与中国签署 BIT 的"一带一路"国家包括：阿富汗、不丹、东帝汶、伊拉克、马尔代夫、黑山、尼泊尔、巴勒斯坦等 8 个国家。数据来源是联合国贸发会议，http://investmentpolicyhub.unctad.org/，访问日期：2017 年 8 月 3 日。

[②] 尚未与中国签署 DTT 的"一带一路"国家包括：阿富汗、不丹、东帝汶、伊拉克、马尔代夫、巴勒斯坦、柬埔寨、约旦、黎巴嫩、缅甸、也门等 11 个国家。数据来源是国家税务总局，http://www.chinatax.gov.cn/n810341/n810770/index.html，访问日期：2017 年 8 月 3 日。

于实际作用,更有甚者,中国与文莱、约旦等国签署的协定就没有生效。目前国际上最新的是美国 2012 年 BIT 范本,实现了高标准的投资保护和高水平的投资开放,其外在表现是准入前国民待遇加负面清单的管理模式;[①] 而中国与沿线国家签署的 BIT,大多仅停留在保护外来投资的层面,一是保护程度普遍不高,二是较少涉及投资自由化和投资便利化的内容,三是没有一个协定采用了准入前国民待遇加负面清单的管理模式。其次,适用范围窄,且费时费力。BIT 顾名思义仅适用于双边投资,而与这么多国家都签署协定势必要耗费大量的人力、物力、财力,更何况现如今 BIT 面临重新签订的问题,未来的谈判成本可能会成为一种负担。再次,内容重叠冲突,容易造成管理混乱。签约国为数众多、BIT 数目庞大、协定内容错综复杂,这容易导致"意大利面条碗效应",给投资监管和国际协调带来麻烦,也难以给海外投资企业提供稳定统一的政策信号,不利于用标准化的途径解决国际投资纠纷。最后,中国与阿富汗、伊拉克、尼泊尔、东帝汶等动荡国家依然没有签署 BIT,中国企业的海外投资利益无法得到保障。

总结起来,双边层面 BIT 是现阶段推进"一带一路"投资合作的有力保障,但鉴于协定范本和投资议题都过于陈旧,BIT 面临版本升级、重新签订的迫切需求。

三、政策建议

目前,国际投资规则处在推陈出新的历史拐点,中国需要更加积极主动、创新式地参与规则构建。"一带一路"作为倡议,需要更细化的投资合作指导性原则;作为战略,需要更接地气的投资规则加以约束。

(一) 全局出发提出投资合作指导性原则

"一带一路"作为倡议,有一定的灵活性,在投资领域可以进一步细化倡议的原则和内容,可考虑出台一份"一带一路"投资合作的指导性原则,无须

[①] 聂平香:"国际投资规则的演变及趋势",载《国际经济合作》2014 年第 7 期,第 16 ~ 20 页。

建立新的机构或机制。但如何拟定指导性原则和具体内容，如何既保证我国利益又实现域内整体利益最大化是关键。投资合作的指导性原则应该在"一带一路愿景与行动"的基础上，包含行业互补性开放、争端友好式协商、风险最大化可控等具体内容。

投资合作指导性原则虽然没有法律约束力，但由于"一带一路"特别是投资合作的互利共赢原则能给各方都带来实实在在的收益，因此未来可能发挥重要的引领和示范作用。待投资项目不断落地并实现共赢之后，投资合作指导性原则将更加深入人心，到时候"一带一路"甚至可以突破"倡议"的内容而建立实际的投资合作机制或机构。

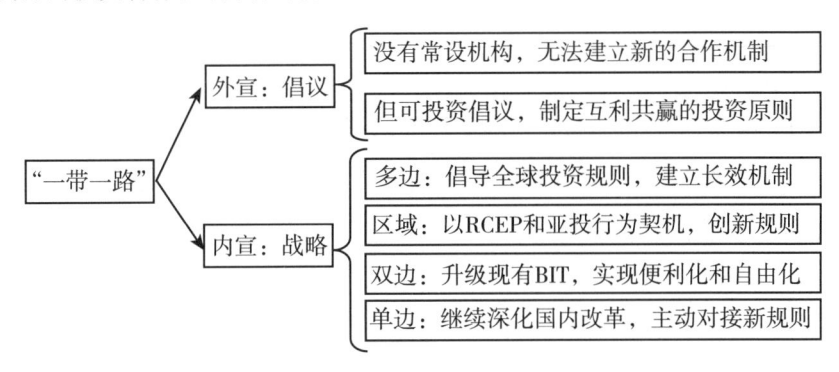

```
               ┌─ 外宣：倡议 ─┬─ 没有常设机构，无法建立新的合作机制
               │              └─ 但可投资倡议，制定互利共赢的投资原则
"一带一路" ────┤
               │              ┌─ 多边：倡导全球投资规则，建立长效机制
               └─ 内宣：战略 ─┼─ 区域：以RCEP和亚投行为契机，创新规则
                              ├─ 双边：升级现有BIT，实现便利化和自由化
                              └─ 单边：继续深化国内改革，主动对接新规则
```

图 2　"一带一路"的投资规则构建

当然，仅有指导性原则是远远不够的。作为战略，"一带一路"倡议具有实操性，需要有互利共赢且能贯彻执行的投资规则去实现以德服人、以义服众，因此，必须要落实到投资规则上，而且如果有可能，多谈规则、少谈战略，在多边、区域和双边多个层面进行投资规则的整合，升级投资规则，更新投资条款。

（二）多边层面积极倡导全球投资规则

多边层面最理想的状态是建立类似于WTO的全球性投资协调机构，建立一套全球通行的规则体系。因此，中国首先应致力于全球性投资规则，在原有MAI、MFI的基础上力推建立一种适应各国共同需求、综合性的世界投资规则，并坚持以可持续发展的理念和原则积极参与规则制定。但鉴于推进难度和工作量都比较大,短期难以实现,因此次优选择是充分利用现有的 MIGA 和 ICSID。"一带一路"沿线国家的政治风险普遍较大,中国必须要用好现有的风险担保机制以及争端解决机制,利用国际组织或协定来保障中国企业的海外投资利益。

(三) 区域层面尝试性推广投资新规则

区域层面的投资规则是目前发展变化最快的。相比于发达国家,中国不管是在理论上还是实践中都是后来者,需要加快学习甚至赶超的步伐。一方面,中国应首先仔细研究 TPP 的投资内容,并在 FTA 中不断创新投资议题,创造性提出适合"一带一路"的投资条款,使其更接地气,既不可生搬硬套,盲目追求新规则、高标准,也不可全盘否定、推倒重来,TPP 中的环保和劳工条款、竞争中性以及投资者—东道国争端解决机制等内容都可以为我所用,但在规则制定及后续执行的过程中应适当降低标准以符合互利共赢的基本原则、沿线国家的多样性特征以及投资合作的实际需求。另一方面,中国可借用现有的区域性机制或机构推进"一带一路"的投资合作,尤其是 RCEP 和亚投行,在中国主导的区域性合作框架内进行大胆尝试,抢占规则制定的话语权和主动权。

(四) 双边层面落实并升级双边协定

双边层面是最应该而且有能力实现突破的。中国应尽快升级与"一带一路"沿线国家签署的投资协定,争取与所有沿线国家都签署新一代的投资协定,不仅仅是保护直接投资,还要促进和便利化直接投资,更要加快投资的行业开放和自由化进程。[①]

鉴于"一带一路"投资的风险性,一方面我们要充分利用 BIT 在政治风险方面的保障作用,运用现有规则维护我国的海外投资利益;另一方面要积极推进 BIT 的便利化和自由化进程,加快投资促进的协调机制建设,并与适当国家进行扩大投资行业准入的尝试性实践。

鉴于"一带一路"国家的多样性,BIT 的升级应当是根据国家特性因地制

[①] 马学礼:"'一带一路'倡议的规则型风险研究",载《亚太经济》2015 年第 6 期,第 3~8 页。

宜地稳步推进，高标准的投资条款亦是如此。"准入前国民待遇+负面清单"的管理模式虽是未来趋势，但由于"一带一路"沿线多半是发展中国家，可考虑跟部分较发达的域内国家进行这种管理模式的创新，不可操之过急，更何况中国也尚处于试验阶段。其他投资条款也一样。另外，结合投资的风险性，可考虑引入投资者—东道国争端解决机制，但需保证公正性和合理性，照顾到广大发展中国家的利益。

（五）单边层面通过深化改革主动对接新规则

国际层面的规则构建需要国内层面的体制改革，中国需要继续创新投资管理体制，以自由贸易试验区试点为突破口，加快与国际新规则的对接。[①] 古语云："治人者必先自治，责人者必先自责，成人者必须自成。"中国要想参与国际投资规则的制定，在"一带一路"推进过程中建立符合中国和各方利益的投资规范，就必须以身作则地先在国内推行高标准的投资规则，一方面，要稳步地全国推广准入前国民待遇加负面清单的外商投资管理模式，并不断缩短负面清单的长度；另一方面，要落实以备案为主、核准为辅的对外投资管理体制，完善事中和事后监管，减少行政干预。打铁还需自身硬，只有当中国以身作则地实现了新规则，才能在"一带一路"的投资合作中实现以倡议指导合作、用规则携手共赢。

参考文献

［1］文洋.TPP投资规则：内容、挑战及中国的因应［J］.国际贸易，2016（4）：48~54.

［2］石静霞.国际贸易投资规则的再构建及中国的因应［J］.中国社会科学，2015（9）：128~145.

［3］马学礼."一带一路"倡议的规则型风险研究［J］.亚太经济，2015（6）：3~8.

---

① 石静霞："国际贸易投资规则的再构建及中国的因应"，载《中国社会科学》2015年第9期，第128-145页。

［4］聂平香. 国际投资规则的演变及趋势［J］. 国际经济合作，2014（7）：16~20.

［5］陆建人，孙玉红. 制定亚太区域多边投资规则探索［J］. 亚太经济，2014（6）：7~14.

［6］李玉梅，桑百川. 国际投资规则比较、趋势与中国对策［J］. 经济社会体制比较，2014（1）：176~188.

［7］邢厚媛，全球治理中的国际投资规则变化与对策［J］. 国际经济合作，2013（12）：4~7.

新的国际贸易投资规则

信息化时代下发展中国家经济安全困境与出路：以"金砖国家"
　合作为视角　董学智　张　鸽　著 / 101
论新一代中国自由贸易协定中的"超WTO"和"WTO额外"条款及其
　强制执行力　梁　意　著 / 116
实现"更透明"的"透明度"政策——兼论AIIB和NDB制度的构建
　冯春萍　杨　燕　著 / 147

信息化时代下发展中国家经济安全困境与出路：以"金砖国家"合作为视角[*]

董学智　张　鸽　著[**]

摘要： 近年来，随着经济全球化程度的不断加深，经济安全逐渐成为一个热议话题，寰宇各国对此皆高度重视。在信息化浪潮和全球化程度不断加深的背景下，互联网经济、通信技术经济迅猛发展，将信息安全风险引入经济领域，将经济安全问题提升至了一个前所未有的高度，其突出表现为新型的信息安全问题，与传统的经济安全问题交织在一起，而更加难以应对。包括我国在内的发展中国家，由于经济发展水平和科技水平本就属于后发序列，导致其在国际舞台上相较于制度发达国家处于一种天然的弱势地位，信息安全更加难以得到保障。因此，必须高度重视经济安全问题，寻求解决之道。

关键词： 经济安全；信息安全；金砖五国；法律合作

一、悬顶之剑：发展中国家经济安全困境

（一）问题提出的路径：从信息安全到经济安全再到国家安全

国家的安全，乃是一个国家得以生存与发展的基本前提和必要条件，亦是

---

[*] 本文受2017年度华东政法大学研究生创新项目"中国法律服务之展望：在开放中谋求发展——以上海自贸区法律服务改革试点为视角"（2017-4-091）资助。
[**] 董学智，北京大学法学院博士；张鸽，华东政法大学国际法学院硕士。

一个国家的根本利益之所在。而国家安全是一个内涵颇为丰富的概念，一般认为其包含国家的政治安全、军事安全、经济安全、文化安全等内容。[①] 而国家安全的核心范畴始终是一个处于不断嬗变中的话题：在人类社会肇端到近代这一相当久远的历史长河中，军事安全一直是国家安全的核心，抵御外族侵略一直是国家安全的第一要义；而当时间信步至现代社会，随着生产力的不断发展和世界政治经济环境的变化，诸种非传统安全始成为威胁一国之安全的重要因素，其中尤以经济安全为本宗之重。

经济安全问题从其滥觞之初到现今之世，其范畴和要津亦始终处于发展和丰富之中。例如，我国加入世界贸易组织后，国家、区域间的联系愈加紧密，随之而来的贸易纠纷、经济壁垒等国家经济安全问题愈加凸显；[②] 亦如在2009年次贷危机产生后，"金融泡沫""货币战争"等新鲜词汇标榜着"金融安全"成为国家经济安全工作中的新重点。而在2013年，"棱镜计划"（PRISM）意外被公诸于世，让世人在感慨"潘多拉盒子"中的光怪陆离之余，更深切认识到信息危机背后潜藏的巨大的经济安全黑洞。[③]

"棱镜计划"的惊人之处不仅在于美国国家安全局可以直接进入九家互联网和IT行业巨头的服务器，随时监控世界大部分主要国家和地区的用户存储在其服务器中的数据；[④] 更有甚者，连诸如英国首相卡梅伦和德国总理默克尔等国政要的电话通话内容，也处于"棱镜计划"的窃听和监控之下。让人不禁感叹，连强大如英国和德国的国家尚且如此，发展中国家的境遇又当何知？"棱镜计划"的揭秘者爱德华·斯诺登还披露，美国在世界各地参与的黑客行动超

---

① 黄旭东："信息化环境下的发展中国家安全问题"，载《中州学刊》2009年第2期，第109页。

② 顾海兵、曹帆、刘国鹏："制定我国国家经济安全法的必要性与可行性"，载《开放导报》2008年第2期，第62~65页。

③ 编者补充：棱镜计划（PRISM）是一项由美国国家安全局（NSA）自2007年小布什时期起开始实施的绝密电子监听计划，该计划的正式名号为"US-984XN"。英国《卫报》和美国《华盛顿邮报》2013年6月6日报道，美国国家安全局（NSA）和联邦调查局（FBI）于2007年启动了一个代号为"棱镜"的秘密监控项目，直接进入美国网际网路公司的中心服务器里挖掘数据、收集情报，包括微软、雅虎、谷歌、苹果等在内的九家国际网络巨头皆参与其中。

④ 于世梁："由'棱镜'计划反思我国信息网络安全"，载《湖北行政学院学报》2013年第5期，第88~92页。

过 6.1 万次,其中有成千上万次是针对中国的。① "棱镜计划"的曝光震惊了世界,也给发展中国家尤其是我国的经济安全敲响了警钟。当今时代,新型的信息安全问题,与传统的经济安全问题交织在一起,使得经济安全问题不仅由于信息技术飞跃而被赋予了新的特点而愈加难以应对,同时也将经济安全的重要性推至一个前所未有的高度。

(二)问题的现状:信息化背景下发展中国家经济安全问题

信息化时代的经济安全问题,有其自身突出的特点,因而常常难以应对。在信息化的背景下,经济安全问题出现了许多新的特征,涉及的范围更广,相应地,防范的难度也就更大。

首先,虽然信息安全一方面可以如财政安全、金融安全和产业安全等范畴一样,作为经济安全的下位概念,有其独立的存在价值,但另一方面,信息安全也和其他各类安全交织混杂在一起,难以截然分开,抑或可以将其归之为传统经济安全在当前时代背景下的新特征:其他类型安全的信息可以成为信息安全的客体,相应的信息保护也是各类安全的重要内容之一。所以,研究客体的复杂性导致在对策的制定上,我们既不能忽略诸如财政安全、金融安全等传统经济安全的范畴,不当地将经济安全仅限缩为信息安全,也不能忽略信息化时代的经济安全特征,导致方法论选择上的根本错误。

其次,应对信息化时代的经济安全问题的复杂和艰巨有时超越想象。"如果说,在前信息化时代,发展中国家尚可以通过武力方式来保护国家领土完整,但在信息化时代,发展中国家(特别是发展中国家中的信息化弱国)的信息安全边界,因为缺少有效的防范技术,基本上处于难以设防的状态。"② 如前所述,在"棱镜事件"中,针对我国的黑客攻击高达上万次,而在知情人士曝光棱镜计划之前,我们似乎对此毫不知晓。可见,在信息化时代,经济安全问题

---

① 张钢:"从美国'棱镜计划'看我国网络信息安全问题",载《法制与社会》2014 年第 2 期,第 173 页。

② 黄旭东:"信息化环境下的发展中国家安全问题",载《中州学刊》2009 年第 2 期,第 109 页。

知情尚且难以达到，防范更是难上加难。

由此归结对经济安全问题的研究，可以认为：信息，特别是重要的涉密信息，会直接影响一国的经济发展，信息安全成为国家经济安全不可或缺的一环。然而，广大的发展中国家，基于历史与现实的双重原因，在信息化时代的经济安全问题上总是难以应对。因此，必须寻求问题的应对之道以改善这种现状，否则，经济全球化以及数字经济浪潮的大背景下的经济安全问题之于广大的发展中国家，始终如一柄悬在头顶的"达摩克利斯之剑"（Sword of Damocles）。

二、为什么"金砖国家"能够成为范例

（一）路径：发展中国家法律事务合作

经济安全问题的浮现，本质上源于经济和科学技术的互动，因此，关于应对经济安全问题之对策，从抽象层面考量，既定目标的实现，最根本的应是通过发展经济，提高科技水平而为之。而从较为具体及更具操作性的层面来讲，制度与社会发展具有相互作用力，我们认为，对于必要的法律、制度或规则的设计，亦会对经济安全问题的解决产生深切的作用。即以"经济安全法"来对经济安全范畴之下的信息安全和其他诸种安全进行制度供给，以保障经济安全的维护。

由于发展中国家所处环境和条件、社会结构多元化和法制目标认同多样化等原因，发展中国家的法制建设受到了不同程度的制约。[①] 而法制的发展水平相对迟滞，造成的结果即是，大多数发展中国家的法治资源相对匮乏，难以对"经济安全法"提供充足有效的制度供给。故而面对经济安全问题，"各自为战"的路径显然不是首选之法，"和衷共济"的思路才是应有之义。近年来，发展中国家间法律事务的合作不断得到推进及深化，在 2015 年 4 月召开的"亚洲—非洲法律协商组织"第 54 届年会即是我国希望进一步加强发展中国家双边和多边法律事务合作、共建公平公正的国际法治新秩序的一例证。2017 年 9 月

---

① 蒋秋明、徐云："发展中国家法制化建设的若干制约因素"，载《学海》1990 年第 1 期，第 100 页。

召开的中国厦门金砖峰会又是一个例证。

徒有路径的正确选择仍不足以保障目的之实现,目标的真正达成仍依赖卓有成效的操作实施。然而,发展中国家数量众多,发展程度不一,价值观念各异,利益诉求不同。因此,在"大水漫灌"式的大规模发展中国家合作中,其客观情形可谓错综复杂,矛盾与利益冲突充斥其中,法律事务合作原本的目的——保障和促进经济安全极易被虚置而难以取得实质性进展。故此,需要发展中国家联合一些志同道合、实力相当的国家构建一个强大的合作机制。① 相较于其他国家间的合作,"金砖国家"的合作机制可谓由来已久。② 在过去的六年中,"金砖国家"共召开了五次国家领导人峰会,其合作计划涉及财经、科技、卫生、农业、人文等近 20 个领域,并取得了一系列重要的成果。"金砖国家"法律合作机制的出现,可谓恰到好处地迎合了这一时代对法律合作的需求。

(二) 主体:"金砖国家"合作的必要性与可行性

1. 必要性分析

诚如上文所述,由于发展中国家的发展程度各异,利益诉求不同,客观的矛盾以及利益冲突蕴之于中,因而需要志同道合的国家构建起卓有成效的合作机制。然而需要进一步阐明的是,为何"金砖国家"的合作便可以迎合这一机制的需要,即为什么一定会是"金砖国家"?

其中较为重要的一个缘由便是,相较于其他发展中国家,"金砖国家"在经济安全法领域的制度资源相对丰富。在通过制度供给促进解决经济安全问题这一路径上,发展中国家面临的重要问题之一便是制度资源的乏少,而于众多的发展中国家中,"金砖国家"是新兴的市场经济国家,其经济发展水平在发

---

① 张长龙:"发展中国家争取国际经济金融新秩序的困境与出路——以'金砖国家'合作机制的形成为背景",载《贵州社会科学》2011 年第 7 期,第 91~95 页。
② 编者补充:2001 年,美国高盛公司首席经济师吉姆·奥尼尔(Jim O'Neill)首次提出"金砖四国"这一概念,特指新兴市场投资代表 2008 至 2009 年,相关国家举行系列会谈和建立峰会机制,拓展为国际政治实体。2010 年南非(South Africa)加入后,其英文单词变为"BRICS",并改称为"金砖国家"。金砖国家的标志是五国国旗的代表颜色做条状围成的圆形,象征着"金砖国家"的合作、团结。

展中国家的队伍里处于前列,相应地,其各自国内法制水平的发展也相对领先于其他发展中国家,因而在解决路径的支配下,"金砖国家"在这一问题上有着天然的优势。通过对于"金砖国家"经济安全法制度资源的考察与梳理,可以总结出如下几个特征。

首先,相应的规则和制度群以文本的形式被确定下来,并形成了科学严密的规范体系。制度资源丰富的表现,最为直观的形式便是一国立法或规范文件的数量。对规范网络的考察,亦是对"金砖国家"合作必要性最为直观的说明。

以俄罗斯、印度和我国为例:1995年9月,俄罗斯科学院主席团的一次讨论会首次提出"经济安全是国家安全的基础"。同时,俄罗斯联邦委员会的相关政府官员和学者开始讨论和拟订"俄罗斯国家安全构想",一系列工作成果体现在1994年完成的《俄罗斯经济安全构想——基本条例》,1996年6月通过的《俄罗斯联邦国家经济安全战略》,1996年6月公布的《总统国家安全咨文》及2000年总统新批准的《俄罗斯联邦国家安全构想》。[1] 目前,俄罗斯政府关于保障经济安全的措施集中体现在《俄罗斯联邦国家经济安全战略(基本原则)》《俄罗斯联邦国家安全构想》和《2020年前俄罗斯联邦国家安全战略》三部纲领性文件中。[2]

印度的国家经济安全是一种分部门的发展战略,如印度重工业年度报告、印度的国家年度计划、印度的国家信息计划、印度的国家自动化任务计划(2006~2016年)等都涉及国家经济安全。1973年颁布了《外汇管制法》,在涉外贸易安全方面,印度颁布了《外贸(发展和管理)法案(1992)》《外贸(管理)规则(1993)》等法规对外贸进行管理。印度关税管理方面的法规主要有《海关法(1962)》和《海关关税法(1975)》。其中《海关关税法(1975)》详细规定了进出口商品海关关税分类、适用税率及具体征税办法。与外国投资有关的指导性法规有:《工业政策(1991)》《外汇管理法(1999)》《公司法

---

[1] 张晓君:《国家经济安全法律保障制度研究》,重庆出版社2007年版,第100页。
[2] 马蔚云:"俄罗斯国家经济安全及其评估",载《俄罗斯中亚东欧研究》2012年第5期,第56页。

(1956)》和《所得税法（1961）》。在竞争法领域涉及的国家经济安全规范主要有2002年12月通过的2002年《竞争法》，该法于2003年1月正式生效。同时，根据印度媒体的报道，印度国家安全委员会正在考虑制定一部《国家安全例外法》，以规范对外资的安全审查。其他安全审查的指导性规范还包括《外汇管理（在印度设立分支机构、办公机构或其他商业场所的）规定（2000）》《信息技术法案（2000）》《能源保护法（2011）》。

新中国成立后，我国一直重视国家经济安全的实践，于1993年正式颁布了《中华人民共和国国家安全法》，并在2015年进行了重新修订，1994年颁布了配套的《中华人民共和国国家安全法实施细则》，1988年颁布并在2010年修订了《中华人民共和国保密法》及相关的《保密法实施条例》。与印度相似的是，我国的一些具体的经济安全制度，也是按照不同的领域规定在相应的法律中，1997年11月颁布了《中华人民共和国能源法》，反倾销反补贴制度规定在《中华人民共和国对外贸易法》中，在《中华人民共和国反垄断法》中规定了部分经济安全审查制度，虽然没有颁布"产业安全法"，但是组建国内首只安全产业发展投资基金，已经有了相应的实践，并签署了相应的规范性文件。2014年我国发布了《国家安全蓝皮书：中国国家安全研究报告（2014）》，这是我国第一部国家安全蓝皮书。值得一提的是，我国1988年颁布了《中华人民共和国保密法》，这对于信息安全的保护具有积极意义。

其次，目标宗旨明确。法律或规范的宗旨，乃是其所要追寻的核心价值。而一国经济安全法的宗旨，主要在两个方面得以体现，即一国的安全观的认识以及国家利益之分析。安全观是指在一定时代背景下对国家安全的系统看法，是一个国家在维护本国的安全实践中所形成的关于自身的安全利益、安全目标、安全环境和安全手段等问题的认识；而利益的分析更强调对国家利益的分析，并可以将其分类为核心利益和关键利益。宗旨的明确对于其国内规范体系的和谐运行具有重要的作用，使得经济安全规范在法律体系的运作中更加有的放矢、切中要害。

同样以印度和俄罗斯为例：印度作为发展中国家，其国家的经济安全战略属于防守型，印度首先把经济安全看成国内经济问题。传统的经济安全观鼓励自给自足的内向型模式,而现代的印度经济安全观则为外向型模式,保持印度与全球的经济交往,促进印度的经济繁荣,以此来保证印度的经济安全和国家安全。印度国家经济安全的战略目标分为:内部的经济安全——人均收入可持续增长,稳定的宏观经济政策,国内企业的竞争力,不平等程度减少;外部的经济安全——国际收支可维持,合理的外汇储备,可管理的外债水平,不断扩大的外贸总额和外汇外资安全,以及积极参加双多边贸易。[1] 总之,其重点是经济安全、核安全和印度洋安全。[2] 进入21世纪,随着信息时代的到来,电子产业成为政府支持的重要产业,它构成了印度经济安全的战略重点。印度经济安全战略的目标包括:国内人均收入可持续增长,国内企业的竞争力提升,不平等程度减少;在外部经济上国际收支可维持,合理的外汇储备,可管理的外债水平,不断扩大的外贸总额和外汇外资安全。总体而言就是国家对内经济稳定发展,对外应对冲击、抵御风险的能力增强。印度的经济安全战略和经济安全重点也隐含在印度国家发展五年计划中。

《2020年前俄罗斯联邦国家安全战略》把经济安全纳入国家安全范畴,并作为重要的组成部分,明确提出"俄罗斯联邦国家安全状况直接取决于国家经济建设和国家安全体系的有效运作",并指出巩固国防的扶持重点在于保障国家和社会安全的内部和外部条件,实现经济社会发展。同时,提出了保障俄罗斯国家安全的必要性,制定了保障俄罗斯国家利益的发展战略和优先重点,具体地规定了包括国防,国家和公共安全,公民生活质量,经济增长,科学、技术和教育,卫生,文化,生态环境和外交等九个领域的国家安全战略目标,并基于俄罗斯当前在这些领域可能面临的威胁和挑战,制定了确保国家安全目标实现的中期和长期办法,并出台了一套可量化的指标体系用于检测和评估俄罗斯的国家安全状况。总结起来,俄罗斯的经济安全法宗旨涵盖三个方面的价值追求:公民生活质量的提高、经济稳定增长和科学、技术与教育水平的不断提高。而关于对经济安全的认识,主要体现在俄罗斯国家经济安全的二元目标中。对内的国家经济安全目标包括:(1)在国内经济活动中,加大国家调控力度,

---

[1] [印]桑贾亚·巴鲁:《印度崛起的战略影响》,黄少卿译,中信出版社2008年版,第50页。
[2] 吴波:"印度国家安全战略评析",载《湖南行政学院学报》2003年第4期,第88~89页。

建立起经济改革的法律保障和有效的法律监管机制；（2）在分配中实行公平有效的分配政策，增加社会福利与居民收入；（3）在产业政策方面，优先发展具有国际竞争力的经济部门，拓展知识密集型产品市场，推动新的军事技术向民用生产转变，培育在世界市场上有竞争力的俄罗斯企业；（4）在民用生产方面，努力防止自然环境污染，寻找适用的清洁能源；（5）在军备生产领域，注意因军备生产而引发的生态环境安全保护问题；（6）在信息领域，完善与保障本国的信息基础设施，使俄罗斯与外界信息传递空间实现一体化，维护信息安全。对外的国家经济安全目标包括：（1）在对外经济活动中，保护本国商品生产商的利益，平衡信用金融政策，逐步减少俄罗斯对国外信贷的依赖性；（2）积极与友好国家建立统一的经济区，加强俄罗斯在国际金融组织中的地位；（3）增强国家在外资银行、保险与投资公司中的作用，对那些经营范围与战略自然资源、电子通信、交通和商品生产网络有关的外国公司实行严格的限制。

2. 可行性分析

首先，"金砖国家"间的合作有着广泛而坚实的基础，这一基础为法律事务的合作作了充足的准备。"金砖国家"具有相似的国情和类似的发展特点，[1]这为合作带了崭新的际遇和巨大的便利。并且由于在发展差异中可以实现优势互补的效果，"金砖国家"在其合作的过程中取得了举世瞩目的成就，在过去的六年中，"金砖国家"共召开了五次国家领导人峰会，至此其成员国均已主办过峰会，而且金砖国家合作初步形成机制化合作的框架，并取得一系列实质性合作成果，初步展现了国际影响力和生命力，为今后的发展奠定了较为坚实的基础。[2] 通过"金砖国家"间的合作应对经济安全问题切实可行。

其次，金砖国家间法律事务的合作已有初步进展，为金砖国家间经济安全法合作提供了进一步的可能。在金砖国家间的法律事务合作中，尤以我国与俄

---

[1] 张根海、王乐："'金砖五国'合作模式：历程、结构与展望"，载《学术论坛》2014年第3期，第88～91页。

[2] 牛海彬："金砖国家合作的评估与前瞻"，载《华东师范大学学报（哲学社会科学版）》2013年第4期，第123～129页。

罗斯及印度两国的法律合作成果较为突出。凭借地缘优势，我国通过黑龙江省和云南省与俄罗斯及印度在法律事务的合作上取得了阶段性的成就。以俄罗斯为例，近年来，黑龙江省对俄法律交流合作频繁、活跃，法律合作的机构及对象的层次逐渐提高，① 法律合作的平台已初步搭建，为两国的政治经济发展起到了重要的推进作用，并促进两国的法律合作向更高水平迈进。一方面，在程度上，通过黑龙江省中俄的法律合作日趋频繁。凭借地理上的显著优势，黑龙江省的口岸城市都积极与毗邻的俄罗斯城市建立起良好的法律交流合作机制，促进了彼此间的法律沟通协调机制的发展。高层互访在双方的政府间持续开展，定期或不定期对重大问题进行会谈和磋商，各级行政区划的机关部门和社会团体对俄法律交流合作十分活跃；另一方面，在内容和水平上，中俄的法律事务合作日趋完善。从民间机构到各级政府，再到国家间的法律合作，法律合作的层级不断提高。从民事、刑事到行政再到经济和知识产权，法律合作的内容也在不断地丰富中。因此，金砖国家间在法律合作上有着相当深厚的基础，而这种基础为经济安全法的合作提供了可能性。

三、未来深化合作的可行路径

（一）持续加强对经济安全问题的关注

习近平总书记在主持召开中央国家安全委员会第一次会议时强调，"当前我国……必须坚持总体国家安全观""既重视传统安全，又重视非传统安全"。② 新的国家安全观要"以经济安全为基础""走出一条中国特色国家安全道路"。从中我们可以发现，经济发展是一个国家的基石，而经济安全则是决定着基础是否得以稳固，国家能否长治久安的重要命题。除此之外，我们国家对于经济安全的侧重和强调体现在许多方面：《国家安全法》的修订从整体上确定了经

---

① 王玉薇："黑龙江省与俄罗斯法律合作路径探析"，载《黑河学院学报》2015 年第 3 期，第 36～38 页。

② 佚名："中央国家安全委员会第一次会议召开习近平发表重要讲话"，载中华人民共和国中央政府网：http://www.gov.cn/xinwen/2014－04/15/content_ 2659641.htm，访问日期：2016 年 12 月 19 日。

济安全的目标;《证券投资基金法》的修改以及突发性金融风险预案的逐步完善,为金融安全提供了重要的保障;财税体制改革的深化以及将要开展的财政资金安全检查工作等财政安全措施相互协调、相互配合共同促进财政安全的实现。

同时,习近平总书记在主持召开安全委员会会议时还强调,"既重视自身安全,又重视共同安全,打造命运共同体,推动各方朝着互利互惠、共同安全的目标相向而行"。中国一直将自身的经济安全与世界的经济安全联系在一起,既将自身的经济安全寓于世界的经济安全之中,又通过自身经济安全建设来推动世界其他国家经济安全的发展,尤其是广大的发展中国家。所以,我国十分重视在经济安全上与发展中国家的法律事务合作。当前,与发展中国家的法律事务合作有着深厚的契机和广阔的平台,中国正倡导和推动丝绸之路经济带和海上丝绸之路,在这两个合作平台中,发展中国家经济安全合作以及法律事务合作将看到新的曙光。

(二) 强化对信息化问题的应对

信息化是当今世界经济安全问题的重要特征之一。而我们在对"金砖国家"法治资源进行分析时发现,金砖国家的经济安全法治资源虽然相对于其他发展中国家较为充足,但是其资源主要集中于诸如产业安全、金融安全、农业安全和能源安全等传统经济安全部门,对于信息安全的规定尚付阙如。然而,在对于经济安全的界定和划分上,既不能因为信息化而忽视了传统经济安全的基础地位,又不能忽视传统经济安全在新时代的信息化特征。对于信息问题的忽略,将使经济安全法合作的成效大打折扣。因此,应当着力推进相应的制度的设置,加强对信息安全问题的应对。对于信息安全问题,在合作的过程中,除了整合本土资源之外,应当加强对诸如美国等信息强国相关制度的借鉴,在实体法方面,应当加快从宪法、法律和法规三个层面上制定相应的规则,建立完善的定密制度以及从体制法的层面规定相关制度的执行主体以保障制度的顺利运行。

(三) 法律合作与"一带一路"的对接

1. 法律合作对"一带一路"风险的化解

"金砖国家"在法律事务上的合作,对于"一带一路"的建设具有重要的作用。2013年9月,中国国家主席习近平在对哈萨克斯坦进行国事访问时,首次正式提出"新丝绸之路经济带"的理念,该区域覆盖的范围包括中国西部九个省区及中亚、西亚、高加索地区以及南亚相关国家;[①] 同年10月,习近平主席在印度尼西亚提出中国愿同东盟国家加强海上合作,使用好中国政府设立的中国—东盟海上合作基金,发展好海洋合作伙伴关系,共同建设21世纪"海上丝绸之路"。[②] 虽然"金砖国家"与"一带一路"国家的地理范围并不完全一致,但是"金砖国家"法律事务合作的经验,对于解决"一带一路"建设中的法律问题具有重要的指导作用。

一带一路沿线现在有65个国家,除了英美法系、大陆法系,还有不少伊斯兰法系国家。国内外学者总结了"一带一路"的建设中面临的诸多风险,如政治风险、法律风险、文化风险和安全风险。这些风险的核心是法律风险。"一带一路"沿线国家在基础设施、贸易投资等领域的法律法规、税收规定与国内有很大不同,且其本身的法律体系也不尽相同,甚至一些区域/国家在某些领域的法规处于空白状态。[③] 不知哪里有风险,什么才是最大的风险,因此,"用法律服务和标准合作支撑'一带一路'建设"的观点也逐渐出现在公众的视野之中,以其逻辑循之,对相关法律风险的化解需要完善相应的法律与标准,而"一带一路"涉及国家众多,必须通过国家间的法律合作来实现。而"金砖国家"法律合作的产生逻辑即是发展中国家需要法律事务的合作,"金砖国家"作为典型示范先行于前。因此,其合作中取得的成果,对于"一带一路"中法

[①] 张灼华、陈芃:"中国香港:成为'一带一路'版图中的持续亮点",载《国际经济》2015年第2期,第80~89页。
[②] 习近平:"携手建设中国—东盟命运共同体",载《人民日报》2013年10月4日,第2版。
[③] 周兰萍、孟奕:"'一带一路'下的法律风险防范",载《施工企业管理》2015年第6期,第1页。

律风险化解具有示范和指导作用。

2. "一带一路"对经济安全发展的推动

截至2016年8月,"一带一路"各类双多边产能合作基金规模超过1000亿美元。[①] 根据《"一带一路贸易"合作大数据报告（2017）》的信息,2016年,中国与沿线国家贸易总额为9535.9亿美元,占中国与全球贸易额的比重为25.7%,较2015年的25.4%上升0.3个百分点。"一带一路"对于发展中国家经济发展的推动,有助于从根本上解决发展中国家的经济安全问题。发展中国家之所以在信息化时代面临严峻的经济安全问题,根本上在于较低经济发展水平以及滞后的信息技术。而"一带一路"是在后金融危机时代,国家间将自身的产能优势、技术与资金优势、经验与模式优势转化为市场与合作优势,实行全方位开放的一大创新。通过"一带一路"沿线国家的经济合作,建立更加平等均衡的新型全球发展伙伴关系,夯实世界经济长期稳定发展的基础。只有发展中国家的经济繁荣、技术发展,才能从根本上解决在信息化社会中自身的经济安全困境。因此,应当将"金砖国家"在经济安全法上的合作与"一带一路"的建设对接,以法律合作化解"一带一路"建设中的法律风险,同时以"一带一路"的经济成果推动发展中国家经济安全问题的解决,相互促进、相互带动,实现促进发展中国家经济安全的重要目标,最终达至世界经济的良性运行和协调发展。

四、结　论

本文认为,解决信息问题的重要路径之一,是通过"经济安全法"对经济安全范畴下的信息安全和传统安全进行制度供给,来保障和促进经济安全的实现。但问题是,发展中国家的法治水平整体相对滞后,本土法治资源相对匮乏,因此,发展中国家应当尝试通过国际法律事务合作的方式,来完善各自国内的经济安全制度。然而,在经济安全上的国际合作,不应当是"大水漫灌"、漫

---

① 佚名:"从理念构想到人心聚合——'一带一路'建设三年进程和成果综述",载《光明日报》2016年9月7日,第1版。

无目的式的合作。而应当是先以"金砖国家"这样的典型国家的法律合作作为基础，逐步推广，最终通过科学的方式来实现其目的的合作。应当看到，近年来"金砖国家"作为国际舞台上新兴的力量，正对国际格局的变化和发展产生深刻的影响。从必要性和可行性两个方面来看，"金砖五国"作为发展中国家经济安全制度合作范本都具有相当程度的证成性。

同时，对于金砖国家经济安全合作的具体范畴以及方法主要表现为：首先，既要保持对传统经济安全问题的关注，又要对互联网和信息等新兴的经济安全问题予以回应；其次，既要通过梳理各国现有的制度资源，以确保其符合发展中国家的实际，又要合理借鉴西方发达国家的相关制度；最后，不仅实现合作在地域上的扩展，更要实现合作在内容上的深入，实现"相互促进，和谐联动"的合作局面。

参考文献

[1] 周兰萍，孟奕."一带一路"下的法律风险防范 [J]. 施工企业管理，2015 (6)：1.

[2] 王玉薇. 黑龙江省与俄罗斯法律合作路径探析 [J]. 黑河学院学报，2015 (3)：36~38.

[3] 张灼华，陈苋. 中国香港：成为"一带一路"版图中的持续亮点 [J]. 国际经济，2015 (2)：80~89.

[4] 张根海，王乐."金砖五国"合作模式：历程、结构与展望 [J]. 学术论坛，2014 (3)：88~91.

[5] 于世梁. 由"棱镜"计划反思我国信息网络安全 [J]. 湖北行政学院学报，2013 (5)：88~92.

[6] 牛海彬. 金砖国家合作的评估与前瞻 [J]. 华东师范大学学报（哲学社会科学版），2013 (4)：123~129.

[7] 马蔚云. 俄罗斯国家经济安全及其评估 [J]. 俄罗斯中亚东欧研究，2012 (5)：56.

[8] 张长龙. 发展中国家争取国际经济金融新秩序的困境与出路——以"金砖国家"合作机制的形成为背景 [J]. 贵州社会科学，2011 (7)：91~95.

[9] 黄旭东. 信息化环境下的发展中国家安全问题 [J]. 中州学刊, 2009 (2): 109.

[10] 顾海兵, 曹帆, 刘国鹏. 制定我国国家经济安全法的必要性与可行性 [J]. 开放导报, 2008 (2): 62~65.

[11] 吴波. 印度国家安全战略评析 [J]. 湖南行政学院学报, 2003 (4): 88~89.

[12] 蒋秋明, 徐云. 发展中国家法制化建设的若干制约因素 [J]. 学海, 1990 (1): 100.

[13] [印] 桑贾亚·巴鲁. 印度崛起的战略影响 [M]. 黄少卿, 译. 北京: 中信出版社, 2008: 50.

[14] 张晓君. 国家经济安全法律保障制度研究 [M]. 重庆: 重庆出版社, 2007: 100.

[15] 佚名. 从理念构想到人心聚合——"一带一路"建设三年进程和成果综述 [N]. 光明日报, 2016-09-07 (1).

[16] 习近平. 携手建设中国——东盟命运共同体 [N]. 人民日报, 2013-10-04 (2).

论新一代中国自由贸易协定中的"超 WTO"和"WTO 额外"条款及其强制执行力

梁 意 著[*]

摘要： 作为国际规则制定的重要参与者，近年来中国与其贸易伙伴签订了一些具有"超 WTO"（WTO-plus）和"WTO 额外"（WTO-extra）条款的 FTA，我们把之称为"新一代中国 FTA"。这些"超 WTO"和"WTO 额外"条款的出现和增多引起了一定的担忧，例如知识产权领域的某些"超 WTO"条款可能会对公共健康的保护产生负面影响。在分析"超 WTO"和"WTO 额外"条款可能带来的不良影响之前，不妨分析其强制执行力。一个条约条款要具备强制执行力，其往往需要通过实体标准测试和程序标准测试，即条约条款在实体上要具备有约束力的条约用语以及关于权利和/或义务的清晰明确的规定，在程序上该条款项下产生的争端可以被诉诸争端解决机制。新一代中国 FTA 中，货物贸易、服务贸易和知识产权领域均有"超 WTO"条款，"WTO 额外"条款则主要出现在电子商务、竞争以及环境等领域中。这些"超 WTO"和"WTO 额外"条款有的由于不通过实体标准测试而不具强制执行力，有的则因没通过程序标准测试而不具强制执行力。鉴于很多"超 WTO"和"WTO 额外"条款（尤其是新兴和敏感领域的相关条款）不能被强制执行，无须过于担忧这些"超 WTO"和"WTO 额外"条款带来的负面影响。在实施一些较有

---

[*] 梁意，对外经贸大学法学院博士。

争议且具有强制执行力的"超 WTO"规则和"WTO 额外"规则时，中国要注意不违反其 WTO 义务和其他国际义务。

关键词：超 WTO；WTO 额外；自由贸易协定；强制执行力

一、引 言

自从 WTO 多哈回合（Doha Round）谈判陷入僵局，WTO 成员似乎把更多的注意力放到谈判和缔结双边或者区域性质的自由贸易协定中（Free Trade Agreement，以下简称 FTA），以期通过 FTA 达成其无法在 WTO 实现的谈判，例如关于"超 WTO"（WTO-plus）条款和"WTO 额外"（WTO-extra）条款的谈判。其中，前两年达成的《跨太平洋伙伴关系协定》（Trans-Pacific Partnership Agreement，以下简称 TPP）就是这种谈判场所转移的典型代表，也是一个涵盖大量"超 WTO"条款和"WTO 额外"条款的典型代表。[1] 然而，随着美国新任总统唐纳德·特朗普（Donald Trump）宣布退出 TPP，[2] TPP 的前景变得尤为不明朗。[3] 这可能使得国际社会日益关注由中国推行的《区域经济全面伙伴关系》（Regional Comprehensive Economic Partnership，以下简称

---

[1] Full text of TPP is available at the website of Office of the United States Trade Representative (USTR)：https：//ustr. gov/trade-agreements/free-trade-agreements/trans-pacific-partnership/tpp-full-text, last visited on 10 April 2017.

[2] The announcement on TPP at the website of USTR：https：//ustr. gov/trade-agreements/free-trade-agreements/trans-pacific-partnership, last visited on 10 April 2017. Relevant media reports see, e. g., Eric Bradner, Trump's TPP withdrawal：5 things to know, Updated 2：52 PM ET, Mon January 23, 2017, available at the website of CNN：http：//www. cnn. com/2017/01/23/politics/trump-tpp-things-to-know/, last visited on 10 April 2017.

[3] E. g., Toluse Olorunnipa, Shannon Pettypiece and Matthew Townsend, Trump Revamps U. S. Trade Focus by Pulling out of Pacific Deal, published on 23 January 2017, available at the website of Bloomberg：https：//www. bloomberg. com/politics/articles/2017 - 01 - 23/trump-said-to-sign-executive-order-on-trans-pacific-pact-monday, last visited on 6 June 2017.

RCEP）谈判，[1] 因为中国也是国际规则制定的重要参与者，[2] 由于 RCEP 的谈判正在进行中，而且目前并没有公布或者泄露出来的谈判草案，很难猜测 RCEP 里面究竟会有何具体条款。尽管如此，还是可以通过剖析中国缔结的新一代 FTA（本文将之称为"中国新一代 FTA"）来找到通往 RCEP 的线索，或者至少发现中国在谈判区域贸易协定中的一些谈判倾向。

本文所说的"中国新一代 FTA"是指中国与其他国家签订的且涵盖"超WTO"条款和"WTO 额外"条款的自由贸易协定。[3] 根据这一定义，中国目前签订的 FTA 中有三个可被归类为"中国新一代 FTA"，即《中华人民共和国政府和大韩民国政府自由贸易协定》（以下简称《中韩 FTA》）、[4]《中华人民共和国政府和澳大利亚政府自由贸易协定》（以下简称《中澳 FTA》）[5] 和《中华人民共和国政府和格鲁吉亚政府自由贸易协定》（以下简称《中格 FTA》）。[6] 在进一步讨论之前，有必要对"超 WTO 条款"和"WTO 额外条款"进行定义："超 WTO 条款"是指 FTA 中包含的、建立在现有 WTO 涵盖协定基础上以规定超过现有 WTO 涵盖协定要求之义务的条款，例如规定了更低最惠国关税的条款，又如提供比 WTO 中的《与贸易有关的知识产权协定》（Agreement on

---

[1] RCEP 谈判由东盟 10 国领导人在 2012 年 11 月柬埔寨金边举办的东盟第 21 次峰会上启动。See Regional Comprehensive Economic Partnership（RCEP），available at the website of ASEAN：http：//asean.org/?static_post=rcep-regional-comprehensive-economic-partnership，published on 3 October，2016，last visited on 27 April 2017. So far，17 rounds of RCEP negotiations have been hosted. The 17th Round of RCEP Negotiations Held in Kobe，Japan，published on 7 March 2017，available at the website of China FTA Network：http：//fta.mofcom.gov.cn/enarticle/rcepen/enrcepnews/201703/34421_1.html，last visited on 28 April 2017.

[2] Ami Miyazaki and Tom Westbrook，Trump sinks Asia trade pack，opening the way for China to lead，published on 22 November 2016，available at the website of Reuters：http：//www.reuters.com/article/us-usa-trump-tpp-idUSKBN13H0OT，last visited on 28 April 2017.

[3] "新一代中国 FTA"是作者为了方便本文的讨论而创造出来的一个概念。

[4] 中韩两国政府于 2015 年 6 月 1 日签署中韩 FTA，协定文本详见中华人民共和国商务部（商务部）网站：http：//fta.mofcom.gov.cn/korea/korea_special.shtml，访问日期：2017 年 6 月 19 日。

[5] 中澳两国政府于 2015 年 6 月 17 日签署中澳 FTA，协定文本详见商务部官网：http：//fta.mofcom.gov.cn/Australia/australia_special.shtml，访问日期：2017 年 6 月 19 日。

[6] 中国和格鲁吉亚两国政府 2017 年 5 月 13 日签署中格 FTA，协定文本详见商务部网站：http：//fta.mofcom.gov.cn/georgia/georgia_special.shtml，访问日期：2017 年 6 月 19 日。

Trade-Related Aspects of Intellectual Property Rights，以下简称《TRIPS 协定》）①更高水平的知识产权保护的条款。② 鉴于 WTO 条约体系一直处于不断发展的过程中，WTO 涵盖协定还包括现有协定的修正案以及 WTO 成立之后在 WTO 框架内新达成的协定。例如《贸易便利化协定》（Trade Facilitation Agreement，以下简称 TFA）③ 即为 WTO 成立后在 WTO 内新达成的协定，它也属于 WTO 的涵盖协定，建立在 TFA 基础上并提供高于 TFA 贸易自由化要求的条款也属于本文所说的"超 WTO"条款。

"WTO 额外条款"是指 FTA 中处理 WTO 涵盖协定并未覆盖的问题或领域的条款，例如环境与贸易、劳工标准和竞争政策等方面的条款。④ 因此，"超 WTO 条款"和"WTO 额外条款"的区别主要在于该条款涉及的问题或领域是否被现有 WTO 涵盖协定所覆盖。

实际上，FTA 中的"超 WTO"和"WTO 额外"条款引起了国际社会从学

---

① Full text of the TRIPS Agreement is available at the website of the WTO：https：//www. wto. org/english/docs_ e/legal_ e/27 – trips. pdf，last visited on 6 June 2017.

② Julia Ya Qin，"WTO-Plus" Obligations and Their Implications for the World Trade Organization Legal System：An Appraisal of the China Accession Protocol，Journal of World Trade，2003，Vol. 37，p. 483；Henrik Horn，Petros C. Mavroidis and André Sapir，Beyond the WTO? An anatomy of EU and US preferential trade agreements，Bruegel 2009，p. 1，full text is available at the website of Bruegel：http：//bruegel. org/wp-content/uploads/imported/publications/bp_ trade_ jan09. pdf，last visited on 4 April 2017.

③ TFA 于 2017 年 2 月 22 日生效，它只对接受它的 WTO 成员适用。See Agreement on Trade Facilitation：https：//www. wto. org/english/docs_ e/legal_ e/tfa-nov14_ e. htm，last visited on 4 April 2017. 中国于 2015 年 9 月 4 日接受 TFA。See Members accepting the Protocol of Amendment to insert the WTO Trade Facilitation Agreement into Annex 1A of the WTO Agreement：https：//www. wto. org/english/tratop_ e/tradfa_ e/tradfa_ agreeacc_ e. htm，last visited on 7 April 2017. Full text of the TFA is available at the website of the WTO：https：//docs. wto. org/dol2fe/Pages/FE_ Search/FE_ S_ S006. aspx? Query = @ Symbol = % 20（wt/l/940 *）&Language = ENGLISH&Context = FomerScriptedSearch&languageUIChanged = true#，last visited on 7 April 2017.

④ Henrik Horn，Petros C. Mavroidis and André Sapir，Beyond the WTO? An anatomy of EU and US preferential trade agreements，Bruegel 2009，p. 1，full text is available at the website of Bruegel：http：//bruegel. org/wp-content/uploads/imported/publications/bp_ trade_ jan09. pdf，last visited on 4 April 2017.

界到实务界的诸多争议。例如，某些"超 TRIPS"[①] 条款是否对公共健康的保护产生障碍。[②] 在回答 FTA 中的"超 WTO"和"WTO 额外"条款是天使还是恶魔之前，不妨先探讨一下这些条款的"强制执行力"（legal enforceability）。毕竟如果这些"超 WTO"和"WTO 额外"条款不能被强制执行，就不必担心它们带来的不良后果。

本文并不旨在统计中国新一代 FTA 中"超 WTO"和"WTO 额外"条款的确切数目，也并不试图统计"超 WTO"条款和"WTO 额外"条款在中国新一代 FTA 中所占的比例，因为往往很难进行这种统计。例如，"超 WTO"和"WTO 额外"条款之间的区分并不总是泾渭分明。[③] 又如，同一条款下的不同项目或者不同的句子性质也并不一致，即同一条款下有的项目是"超 WTO"的而其他的条款并非如此，[④] 这使得很难统计一个 FTA 中"超 WTO"和"WTO 额外"条款的数目和比例。此外，这种统计对本文主题并不存在多大意义。

---

① 我们把高于 TRIPS 协定的知识产权保护水平的超 WTO 条款称为"超 TRIPS"（TRIPS-plus）条款。相关文章参见 Henning Grosse Ruse-Khan, The International Law Relation Between TRIPS and Subsequent TRIPS-plus Free Trade Agreements: Towards Safeguarding TRIPS Flexibilities?, Journal of Intellectual Property Law, 2011, Vol. 18, No. 1, p. 325；杨鸿："《反假冒贸易协定》的知识产权执法规则研究"，载《法商研究》，2011 年第 6 期，第 108~116 页；余敏友、廖丽："简评 TRIPS-Plus 知识产权执法及其合法性"，载《法学杂志》2011 年第 12 期，第 29~33 页。

② E. g., Annette Kur & Henning Grosse Ruse – Khan, Enough is Enough-The Notion of Biding Ceilings in International Intellectual Property Protection, Max Planck Institute for Intellectual Property, Competition & Tax Law Research Paper Series No. 09 – 01, available at: http://ssrn.com/abstract = 1326429, posted on 13 January 2009, last visited on 4 April 2017; Henning Grosse Ruse – Khan, A Trade Agreement Creating Barriers to International Trade?: ACTA Border Measures and Goods in Transit, American University International Law Review, Spring 2011, available at: http://ssrn.com/abstract = 1706567, last visited on 4 April 2017.

③ 详见本文第三部分和第四部分的讨论。

④ 例如，中韩 FTA 第 2.4 条第 3 款规定："一缔约方如愿意可（may）在任何时间单方加速减让或消除其在附件 2 – A 减让表中所列关税。一缔约方应（shall）在完成该修订生效所需的内部程序后立即通过外交照会通知另一缔约方。该修订应在外交照会列明的日期或在任何情形下在进行上述通知后 90 天内生效。缔约方根据其中所列的单方作出的任何加速减让不应撤回。"由此可见，该条款的第 1 句不能被强制执行，而第二句能被强制执行。

二、如何评估 FTA 条款的强制执行力

在评估 FTA 条款的强制执行力之前，要找出进行这一评估的方法。换言之，进行这种评估的前提是找出可被强制执行的条约条款的构成要件。受 WTO 专家组和上诉机构条约解释实践的启发，笔者发现可以通过查阅权威字典解释"可被强制执行的"（enforceable）或"强制执行力"（enforceability）的通常含义，并以此找到可被强制执行的条约条款的构成要件。[①]

（一）"可被强制执行的"（enforceable）之通常含义

通过查阅权威英文词典，一般认为"可被强制执行的"（enforceable）的含义是"（一项法律、规则或者义务）可以被强制实行（imposed）以使它（一项法律、规则或者义务）能被遵守"。[②] 从这一定义中，甚至顾名思义，可以看出"可被强制执行的"（enforceable）这个词透露出一种强制力，即这一词语暗示着可以通过一个法律程序[③]强制当事方去遵守他们承诺。在涉及主权国家时，根据主权平等原则，不能通过国内法意义上的强制措施本身去执行一个条约条款，而是通过一个法律程序或者方法来执行一个条款，即通过一个、两个或更多主权国家之间签订的条约所建立的争端解决机制来执行条约规则。[④] 因此，"可被强制执行的"（enforceable）的定义说明条约中的争端解决机制是条约规则能被强制执行的一个构成要件。

[①] 显然，本文所说的"可被强制执行的"（enforceable）和"强制执行力"（enforceability）并非某个特定条约的用语。笔者只是借用 WTO 专家组和上诉机构的条约解释方法来解释这样的术语。

[②] For example, "enforceable" at "Online English Oxford Living Dictionary": "（[a] law, rule, or obligation）[is] able to be imposed so that it must be complied with", available at: https://en.oxforddictionaries.com/definition/enforceable, last visited on 8 April 2017. Par Sébastien Jean, Kevin Lefebvre, Enforcement of FTAs: lessons for TPP and new trade agreements, 15 December 2015, available at the website of CEPII: http://www.cepii.fr/blog/en/post.asp?IDcommunique = 449, last visited on 8 April 2017.

[③] "Enforceable Law and Legal Definition", available at the website "US Legal": https://definitions.uslegal.com/e/enforceable/, last visited on 8 April 2017.

[④] Par Sébastien Jean, Kevin Lefebvre, Enforcement of FTAs: lessons for TPP and new trade agreements, 15 December 2015, available at the website of CEPII: http://www.cepii.fr/blog/en/post.asp?IDcommunique = 449, last visited on 8 April 2017.

此外，从实践的角度而言，"不明确规定的承诺、当事方仅弱弱地表示承担的以及似乎通过一些象征性的措施实现的承诺，在一个争端解决程序中是不可能被原告成功援引的"。① 因此，可能还得关注某个特定条约条款的措辞和内容本身去考量其在实践中的强制执行力。

概言之，可以用两个标准去评估 FTA 一个特定条款的强制执行力：第一，实体标准，即该条款是否包含了明确规定的承诺；第二，程序标准，即该条款项下产生的争端，能否被条约缔约方诉诸争端解决，或者说该条款能否在争端解决中被援引。一个条约条款需要同时通过实体标准和程序标准的检验才可被认为具有强制执行力。

（二）实体标准

为了阐明 FTA 中可被强制执行的条款的语言特征，下面将引用中国新一代 FTA 的一些条款作为实例来说明何种用语能被解释为创造了可被强制执行的义务：②

（1）"任一缔约方应（shall）给予下述货物以临时免税入境，无论其原产地来源……"③

（2）"各方应（shall）保证其主管机关自发起调查之日起 1 年内完成调查。"④

（3）"任何缔约方采取保障措施时不得（Neither Party may……）：（一）超过防止或补救严重损害和便利调整所必要的限度和时间……"⑤

（4）"各缔约方应当（shall）根据习惯国际法给予涵盖投资包括公平公正待遇和充分保护和安全在内的待遇。"⑥

---

① Henrik Horn, Petros C. Mavroidis and André Sapir, Beyond the WTO? An anatomy of EU and US preferential trade agreements, Bruegel 2009, p. 1, full text is available at the website of Bruegel：http：//bruegel. org/wp-content/uploads/imported/publications/bp_ trade_ jan09. pdf, last visited on 4 April 2017.
② 所引用的条款未必都是"超 WTO"或"WTO 额外"条款。
③ 中韩 FTA 第 2.6 条第 1 款。
④ 中澳 FTA 第 7.4 条第 2 款。
⑤ 中韩 FTA 第 7.2 条第 5 款。
⑥ 中韩 FTA 第 12.5 条第 1 款。

（5）"每一缔约方确认（affirm）对《与贸易有关的知识产权协定》以及其他双方均为缔约方的关于知识产权的多边协定的承诺。"①

（6）"应另一缔约方要求，一缔约方应当（shall）在收到该要求后 30 日内，提供有关另一缔约方认为可能对本协定执行产生实质影响的任何现行或拟议措施的信息，并对相关问题作出反馈，无论该另一缔约方是否曾得到关于此措施的通报。"②

从上面援引的例子中可以看出，"应/应当"（shall）这个词频繁出现在 FTA 条款中。

相比之下，FTA 中不能被强制执行的条款的结构、措辞和内容与上述例子有很大的区别，它们往往以不具约束力的术语或者空洞含糊的条约内容为特征，下面所例举的一些新一代中国 FTA 的条款即为力证：③

（1）"双方同意探索（agree to explore）在卫生与植物卫生领域开展技术合作的机会，以增进对彼此管理体制的相互了解，并最大程度减少对双边贸易的消极影响。"④ 我们很难证明一个缔约方并未"探索"合作机会。

（2）"缔约双方认识到双方在竞争领域的合作和协调对促进公平竞争的重要性"，这看起来更像政治宣言。⑤

（3）"缔约双方应（shall）以合作的方式积极参与地区及多边论坛，以促进电子商务发展。"⑥ 很难判断一个缔约方是否为地区和多边论坛的某个贸易议题的"积极"参与者，也很难评估一缔约方是否以"合作"的方式参与到地区和多边论坛中，因为"积极"和"合作"都应当被理解为是相对的，而非绝对的。例如，一缔约方与 A 国相比，它是多边论坛的积极参与者，但是与 B 国相比，该缔约方显得并不那么积极。而条约条款并未明确何为"积极"与"合作"。

---

① 中格 FTA 第 11.4 条。
② 中韩 FTA 第 18.2 条第 2 款。
③ 所引用的条款未必都是"超 WTO"或"WTO 额外"条款。
④ 中韩 FTA 第 5.4 条第 1 款。
⑤ 中格 FTA 第 10.6 条第 1 款。
⑥ 中韩 FTA 第 13.7 条第 4 款。

(4)"为了提高双方竞争机构执行竞争政策和竞争法律的能力,缔约双方可以(may)通过经验交流、培训项目、举办研讨会、科研合作等方式开展技术合作。"①"可以"(may)一词通常反映了一个条款对缔约方并不具有实质约束力。

(5)"双方同意在合格评定合作领域,尽最大努力尽早就可能的实施安排进行谈判。双方还可(may)就共同感兴趣的领域进一步达成实施安排。"② 我们很难确定一缔约方是否已经"尽最大努力",而且"可"(may)一词通常不表示一种义务。

(6)"为便于就有关事项进行磋商,一缔约方应尽量(shall endeavor to)向另一缔约方提供相关非保密信息。"③

从上述所引用的新一代中国 FTA 的一些条款,可以总结出一条规律,即可强制执行的条约条款通常伴随着诸如"应/应当"(shall)、"确认"(affirm)以及其他类似的表达约束力的一些措辞,而非伴随"可/可以"(may)这些反映不具约束力的措辞。然而,条约条款中出现"应/应当"(shall)这样的措辞并不意味着一个特定的条款一定可以强制执行,④ 还需要分析该条款的内容以确定其规定了具体的权利和/或义务。由此可见,表达约束力的措辞和明确规定的权利和/或义务是构成可强制执行的条约条款的两个必不可少的要件。

也许上述经验之谈尚不足以用于判断一个 FTA 的条款是否具有强制执行力,还需要用国际法原则的观点来进一步证明条约条款的强制执行力。⑤ 更确切地说,是用条约法原则的观点来证明条约条款的强制执行力。根据《1969 维也纳条约法公约》(以下简称《条约法公约》)第 2 条第 1 款第 1 项,"以国际法为准"(governed by international law)是包括 FTA 在内的国际协定被视为

---

① 中格 FTA 第 10.8 条。
② 中韩 FTA 第 6.10 条。
③ 中韩 FTA 第 14.8 条第 3 款。
④ 中韩 FTA 第 13.7 条第 4 款。
⑤ Henrik Horn, Petros C. Mavroidis and André Sapir, Beyond the WTO? An anatomy of EU and US preferential trade agreements, Bruegel 2009, p. 1, full text is available at the website of Bruegel: http://bruegel.org/wp-content/uploads/imported/publications/bp_ trade_ jan09.pdf, last visited on 4 April 2017.

"条约"的必要因素。① "以国际法为准"（governed by international law）"通常被解释为要求缔约方旨在让协定根据国际法具有法律效力"，② 并且"一个协定的用词可能表明这种意图在多大程度上存在"。③ 关于一个国际协定的用词是如何反映一个根据国际法具有法律效力的协定的缔约方的意图的，学者 Stephen C. McCaffrey 下面这段话做了很好的说明：

"……创造一个法律关系的意图有别于创造一项道德义务或者政治承诺的意图。这可以由义务的措辞例证，（表达义务）最常见的用词是'应/应当'（shall），而不是'同意'（agree）、'承诺'（undertake）以及其他类似的措辞。显然，提及'权利'和'义务'也是创造法律关系意图的象征。诸如'应该'（should）、'将会'（will）等术语往往并不表明这样一种意图……"④

《条约法公约》同样对中国适用，这不仅是因为中国是《条约法公约》的缔约方，⑤ 而且因为这一原则作为国际习惯法对所有国家具有约束力，除非一个国家明示反对这一原则。⑥

---

① 《条约法公约》的中文文本，详见联合国的官网：http://www.un.org/chinese/law/ilc/treaty，访问日期：2017年6月19日。

② Henrik Horn, Petros C. Mavroidis and André Sapir, Beyond the WTO? An anatomy of EU and US preferential trade agreements, Bruegel 2009, p. 1, full text is available at the website of Bruegel: http://bruegel.org/wp-content/uploads/imported/publications/bp_trade_jan09.pdf, last visited on 4 April 2017.

③ Henrik Horn, Petros C. Mavroidis and André Sapir, supra note 6, p. 17. "If States want to enter into a written agreement that is not intended to be a treaty, they often refer to it as a Memorandum of Understanding and provide that it is not governed by international law." See Robert Beckman and Dagmar Butte, Introduction to International Law, available at the website of ILSA: https://www.ilsa.org/jessup/intlawintro.pdf, last visited on 9 April 2017.

④ Stephen C. McCaffrey, Understanding International Law, Matthew Bender: LexisNexis, 2006, p. 81.

⑤ 中国于1997年9月3日加入《条约法公约》，并对《条约法公约》第66条予以保留，详见联合国官网：https://treaties.un.org/pages/ViewDetailsIII.aspx?src=TREATY&mtdsg_no=XXIII-1&chapter=23&Temp=mtdsg3&clang=_en#4，访问日期：2017年6月19日。

⑥ According to Anthony Aust, to some extent, Vienna Convention "represents customary international law" and "[w]hether a particular convention rule represents customary international law is likely to be an issue only if the matter is litigated, and even then the court or tribunal will take the VCLT as its starting-and probable finishing-point". See Anthony Aust, Vienna Convention on the Law of Treaties (1969), last updated in 18 June 2006, available at the website of Oxford Public International Law: http://opil.ouplaw.com/view/10.1093/law:epil/9780199231690/law-9780199231690-e1498, last visited on 6 June 2017.

（三）程序标准

一个具备有约束力的措辞且规定了明确义务的条约条款并不一定能被强制执行。要成为具有强制执行力的条约条款，其还得满足一个程序要求，即其可被诉诸争端解决机制。一般而言，不能被诉诸争端解决机制的 FTA 条款往往在条约用语上是含糊的。① 尽管如此，确实有一些具备有约束力的措辞且规定了明确义务的条约条款不能被诉诸争端解决机制，例如中韩 FTA 第 13 章"电子商务"以及中澳 FTA 第 12 章"电子商务"里的某些条款。② FTA 里的一个"超 WTO"条款或"WTO 额外"条款若是不能被强制执行的，其通常不能被诉诸下列任何一个争端解决机制：第一，FTA 本身所建立的争端解决机制；第二，WTO 的争端解决机制（有时候 FTA 的争端解决章节会援引 WTO 的争端解决机制）；第三，其他由 FTA 缔约方缔结或参加的条约所成立的常设或临时国际争端解决机制，例如国际法院（International Court of Justice）。③

在新一代中国 FTA 中，确实有些章节不能被诉诸 FTA 建立的争端解决机制。④ 新一代中国 FTA 通常有一个单独的章节对争端解决作出规定。例如，中韩 FTA 第 20.3 条对该 FTA 项下产生的争端可被诉诸哪个"法庭"作出了

---

① 例如，中韩 FTA 第 16 章（环境与贸易），该章几乎所有的条款都是用语含糊、内容空洞的。中格 FTA 第 9 章（环境与贸易）也是如此。

② 例如，中韩 FTA 第 13.4 条第 1 款规定："任何一方采纳或实施的电子签名法律，不得仅基于签名是电子形式而否认其法律效力。"

③ 根据《国际法院归约》（Statute of the International Court of Justice）第 36 条的规定，国际法院处理国家之间的法律争端，这些法律争端可以是关于条约解释，也可以是关于国际法的任何问题。因此，从理论上说，关于 FTA 条款的解释以及关于 FTA 的任何问题都在国际法院的管辖范围之内。《国际法院规约》中文文本，详见联合国官网：http：//www.un.org/chinese/law/icj/statute.htm，访问日期：2017 年 6 月 19 日。《国际法院规约》英文文本详见国际法院官网：http：//www.icj-cij.org/documents/index.php？p1 = 4&p2 = 2&，访问日期：2017 年 6 月 19 日。实际上，"把经济争端诉诸国际法院的适当性得到普遍认可"，而且国际法院"一向非常乐意处理涉及贸易、投资以及国家和个人经济权利的争端。"See United Nations Conference on Trade and Development（UNCTAD），Dispute Settlement：General Topics，2003，p. 35，available at the website of UNCTAD：http：//unctad.org/en/docs/edmmisc232add19_en.pdf，last visited on 18 June 2017. Allso see How the Court Works，available at the website of ICJ：http：//www.icj-cij.org/court/index.php？p1 = 1&p2 = 6，last visited on 18 June 2017.

④ 具体哪个 FTA 的哪个章节不能被诉诸争端解决机制，详见本文第三部分和第四部分的讨论。

规定：

"一、如发生的争端涉及本协定下事项和《世界贸易组织协定》下事项或双方均为缔约方的其他协定下的事项，起诉方可以选择解决争端的场所。

二、一旦起诉方要求按照第一款所指协定项下设立专家组，则应使用该被选定的争端解决场所并同时排除其他场所的使用。"

由此可见，争端方（缔约方）可以选择包括WTO在内的争端解决场所，而一旦选择了其中一个场所，则排除了诉诸其他争端解决场所的可能性。①

至于新一代中国FTA中那些不能被诉诸FTA建立的争端解决机制的章节，那些章节中通常有个条款对此作出明确规定。例如，在中韩FTA中，其通常规定："对于本章下产生的任何事项，任何一缔约方不得诉诸本协定第二十章（争端解决）。"②结合上述争端解决章节所引规定，不得被诉诸FTA建立的争端解决机制也意味着不能被诉诸WTO争端解决机制。

至于国际法院的管辖权，《国际法院规约》第36条第2款规定："本规约各当事国得随时声明关于具有下列性质之一切法律争端，对于接受同样义务之任何其他国家，承认法院之管辖为当然而具有强制性，不需另订特别协定……"因为中国没有声明接受国际法院的强制管辖，新一代中国FTA项下产生的任何争端基本上不可能被诉诸国际法院。从实践的角度而言，WTO里面有一个处理国际贸易法争端的更专业的"贸易法庭"，所以贸易争端或者与贸易有关的争端鲜有被诉诸国际法院。③

三、新一代中国FTA中的"超WTO"条款及其强制执行力

这部分旨在识别新一代中国FTA中的"超WTO"条款并进一步分析它们可能带来的影响以及它们的强制执行力。正如上文所述，规定了更低关税的FTA条款也是典型的"超WTO"条款，④但是本文并不会对这类"超WTO"

---

① 中澳FTA和中格FTA也作了类似的规定，参见中澳FTA第15.4条，中格FTA第15.3条。
② 例如，中韩FTA第13.9条。
③ 关于国际法院涉及国家间经济争端的案件，参见UNCTAD上引文，第35~38页。
④ 详见本文引言部分关于"超WTO条款"的定义。

条款进行分析，因为这类条款对国际规则制定或者国际贸易规则的发展并没有多大的体制性影响。

（一）新一代中国FTA中的"超WTO"条款概览

新一代中国FTA中有大量的"超WTO"条款，但不同领域的"超WTO"条款的数目则不尽相同，有些领域的"超WTO"条款比其他领域的要多得多。此外，几个不同的新一代中国FTA有很多类似的"超WTO"条款，同时也有一些"超WTO"条款仅存在于其中一两个FTA中。根据上文"超WTO条款"的定义以及"超WTO"条款和"WTO额外"条款的区别，笔者识别了新一代中国FTA中具有"超WTO"条款的领域。下面将分别简要概括货物贸易、服务贸易和与贸易有关的知识产权这三大领域的"超WTO"条款。

1. 货物贸易领域的"超WTO"条款

（1）原产地规则和原产地实施程序。该领域的"超WTO"条款基本上是在WTO《原产地规则协定》（Agreement on Rules of Origin）的基础上进行细化，其包括设定以下方面的规则：一是原产货物；① 二是特定货物（例如处于境外加工区的货物）处理；② 三是判断完全获得或者生产的货物的规则；③ 四是区域价值成分；④ 五是微小加工或者处理；⑤ 六是可互换材料；⑥ 七是不用考虑原产地的中性成分；⑦ 八是在确定货物原产地时，包装材料及容器通常不被考虑；⑧ 九是原产地证书；⑨ 十是申明享受优惠关税待遇；⑩ 等等。

（2）海关程序与贸易便利化。该领域只有少量的"超WTO"条款，因为

---

① 中韩FTA第3.2条，中澳FTA第3.2条，中格FTA第3.2条。
② 中韩FTA第3.3条。
③ 中韩FTA第3.4条，中澳FTA第3.3条，中格FTA第3.3条。
④ 中韩FTA第3.5条，中澳FTA第3.5条，中格FTA第3.4条。
⑤ 中韩FTA第3.7条，中澳FTA第3.12条，中格FTA第3.6条。
⑥ 中韩FTA第3.9条，中澳FTA第3.9条，中格FTA第3.8条。
⑦ 中韩FTA第3.10条，中澳FTA第3.11条，中格FTA第3.9条。
⑧ 中韩FTA第3.12条，中澳FTA第3.10条，中格FTA第3.10条。
⑨ 中韩FTA第3.15条，中澳FTA第3.14条，中格FTA第3.14条。
⑩ 中韩FTA第3.17条，中澳FTA第3.16条，中格FTA第3.14条。

TFA 是一个很新的协定，这也就意味着目前没有太多内容可以加进这个领域。这个领域的"超 WTO"条款主要包括：一是并入世贸组织《贸易便利化协定》中并未提及的一些世界海关组织的文件，尤其是《简化及协调海关制度的国际公约》；[1] 二是规定了海关作出预裁定的期限。例如，中韩 FTA 第 4.10 条第 2 款规定海关应当在申请人提交申请之后 90 天内作出预裁定，而 TFA 并未作出具体的时间规定。[2]

（3）卫生与植物卫生措施。该领域的"超 WTO"条款并不多。目前观察到的该领域的"超 WTO"条款主要是关于加强技术合作的意愿、[3] 依据自贸协定建立的卫生与植物卫生措施委员会相互协调双方在涉及食品安全、人类、动物和植物生命健康的国际和区域组织或论坛中的立场、会议议程和议题等。[4]

（4）技术贸易壁垒。该领域的"超 WTO"条款比卫生与植物卫生措施领域的稍多，这些"超 WTO"条款主要是关于：并入 WTO 的 TBT 协定中未提及的一些国际组织制定的标准；[5] 对不接受 FTA 另一缔约方的技术法规为等效法规的缔约方设定依请求启动的解释要求；[6] 积极推进合格评定结果的互认；[7] 在消费品安全方面进行合作；[8] 标识和标签；[9] 对采取边境措施的 FTA 缔约方规定了通知进口商或其代表的要求；[10] 缔约双方的信息交换。[11]

（5）贸易救济。该领域有大量的"超 WTO"条款，尤其是关于保障措施的"超 WTO"条款。这些"超 WTO"条款主要是关于：限定可实施的保障措施的类型；[12] 对实施保障措施调查规定了具体的期限；[13] 规定了更短的保障措施

---

[1] 中韩 FTA 第 4.3 条第 2 款，中澳 FTA 第 4.3 条第 1 款，中格 FTA 第 4.3 条第 2 款。
[2] 中澳 FTA 第 4.10 条第 2 款第 5 项，中格 FTA 第 4.8 条第 2 款第 5 项。
[3] 中韩 FTA 第 5.4 条第 1 款。
[4] 中韩 FTA 第 5.5 条第 3 款第 6 项。
[5] 中韩 FTA 第 6.4 条第 4 款，中澳 FTA 在这方面规定得比较笼统。
[6] 中韩 FTA 第 6.5 条第 2 款，中澳 FTA 第 6.6 条第 2 款。
[7] 中韩 FTA 第 6.6 条第 4 款，中澳 FTA 第 6.7 条第 4 款。
[8] 中韩 FTA 第 6.9 条。
[9] 中韩 FTA 第 6.11 条。
[10] 中韩 FTA 第 6.12 条。
[11] 中韩 FTA 第 6.14 条，中澳 FTA 第 6.10 条。
[12] 中韩 FTA 第 7.1 条，中格 FTA 第 7.3 条。
[13] 中韩 FTA 第 7.2 条第 4 款，中澳 FTA 第 7.4 条第 2 款。

实施期限,并且在过渡期结束之后不得再实施保障措施;① 贸易自由化补偿;②禁止使用替代国价值的方法来计算反倾销调查中的倾销幅度;③ 在发起反倾销和发补贴调查之前,一缔约方对另一方的通知义务和提供磋商机会的义务;④价格承诺;⑤ 考虑为反倾销和反补贴调查召开听证会。⑥

2. 服务贸易领域的"超 WTO"条款

在服务贸易领域,除了调整服务贸易的一般条款,还有调整特定服务部门(例如电信业和金融业)的条款以及特定服务贸易模式(自然人移动)的条款。

在调整服务贸易的一般条款中,有两种"超 WTO"条款:(1)一缔约方若拒绝将服务贸易章节项下的利益给予另一缔约方的服务提供者,该缔约方要遵循事先通知和磋商的义务;⑦(2)指定联络点。⑧

就个别服务部门而言,金融服务业有一定的"超 WTO"条款,其主要涵盖如下内容的规则:(1)更高的透明度要求,这主要体现在两个方面:一是履行透明度义务的前移,例如在正式通过相关法规之前给予利害关系人和另一缔约方对此法规发表意见的合理机会;⑨ 二是在普遍适用法规最终公布日期与生效日期之间留出一段合理时间;(2)缔约方在金融服务投资争端上的事前磋商。⑩

在另一个重要服务部门——电信业上,电信业方面的"超 WTO"条款比金融业的要稍多。这些电信业的"超 WTO"条款集中在中韩 FTA 中,主要是关于:(1)互联互通;⑪(2)海底光缆系统;⑫(3)保护竞争;⑬(4)监管机

---

① 中韩 FTA 第 7.2 条第 5 款,中格 FTA 第 7.4 条第 1 款和第 2 款,中澳 FTA 第 7.3 条第 1 款。
② 中韩 FTA 第 7.4 条,中澳 FTA 第 7.7 条。
③ 中韩 FTA 第 7.7 条第 4 款。
④ 中韩 FTA 第 7.8 条,中澳 FTA 第 7.10 条第 3 款和第 4 款。
⑤ 中韩 FTA 第 7.9 条。
⑥ 中韩 FTA 第 7.11 条。
⑦ 中韩 FTA 第 8.11 条,中澳 FTA 第 8.17 条,中格 FTA 第 8.12 条。
⑧ 中韩 FTA 第 8.16 条,WTO 的服务贸易总协定(GATS)仅对发达成员提出指定联络点的义务。
⑨ 中韩 FTA 第 9.6 条第 3 款。
⑩ 中韩 FTA 第 9.13 条。
⑪ 中韩 FTA 第 10.4 条。
⑫ 中韩 FTA 第 10.5 条。
⑬ 中韩 FTA 第 10.6 条。

构的独立性;① (5) 缔约方对普遍服务义务的管理;② (6) 公共电信网络或服务提供者申请许可证的程序;③ (7) 电信稀缺资源的分配和使用;④ (8) 电信监管机构的执法权限;⑤ (9) 电信服务提供者之间的电信争端调解机制（中韩 FTA 第 10.12 条）。

就自然人移动方面的规则而言,《服务贸易总协定》（GATS）的附件中只有四个段落对此进行了框架性规定,新一代中国 FTA 在此问题上的规则基本上是"超 WTO"规则,其主要内容如下：(1) 对"移民措施""一缔约方的自然人"和"临时入境"等概念进行了定义;⑥ (2) 签证便利化⑦以及自然人移民的快速申请程序;⑧ (3) 自然人临时入境的准予;⑨ (4) 透明度⑩;(5) 成立自然人移动委员会并对其职责进行了规定。⑪

之前备受关注的服务贸易负面清单⑫尚未被纳入现有的新一代中国 FTA。但中韩 FTA 有设定关于开展第二阶段谈判的条款,⑬ 中国在未来也会与韩国就服务贸易负面清单问题进行谈判。⑭ 中韩服务贸易负面清单的谈判也许会对日后新一代中国 FTA 的服务贸易谈判产生一定程度示范作用。

3. "超 TRIPS" 条款

新一代中国 FTA 中有大量的"超 TRIPS"条款,其主要内容如下：(1) 延

---

① 中韩 FTA 第 10.7 条。
② 中韩 FTA 第 10.8 条。
③ 中韩 FTA 第 10.9 条。
④ 中韩 FTA 第 10.10 条。
⑤ 中韩 FTA 第 10.11 条。
⑥ 中韩 FTA 第 11.1 条,中澳 FTA 第 10.2 条,中格 FTA 第 8 章附件 8 – B 第 2 条。
⑦ 中韩 FTA 第 11.4 条。
⑧ 中澳 FTA 第 10.3 条。
⑨ 中韩 FTA 第 11.5 条,中澳 FTA 第 10.4 条,中格 FTA 第 8 章附件 8 – B 第 4 条。
⑩ 中韩 FTA 第 11.6 条,中澳 FTA 第 10.5 条,中格 FTA 第 8 章附件 8 – B 第 5 条。
⑪ 中韩 FTA 第 11.7 条,中澳 FTA 第 10.6 条。
⑫ 负面清单开放模式与 WTO 里 GTAS 的正面清单模式不同,负面清单模式意味着除了清单上所列产业,其他产业均对外资开放。这种模式看起来是"超 WTO"的,但如果负面清单上所列产业过多,其所起的效果可能与正面清单无异。
⑬ 中韩 FTA 第 22.2 条。
⑭ 21 世纪经济报道:"中国加快实施 FTA 战略 梳理服务贸易负面清单",载贸易经济网：http：//www.cnfl.com.cn/2016/1124/300131_2.html,访问日期：2017 年 7 月 30 日。

长了广播保护期;[①] (2) 规定了表演者和录音制品制作者的报酬权;[②] (3) 把可受保护的注册商标的范围扩大到了涵盖视觉上不可感知的商标（例如声音商标），或至少在这方面展开合作;[③] (4) 把具有欺骗性的标记明确划出商标法的保护范围;[④] (5) 规定了保护驰名商标的具体规则;[⑤] (6) 规定了适应信息技术发展的知识产权申请、审查和注册制度（例如商标申请和注册电子化的具体规则;[⑥] (7) 对实用新型的知识产权保护提供了规定;[⑦] (8) 对植物新品种的保护提供了具体规则，以保护植物育种者的权利;[⑧] (9) 进一步加强了对工业品外观设计的保护，在《TRIPS 协定》的基础上规定第三人未经工业品外观设计所有人的同意不得"许诺销售"受外观设计保护的物品;[⑨] (10) 在著作权和邻接权的民事、行政和刑事程序中，关于作者身份的推定;[⑩] (11) 更强的民事和行政执法规则,[⑪] 例如对《TRIPS 协定》项下不具强制执行力的执法条款赋予强制执行力（司法机关应有权命令侵权人向权利人支付可归因于侵权行为的侵权人利润);[⑫] (12) 关于边境措施的特殊要求,[⑬] 例如把边境措施的适用范围扩大到涵盖了在一个自由贸易区进口、出口、转运、存放及在保税仓库存放侵犯知识产权（几乎涵盖所有种类的知识产权侵权行为）货物;[⑭] (13) 规定了更具体的刑事执法规则,[⑮] 例如要求缔约方在国内法中规定适用于具有商业规模的故意未经授权复制电影院放映的电影作品或其部分内容的刑事程序和处罚。[⑯]

---

① 中韩 FTA 第 15.6 条第 3 款。
② 中韩 FTA 第 15.7 条第 1 款。
③ 中韩 FTA 第 15.11 条第 2 款，中澳 FTA 第 11.12 条，中格 FTA 第 11.11 条。
④ 中韩 FTA 第 15.11 条第 4 款。
⑤ 中韩 FTA 第 15.13 条。
⑥ 中韩 FTA 地 15.14 条，中澳 FTA 第 11.9 条第 5 款，中格 FTA 第 11.7 条第 5 款。
⑦ 中韩 FTA 第 15.16 条。
⑧ 中韩 FTA 第 15.18 条，中澳 FTA 第 11.16 条，中格第 11.14 条。
⑨ 中韩 FTA 第 15.20 条第 2 款。
⑩ 中韩 FTA 第 15.23 条。
⑪ 中韩 FTA 第 15.24 条。
⑫ 中韩 FTA 第 15.24 条第 2 款。
⑬ 中韩 FTA 第 15.26 条。
⑭ 中韩 FTA 第 15.26 条第 1 款。
⑮ 中韩 FTA 第 15.27 条。
⑯ 中韩 FTA 第 15.27 条第 2 款。

4. 小　结

从以上对新一代中国 FTA "超 WTO" 条款的概述来看，海关程序和贸易便利化方面的"超 WTO"条款最少，而 TRIPS 方面的"超 WTO"条款最多。

从内容上看，这些新一代中国 FTA "超 WTO" 条款主要注重不同国家之间规则的协调与融合。有的"超 WTO"条款是建立在中国的国内立法和执法实践的基础上，所以中国在实施这类条款的时候并不存在多大的障碍。例如，把可受保护的注册商标的范围扩大到声音商标的"超 WTO"规则，在缔结新一代中国 FTA 之前已经开始尝试推行相关规定。实际上，中国国家工商总局商标局于 2014 年 5 月 1 日出台了《声音商标形式和实质审查标准（试行）》，按照法定程序和审查标准开展声音商标审查实践。[①] 在中韩 FTA 和中澳 FTA 生效后，国家工商总局商标局于 2017 年 1 月 4 日公布了新修订的《商标审查及审理标准》,[②] 新增了关于声音商标审查标准的规定。[③]

也许大多数"超 WTO"条款对国际贸易以及其他方面的影响还有待观察，但其中有些"超 WTO"条款则在国际社会上存在或多或少的争议，例如某些"超 TRIPS"知识产权执法规则。

其中，争议较大的是超 TRIPS 知识产权边境执法措施（以下简称超 TRIPS 边境措施）。中韩 FTA 第 15.26 条第 1 款规定："各缔约方应当根据国内法规定，采取程序使有正当理由怀疑在一个自由贸易区进口、出口、转运、存放及在保税仓库存放侵犯知识产权[④]货物的行为有可能发生的权利人，能够向行政或司法主管机关提出书面申请，要求海关中止放行此类货物进入自由流通或者

[①] 余瀚波："我国首例声音商标初审公告发布"，载中国法院网：http://www.chinacourt.org/article/detail/2016/02/id/1805621.shtml，访问日期：2017 年 7 月 28 日。

[②] 《商标审查及审理标准》全文可见中华商标协会官网：http://www.cta.org.cn/ywdt/201701/W020170105340933368453.pdf，访问日期：2017 年 7 月 28 日。

[③] 国家工商总局商标局："关于公布新修订《商标审查及审理标准》的公告"，载中华商标协会官网：http://www.cta.org.cn/ywdt/201701/t20170105_47220.html，访问日期：2017 年 7 月 28 日。

[④] 中韩 FTA 该条款还有一个脚注对"侵犯知识产权货物"的含义以及涵盖范围作出了规定："(1) 假冒商标货物意指包括包装在内的任何货物，只要未经授权载有的商标与这些货物上被有效注册的商标一样，或在基本特征上不能与这样一个商标相区分，并因此依进口国法律侵犯了上述商标所有权人的权利；(2) 盗版货物意指任何未经权利所有人或生产国权利人合理授权的人同意的复制品，且根据进口国法律直接或间接复制构成侵犯版权或相关权的货物；及 (3) 根据缔约方海关措施适用的法律法规，侵犯专利、植物多样性、已注册的外观设计或者地理标志权利的货物。"

扣留此类货物。"该条款的超 TRIPS 特征主要体现在两个方面：一是扩大了受保护的知识产权的范围，即被海关中止放行的侵权货物的范围由假冒商标货物和盗版货物（侵犯著作权）扩大到了包括侵犯几乎所有种类的知识产权的货物；二是扩大了边境措施的适用阶段，即被海关中止放行的侵权货物的范围由进口货物扩大到了包括在一个自由贸易区进口、出口、转运、存放及在保税仓库存放的货物。扩大受保护的知识产权范围有可能不利于公共健康的保护，例如涉嫌侵犯药品专利或者强制许可生产的药物可能因为此条规定而被海关中止放行，进而不利于国家应对公共健康危机。至于边境措施适用阶段的扩大，若海关执法有偏差，则可能对包括仿制药品贸易在内的合法贸易造成妨碍（例如妨碍仿制药品的转运），进而对公共健康的保护产生不利影响。[①] 因此，中国和韩国在适用此类超 TRIPS 边境措施时，要注意不违反《TRIPS 协定》第 8 条规定的保护公共健康的原则[②]和第 41 条规定的不妨碍合法贸易的义务。[③]

由此可见，并非所有的新一代中国 FTA 中的"超 WTO"条款和"WTO 额外"条款一定与 FTA 促进贸易自由化的目标保持一致，若被不当适用，其甚至可能在某种程度上对贸易自由化起到反效果。这些有争议的"超 WTO"条款和"WTO 额外"条款的强制执行力也应当引起我们的注意。

---

① 关于超 TRIPS 边境措施对公共健康和合法贸易可能带来的影响，参见梁意："论'超 TRIPS'边境措施及其合法性问题——以《TPP 知识产权草案》为视角"，载《国际商务（对外经济贸易大学学报）》2015 年第 2 期，第 95~105 页；杨鸿："《反假冒贸易协定》的知识产权执法规则研究"，载《法商研究》2011 年第 6 期，第 108~116 页；余敏友、廖丽："简评 TRIPS-Plus 知识产权执法及其合法性"，载《法学杂志》2011 年第 12 期，第 29~33 页；Henning Grosse Ruse – Khan, A Trade Agreement Creating Barriers to International Trade？: ACTA Border Measures and Goods in Transit, American University International Law Review, Spring 2011, available at：http：//ssrn.com/abstract = 1706567, last visited on 10 April 2017.

② 《TRIPS 协定》第 8 条第 1 款规定了保护公共健康的原则："在制定或修改其法律和法规时，各成员可采用对保护公共健康和营养，促进对其社会经济和技术发展至关重要部门的公共利益所必需的措施，只要此类措施与本协定的规定相一致。"如无特别说明，本文关于 WTO 涵盖协定文本的中文译文均来自商务部世界贸易组织司（印制）：《世界贸易组织乌拉圭回合多边贸易谈判结果法律文本》，人民出版社 2010 年版。

③ 《TRIPS 协定》第 41 条第 1 款规定了 WTO 成员在知识产权执法中不妨碍合法贸易的义务："各成员应保证其国内法中包括关于本部分规定的实施程序，以便对任何侵犯本协定所涵盖知识产权的行为采取有效行动，包括防止侵权的迅速救济措施和制止进一步侵权的救济措施。这些程序的实施应避免对合法贸易造成障碍并为防止这些程序被滥用提供保障。"

(二) 新一代中国 FTA 中 "超 WTO" 条款的强制执行力

不仅 "超 WTO" 条款的数目因领域而异,而且它们的强制执行力也因领域而异。并非所有新一代中国 FTA 中的 "超 WTO" 条款都能被强制执行,它们需要通过上文所述的实体标准测试和程序标准测试[①]才具备强制执行力。下面将先讨论一个条款是否通过程序标准测试,因为这一判断比较浅显易见。

1. 程序标准下 "超 WTO" 条款的强制执行力

在对上述新一代中国 FTA 中的 "超 WTO" 条款进行一番仔细研究之后,我们发现 "卫生和植物卫生措施" 和 "技术贸易壁垒" 两个领域的所有条款("超 WTO" 条款)都不能被强制执行,自然人临时入境的准予在特定条件下不能被强制执行,因为这些条款都不能被诉诸争端解决。[②] 换言之,"卫生和植物卫生措施" 和 "技术贸易壁垒" 因没有通过程序标准测试而不具备强制执行力。至于自然人临时入境的准予这一 "超 WTO" 条款,其强制执行力需要进一步的分析。

关于自然人临时入境的准予,中韩 FTA 第 11.5 条第 1 款规定 "缔约双方可就自然人临时入境作出承诺。此类承诺和承诺的条件应当在附件 11-A 中列出",中国也在中韩 FTA 附件 11-A 中作出了 "中国的具体承诺"。中韩 FTA 第 11.5 条第 2 款进一步规定,一旦缔约方作出了自然人临时入境方面的承诺,"只要该自然人符合其他所有相关的移民措施,该缔约方在承诺范围内准予其临时入境(shall grant temporary entry)"。由此可见,中韩 FTA 的缔约方没有义务就自然人临时入境作出具体承诺,但一缔约方一旦作出这方面的具体承诺,其似乎就有义务去执行其承诺,因为条约义务的用语是如此清晰。然而,情况并非如此简单。中韩 FTA 第 11.8 条第 3 款规定:

---

① 详见本文第二部分。
② 详见中韩 FTA 第 5.6 条和第 6.15 条,中澳 FTA 第 5.10 条和第 6.12 条。中格 FTA 并没有把这两个领域项下产生的争端排除出争端解决的范围,但因为中格 FTA 这两个领域中并没有 "超 WTO" 条款,所以这一情况并不影响关于这两个领域的超 WTO 条款的强制执行力的结论。

"对本章下临时入境许可的拒绝,一缔约方不得启动第二十章(争端解决)项下的程序,除非:

(一)该项事由涉及一习惯性做法;和

(二)该自然人已用尽关于该项具体事由的所有可能的行政救济。"

因此,若中韩FTA第11.8条第3款规定的两个条件都被满足了,那么拒绝自然人临时入境的做法是可以被诉诸争端解决的;否则,只要其中一个条件不被满足,拒绝自然人临时入境的做法就不能被诉诸争端解决,即不能被强制执行。

在实践中执行这类条款之前,我们需要解答何为"一习惯性做法"和"已用尽……所有可能的行政救济"。中韩FTA第11.8条第4款的确进一步界定了用尽行政救济的一种情况——"如果在行政程序启动一年之内,主管机关未能对该项事由作出最终决定,并且未能作出决定不能归咎该自然人造成的延误"。然而,中韩FTA没有对"一习惯性做法"进一步作出解释,这可能在某种程度上导致"自然人临时入境的准予"的强制执行力在实践中的不确定性。

2. 实体标准下"超WTO"条款的强制执行力

除了卫生和植物卫生措施、技术贸易壁垒规则以及自然人临时入境的准予规则,新一代中国FTA中依然有一些条款由于没有通过实体标准测试而不具强制执行力。下面表1例举了新一代中国FTA中一些由于缺乏有约束力的术语(例如shall)而不具强制执行力的"超WTO"条款,表2则列举了一些由于没有清晰规定的义务而可能[1]不具强制执行力的"超WTO"条款。考虑到是否具有清晰规定的义务需要更详细的分析,必要时将直接引用某些特定条款。

---

[1] 关于是否有清晰规定的义务,有时候是个"仁者见仁,智者见智"的问题。例如,中韩FTA第7.11条规定:"各缔约方应适当考虑召开听证会,不论是应利害关系方书面申请或出于自主决定。"也许有人认为这里并未规定清晰的义务,因为"适当考虑"的含义非常模糊;也许有人持相反观点,因为应该有适当的标准去判断"适当考虑"。

表1 新一代中国 FTA 中因缺乏有约束力的术语而不具强制执行力的"超 WTO"条款

领域	不具强制执行力的"超 WTO"条款及其内容
原产地规则和原产地实施程序	（1）缔约双方就其他应视为微小加工的加工工序达成一致（中韩 FTA 第 3.7 条第 3 款）；（2）对于在非缔约方存储或者改换运输用集装箱的，进口方海关可指定非缔约方的其他有资质的机构签发证明文件（中韩 FTA 第 3.14 条第 3 款第 2 项）；（3）原产地证书的补发（中韩 FTA 第 3.15 条第 4 款，中澳 FTA 第 3.14 条第 5 款，中格 FTA 第 3.14 条第 5 款）；（4）进口方海关进原产地核查的顺序（中韩 FTA 第 3.23 条第 1 款）；（5）缔约方海关可以对本章实施中引起的任何事项提出磋商请求（中韩 FTA 第 3.28 条第 2 款）；等等
贸易救济	（1）可以采取何种保障措施（中韩 FTA 第 7.1 条，中格 FTA 第 7.3 条）；（2）在发起反倾销和发补贴调查之前，一缔约方对另一缔约方提供会面或其他类似机会（中韩 FTA 第 7.8 条第 1 款，中澳 FTA 第 7.10 条第 4 款）；等等
TRIPS	（1）在确定知识产权侵权行为的损害赔偿金时，司法机关可以采取的计算方法（中韩 FTA 第 15.24 条第 2 款第 2 项）；（2）缔约方可以允许使用替代性争议解决程序处理涉及知识产权的民事纠纷（中韩 FTA 第 15.24 条第 9 款）；（3）各缔约方可以规定，已经被其海关中止放行且被没收的侵犯相关知识产权货物应当被销毁（中韩 FTA 第 15.26 条第 5 款）

表2 新一代中国 FTA 中因义务内容含糊而不具强制执行力的"超 WTO"条款

领域	不具强制执行力的"超 WTO"条款及其内容
贸易救济	各缔约方在反倾销和反补贴调查中应该适当考虑召开听证会（中韩 FTA 第 7.11 条）。这有可能是不能强制执行的因为"适当考虑"的含义并不明确
金融服务	"在合理范围内，各缔约方应努力（endeavour to）在普遍适用法规最终公布日期与生效日期之间留出一段合理时间"（中韩 FTA 第 9.6 条第 4 款）。这也许不能被强制执行，因为有时候难以证明一缔约方是否"努力"这么做了
电信服务	中韩 FTA 中关于国际漫游资费的规定："缔约双方应鼓励其电信服务提供商降低缔约方之间国际漫游结算价水平，推动降低国际漫游资费水平"（中韩 FTA 第 10.16 条）。这很难被强制执行，因为我们难以证明一个缔约方没有"鼓励"这种做法

除了表1、表2以及上述没有通过程序标准测试的条款，几乎其余的"超WTO"（包括超TRIPS边境措施）都具有强制执行力。[①] 在某些方面，中国在某种程度上做好了应对"超WTO"规则的准备，例如关于声音商标的"超TRIPS"规则，中国已经逐渐开始建立审查注册声音商标的制度。[②] 因此，对于中国已经做好应对准备的"超WTO"规则，其是否具有强制执行力并不会带来很大的影响。对于一些较有争议且具有强制执行力的"超WTO"规则，比如上文提到的超TRIPS边境措施，[③] FTA缔约方必须按照FTA的规定实施这些超TRIPS边境措施。这些超TRIPS边境措施若被不当实施，公共健康的保护和合法贸易将受到妨碍。

四、新一代中国FTA中的"WTO额外"条款及其强制执行力

本部分旨在找出新一代中国FTA中的"WTO额外"条款并分析其强制执行力。

（一）新一代中国FTA中的"WTO额外"条款概览

新一代中国FTA中有一定数量的"WTO额外"条款。根据引言中"WTO额外条款"的定义以及"超WTO"条款和"WTO额外条款"的区别，笔者找到一些具有"WTO额外"条款的领域。下面将分不同领域对新一代中国FTA中的"WTO额外"条款的内容进行简要介绍。

1. 投资

新一代中国FTA中的投资章节除了少量条款可被归类为与贸易有关的投资规则，其余的条款基本上都是"WTO额外"条款而且基本上都是从双边投资条约中移植过来的。[④] 这些"WTO额外"条款主要是关于：（1）最惠国待

[①] 限于个人能力，笔者也许难以找出新一代中国FTA中的所有能被强制执行或不能被强制执行的"超WTO"条款。
[②] 详见本文第三部分第（一）点的讨论。
[③] 详见本文第三部分第（一）点的讨论。
[④] 中格FTA没有投资章节。

遇,[①] 包括国内法救济方面的最惠国待遇;[②]（2）最低标准待遇;[③]（3）征收和补偿;[④]（4）涵盖投资的自由转移;[⑤]（5）代位求偿权;[⑥]（6）投资者—国家争端解决机制;[⑦]（7）一缔约方拒绝将投资章节规定的权益给予另一方投资者及其投资所要满足的条件;[⑧]（8）投资不得对环境措施的实施产生负面影响;[⑨]（9）解决服务贸易和投资规则的竞合;[⑩]（10）提升投资环境的联络点。[⑪]

与服务贸易谈判类似，中韩FTA有设定关于开展第二阶段投资谈判的条款，[⑫]中国在未来也会与韩国就投资负面清单问题进行谈判。[⑬]中韩关于投资负面清单的谈判也许会对日后新一代中国FTA投资议题谈判产生一定程度示范作用。

2. 电子商务

新一代中国FTA里的电子商务往往自成一章，[⑭]整个电子商务章节都是"WTO额外"的，这些"WTO额外"条款的主要内容如下：（1）维持目前不对电子传输征收关税的做法;[⑮]（2）电子认证和电子签名;[⑯]（3）电子商务中的个人信息保护;[⑰]（4）无纸贸易;[⑱]（5）缔约方在电子商务领域上的合作;[⑲]

[①] 中韩FTA第12.4条。
[②] 中韩FTA第12.6条。
[③] 中韩FTA第12.5条。
[④] 中韩FTA第12.9条。
[⑤] 中韩FTA第12.10条。
[⑥] 中韩FTA第12.11条。
[⑦] 中韩FTA第12.12条，中澳FTA第9章第2节。
[⑧] 中韩FTA第12.15条，中澳FTA第9.6条。
[⑨] 中韩FTA第12.16条，中澳FTA第9.8条。
[⑩] 中韩FTA第12.18条，中澳FTA第9.2条第2款。
[⑪] 中韩FTA第12.19条。
[⑫] 中韩FTA第22.2条。
[⑬] 21世纪经济报道："中国加快实施FTA战略梳理服务贸易负面清单"，载贸易经济网：http://www.cnfl.com.cn/2016/1124/300131_2.html，访问日期：2017年7月30日。
[⑭] 中格FTA中没有电子商务章节。
[⑮] 中韩FTA第13.3条，中澳FTA第12.3条。
[⑯] 中韩FTA第13.4条，中澳FTA第12.6条。
[⑰] 中韩FTA第13.5条，中澳FTA第12.8条。
[⑱] 中韩FTA第13.7条，中澳FTA第12.9条。
[⑲] 中韩FTA第13.7条，中澳FTA第12.10条。

(6) 对"电子认证""电子签名""贸易管理文件"和"个人信息"等概念进行定义。①

3. 竞争

该领域的"WTO 额外"规则主要是协调缔约方在竞争领域的国内法和实践,② 这些规则主要是关于：(1) 缔约方维持或通过竞争法以及维持一个或多个竞争执法机构；③ (2) 竞争执法原则,例如透明、非歧视和程序正义等原则；④ (3) 透明度要求,尤其是公开的内容以及公开的方式（中韩 FTA 特别提及了网络公开方式）；⑤ (4) 竞争法的适用,⑥ 尤其是排除"竞争中立"原则的一般适用；⑦ (5) 缔约方在竞争执法上的合作,⑧ 同时排除一缔约方对另一缔约方竞争执法的干预；⑨ (6) 为促进缔约双方的互相理解,或为处理 FTA 竞争章节执行过程中出现的特定事项所设立的磋商程序；⑩ (7) 竞争执法中的信息交换⑪以及通过经验交流、举办研讨会等方式促进的技术合作；⑫ (8) 对"反竞争商业行为""竞争法""消费者保护法"和"经营者"等概念提供定义。⑬

4. 知识产权

该领域也有几个"WTO 额外"条款,它们的主要内容如下：(1) 并入了一些《TRIPS 协定》并未涵盖的国际协定,⑭ 因为各条约的内容各不相同,所以保护的客体也不尽相同,这意味着这类条款通过并入更多的知识产权国际协

---

① 中韩 FTA 第 13.8 条,中澳 FTA 第 12.2 条。
② 中澳 FTA 没有"竞争"章节。
③ 中韩 FTA 第 14.2 条,中格 FTA 第 10.3 条。
④ 中韩 FTA 第 14.3 条,中格 FTA 第 10.4 条。
⑤ 中韩 FTA 第 14.4 条,中格 FTA 第 10.5 条。
⑥ 中韩 FTA 第 14.5 条。
⑦ 中韩 FTA 第 14.5 条第 2 款。
⑧ 中韩 FTA 第 14.6 条,中格 FTA 第 10.6 条。
⑨ 中韩 FTA 第 14.11 条,中格 FTA 第 10.9 条。
⑩ 中韩 FTA 第 14.8 条,中格 FTA 第 10.11 条。
⑪ 中韩 FTA 第 14.9 条。
⑫ 中韩 FTA 第 14.10 条,中格 FTA 第 10.8 条。
⑬ 中韩 FTA 第 14.13 条,中格 FTA 第 10.2 条。
⑭ 中韩 FTA 第 15.3 条。

定来扩大知识产权的保护范围;①（2）对《TRIPS 协定》中并未提及的客体提供知识产权保护，例如技术措施和信息管理信息;②（3）对遗传资源、传统知识和民间文艺提供保护，并约定在这些领域进行进一步的讨论和合作。③

5. 环境与贸易

中国 FTA 中的"环境与贸易"章节是"WTO 额外"的,④ 但该领域并没有很多实质性的"WTO 额外"条款。目前该领域的条款主要是关于：（1）重申经济发展不得对环境保护产生消极影响，并且同意环境标准不应沦为贸易保护的工具;⑤（2）重申缔约方各自拥有其主权去确定各自的环境保护水平和环境优先发展领域，同时努力提高各自的环境保护水平;⑥（3）承认多边环境协定的重要性并承诺实施 FTA 缔约双方均为缔约方的多边环境协定,⑦ 也承诺在多边环境协定谈判中就彼此公共感兴趣的与贸易有关的环境问题进行磋商与合作;⑧（4）明确列举了一些缔约方可以进行双边合作的一些指示性环境领域;⑨（5）机构和资金安排问题，例如制定联络点。⑩

6. 经济合作

目前只有中韩 FTA 有这一章节。这一"WTO 额外"领域的规则主要是关于促进某些经济领域的合作并采取有效的方法实施这一经济合作章节。中韩 FTA 中提及双方将进行合作的领域包括：（1）农渔领域，如粮食安全、渔业、林业;⑪（2）工业领域，如钢铁、信息和通信技术、纺织业以及中小企业;⑫

---

① 王森："浅析中国 FTA 知识产权条款新发展——以中韩 FTA 为视角"，载《法制与经济》2016 年第 10 期，第 107 页。
② 中韩 FTA 第 15.8 条和第 15.9 条。
③ 中韩 FTA 第 15.17 条，中澳 FTA 第 11.17 条，中格 FTA 第 11.16 条。
④ 中澳 FTA 中没有"环境与贸易"章节。
⑤ 中韩 FTA 第 16.1 条和第 16.5 条，中格 FTA 第 9.2 条。
⑥ 中韩 FTA 第 16.3 条。
⑦ 中韩 FTA 第 16.4 条第 1 款，中格 FTA 第 9.3 条。
⑧ 中韩 FTA 第 16.4 条第 2 款。
⑨ 中韩 FTA 第 16.7 条。
⑩ 中韩 FTA 第 16.8 条。
⑪ 中韩 FTA 第 17.5、17.6 条和第 17.7 条。
⑫ 中韩 FTA 第 17.8 ~ 17.11 条。

(3) 政府采购;① (4) 一些其他领域,例如能源与资源、科学与技术、海运、旅游业、文化、药品、医疗器械、化妆品以及地方经济。②

(二) 新一代中国 FTA 中"WTO 额外"条款的强制执行力

与"超 WTO"条款类似,并非所有的"WTO 额外"条款都能被强制执行,而且不同领域条款的强制执行力也不尽相同。

1. 新兴领域和敏感领域的"WTO 额外"条款的强制执行力

诸如电子商务、竞争、环境与贸易和经济合作等新兴和敏感领域的新一代中国 FTA 的"WTO 额外"条款往往不具有强制执行力,因为它们都不能被诉诸争端解决机制。③

但中韩 FTA 竞争章节的争端解决条款与其他领域的争端解决条款有所不同。其他领域的争端解决条款通常只有一个条款规定:"对于本章下产生的任何事项,任何一缔约方不得诉诸本协定第二十章(争端解决)。"④ 与之相比,竞争章节的争端解决条款除了排除该协定争端解决机制的适用,其争端解决条款下面还有一项规定:"如果一缔约方认为,某一行为持续影响本章所指双边贸易,该方可以(may)要求在联合委员会进行磋商,以促进该问题的解决。"显然,"可以"(may)一词表明了"磋商"并非一项义务。此外,中韩 FTA 中没有其他条款对指导联合委员会解决争端进行进一步的规定。因此,即便这一项规定看似给竞争领域的"WTO 额外"条款的争端解决提供了另一个途径,但实际上该领域的"WTO 额外条款"还是不能被强制执行的,因为其缺乏有约束力的用词,而且关于争端解决的替代方法的规定是含糊不清的。

2. 投资领域的"WTO 额外"条款的强制执行力

投资领域的"WTO 额外"条款通常是能被强制执行的,该领域所适用的

---

① 中韩 FTA 第 17.13~17.17 条。
② 中韩 FTA 第 17.18~17.25 条。
③ 中韩 FTA 第 13.9、14.11、16.9 条和第 17.3 条;中澳 FTA 第 12.11 条;中格 FTA 第 10.10 条。中格 FTA 的"环境与贸易"章节虽然没有明确提及该章节下的条款不能被诉诸争端解决机制,但其内容过于空洞,该章节下的条款也不具有强制执行力。
④ 中韩 FTA 第 13.9、16.9 条和第 17.3 条。

争端解决机制与其他领域有所不同。中韩 FTA 的投资章节并不能被诉诸该 FTA 建立的争端解决机制,①但其有一个内置的争端解决机制——"投资者—国家争端解决机制"去解决投资争端进而执行投资章节的"WTO 额外"条款。但中澳 FTA 的投资章节项下产生的争端不仅能用"投资者—国家争端解决机制"解决,还可以用该 FTA 建立的争端解决机制解决国家之间的争端。②

3. 知识产权领域的"WTO 额外"条款的强制执行力

因为中国新一代 FTA 知识产权章节项下产生的争端都可以被诉诸各自 FTA 所建立的争端解决机制,判断知识产权领域的"WTO 额外"条款的强制执行力就只能依靠实体标准了。

关于并入《TRIPS 协定》未涵盖的国际协定的"WTO 额外"条款,该"WTO 额外"条款本身是可以强制执行的,因为该条款本身具有有约束力的术语"确认"(affirm)而且义务清晰明确。③但被并入的国际协定项下的某个具体条款的强制执行力则要在个案的基础上分析。

关于保护技术措施的"WTO 额外"条款,该条款关于保护技术措施的例外和限制的部分不具强制执行力,因为其条约术语"可以"(may)表明规定这种例外和限制并非 FTA 缔约方的义务。④

至于权利管理信息的保护的"WTO 额外"条款,其能被强制执行,因为其具有有约束力的条约术语。⑤与之相反,由于缺乏有约束力的条约术语,关于"遗传资源、传统知识和民间文艺"方面的"WTO 额外"条款(对这三类提供保护,并约定在这些领域进行进一步的讨论和合作)不具强制执行力。⑥

遗传资源、传统知识(例如中医药知识)和民间文艺都是中国等发展中国家的"强项",但它们并非中国现有知识产权制度的保护客体。虽然新一代中国 FTA 关于"遗传资源、传统知识和民间文艺"方面的"WTO 额外"条款不

---

① 中韩 FTA 第 12 条、第 19.4 条。
② 中澳 FTA 第 9 章脚注 5。
③ 中韩 FTA 第 15.3 条。
④ 中韩 FTA 第 15.8 条第 3 款。
⑤ 中韩 FTA 第 15.9 条。
⑥ 中韩 FTA 第 15.17 条。

具强制执行力,但中国应该积极探索这方面的立法,以建立能保护中国"强项"的知识产权制度,进而通过国际经贸协定谈判输出中国的相关制度。①

五、结　语

新一代中国 FTA 中都或多或少有一些"超 WTO"条款和"WTO 额外"条款。通过上文的论述,可以就新一代中国 FTA 中的"超 WTO"条款和"WTO 额外"条款作出如下总结:第一,从"超 WTO"条款和"WTO 额外"条款的数目、涵盖范围及其深度,在目前的三个新一代中国 FTA 中,中韩 FTA 的自由化水平最高;第二,新一代中国 FTA 中的"超 WTO"条款比"WTO 额外"条款要多;第三,具有强制执行力的"超 WTO"条款比具有强制执行力的"WTO 额外"条款要多;第四,敏感领域的"超 WTO"条款和"WTO 额外"条款往往不能被强制执行;第五,除了少部分"超 WTO"条款,其余大部分"超 WTO"通常是能被强制执行的,而"WTO 额外"条款的情况则恰好相反,即除了少部分"WTO 额外"条款,其余大部分"WTO 额外"条款通常是不能被强制执行的。第六,很多"WTO 额外"条款的内容往往比较空洞,而且缔约方往往约定了在这些领域进行进一步的谈判或者合作。

这些结论从某种程度上反映了新一代中国 FTA 的缔约方在新兴领域(例如电子商务)和敏感领域(例如竞争政策)也许需要更多的政策空间,这也是为什么这些领域项下产生的争端往往不能被诉诸争端解决。也许大家会对此感到困惑:如果这些"超 WTO"和"WTO 额外"条款不能被强制执行,那么为什么中国还要与其贸易伙伴谈判这些条款进而缔结具有这些条款的 FTA。一个合理的解释是在某种程度上,谈判"超 WTO"和"WTO 额外"条款并非纯粹出于商业或经济利益,而是出于深化 FTA 缔约国之间的双边关系。中国及其贸易伙伴都努力深化彼此之间的贸易自由化程度,同时在一些新兴和敏感领域保持各自的主权。这同时意味着目前,尚不需要过于担心"超 WTO"和"WTO 额外"条款带来的负面影响,因为许多"超 WTO"条款尤其是"WTO 额外"条

---

① 古祖雪、揭捷:"'TRIPS-plus'协定:特征、影响与我国的对策",载《求索》2008 年第 8 期,第 137~139 页。

款并不具有强制执行力。对于某些具有强制执行力的"超 WTO"条款和"WTO 额外"条款,中国在某种程度上做好了应对这些规则的准备,例如关于声音商标的"超 TRIPS"规则,中国已经逐渐开始建立审查注册声音商标的制度。因此,对于中国已经做好应对准备的"超 WTO"和"WTO 额外"规则,其是否具有强制执行力并不会带来很大的影响。对于一些较有争议且具有强制执行力的"超 WTO"规则和"WTO 额外"规则,例如超 TRIPS 边境措施,中国在实施这些有争议的规则时,要注意不违反其 WTO 义务和其他国际义务。

鉴于中国及其贸易伙伴在很多"WTO 额外"领域还需要进行进一步的谈判,中国需要进一步提炼其在这些领域的立场,以便促进日后的贸易谈判。尤其是在一些中国的强项领域,例如电子商务、遗传资源、传统知识和民间文艺等领域,中国应该积极探索这些领域的立法,以建立能保护中国"强项"的法律制度,进而通过国际经贸协定谈判输出中国的相关制度。

参考文献

[1] 梁意. 论"超 TRIPS"边境措施及其合法性问题——以《TPP 知识产权草案》为视角 [J]. 国际商务(对外经济贸易大学学报), 2015 (2): 95~105.

[2] 余敏友, 廖丽. 简评 TRIPS-Plus 知识产权执法及其合法性 [J]. 法学杂志, 2011 (12): 29~33.

[3] 杨鸿.《反假冒贸易协定》的知识产权执法规则研究 [J]. 法商研究, 2011 (6): 108~116.

[4] 古祖雪, 揭捷."TRIPS-plus"协定: 特征、影响与我国的对策 [J]. 求索, 2008 (8): 137~139.

[5] Regional Comprehensive Economic Partnership (RCEP) [N/OL] [2017 - 04 - 27]. http: //asean. org/? static_ post = rcep-regional-economic-partnership, published on 3 October, 2016.

[6] Robert Beckman and Dagmar Butte. Introduction to International Law [J/OL] [2017 - 04 - 09]. https: //www. ilsa. org/jessup/intlawintro. pdf.

[7] Eric Bradner. Trump's TPP withdrawal: 5 things to know [N/OL] [2017 - 01 - 23]. http: //www. cnn. com/2017/01/23/politics/trump-tpp-things-to-know/.

［8］Toluse Olorunnipa, Shannon Pettypiece and Matthew Townsend. Trump Revamps U. S. Trade Focus by Pulling out of Pacific Deal［N/OL］［2017 – 01 – 23］. https：//www. bloomberg. com/politics/articles/2017 – 01 – 23/trump-said-to-sign-executive-order-on-trans-pacific-pact-monday.

［9］Ami Miyazaki and Tom Westbrook. Trump sinks Asia trade pack, opening the way for China to lead［N/OL］［2016 – 11 – 22］. http：//www. reuters. com/article/us-usa-trump-tpp-idUSKBN13H0OT.

［10］Julia Ya Qin. "WTO-Plus" Obligations and Their Implications for the World Trade Organization Legal System：An Appraisal of the China Accession Protocol［J］. Journal of World Trade, 2003（37）：483.

［11］Henning Grosse Ruse-Khan. The International Law Relation Between TRIPS and Subsequent TRIPS-plus Free Trade Agreements：Towards Safeguarding TRIPS Flexibilities？［J］. Journal of Intellectual Property Law, 2011, 18（1）：325.

［12］Stephen C. McCaffrey. Understanding International Law［M］. Matthew Bender：LexisNexis, 2006, p. 81.

实现"更透明"的"透明度"政策——
兼论 AIIB 和 NDB 制度的构建

冯春萍　杨　燕　著[*]

摘要：次贷危机之后，国际金融机构普遍加强了透明度机制的构建，然而，从实证角度分析，由于互联网的局限性、信息公开语种的单调性、标准制定者与提问者之间关系不清楚等现象导致了实施透明度政策存在"信息不足"的缺陷，同时，由于规则和标准增多导致了实施透明度政策还存在"信息过量"的问题。加上"民主赤字"这个深层次原因，西方国家主导的国际金融机构亟须进行透明度机制的改革，而中国主导的多边金融机构，比如亚洲基础设施投资银行、金砖国家新开发银行等，要跳出"信息公开就是透明"的旧思维，在吸收传统国际金融机构成熟做法的基础上，增加信息公开的语种，选择合适的媒介解释和说明机构规则及项目，并在投票权或者表决权的设计上符合当事国利益，构建与透明度相关的法律责任，实现真正的"透明"。

关键词：透明度；国际金融机构；中国

一、问题的提出

作为国家发展三大战略之一的"一带一路"倡议（the Belt and Road），其蓝图包括了亚洲基础设施投资银行（Asian Infrastructure Investment Bank，以下

---

[*] 冯春萍，海南师范大学法学院院长、教授；杨燕，华东政法大学诉讼法专业硕士。

简称 AIIB)、① 金砖国家新开发银行 (New Development Bank, 以下简称 NDB) 以及尚在选址的上合组织开发银行。② 这几家多边机构与美国主导的世界银行集团 (World Bank)、③ 国际货币基金组织 (International Monetary Fund, 以下简称 IMF) 等国际金融机构存在重合之处，甚至被认为是中国与美国在构建国际政治经济秩序上"分庭抗礼"的重要筹码。④

中国发展高层论坛 2015 年会上，面对亚洲开发银行 (Asian Development Bank) 行长中尾武彦有关 AIIB 成立遵照"最佳实践"的先行者建议，中国财政部长楼继伟表示并不认可"最佳实践"这一概念，称"很多西方国家提出的一些规则，我不认为是最佳的，不见得现存制度都是最佳的"。时任 AIIB 多边临时秘书处秘书长，现任 AIIB 行长的金立群则解释了中国官方对于 AIIB 的态度。金立群表示，AIIB 是对现有国际金融秩序的完善和推进，"AIIB 从成立的第一天起就带有明显的新时代特征"。2016 年 6 月 24 日，AIIB 批准了首批 4 笔贷款项目，共计 5.09 亿美元，其中 3 笔将与其他多边发展银行合作。

对于中国倡导的多边金融机构，世界舆论呈现分歧，"透明度"是焦点之一。支持者认为，AIIB 代表着中国向公开透明迈进了一步：长期以来，中国一直在将庞大的外汇储备资金贷给一些开发项目，而这类单边贷款活动缺乏透明度。此外，拥有超过 50 个会员国的 AIIB，或许可以在美国主导的、僵化的国际金融制度之外提供新的选项。反对者质疑 AIIB "模糊不清的性质"以及缺乏"透明度"。这也是美国国务院发言人关于"AIIB 不能达到高标准"的核心内容。⑤

---

① 2015 年 12 月 25 日，亚洲基础设施投资银行在北京正式成立。
② 2015 年 7 月 21 日，金砖国家新开发银行在上海开业。
③ 世界银行（集团）有狭义和广义之分，按照世界银行《信息披露政策》的内容，"世界银行"或者"世行"是指国际复兴开发银行（IBRD）和国际开发协会（IDA）；"世界银行集团"包括了国际复兴开发银行、国际开发协会、国际金融公司（IFC）、多边投资担保机构（MIGA）和国际投资争端解决中心（ICSID）。除非特别指出，本文的"世界银行"采用狭义说法，不等于"世界银行集团"。
④ 史志钦、齐思源："亚投行：双赢的中国—欧盟关系"，载 FT 中文网：http://www.ftchinese.com/story/001062568? full =y，访问日期：2017 年 3 月 5 日。
⑤ 佚名："亚投行应兼顾效率与透明"，载 FT 中文网：http://www.ftchinese.com/story/001064568，访问日期：2017 年 3 月 8 日。

任何一个组织的构建、运行或者一项政策的制定、实施都离不开"透明"。根据《布莱克法律词典》（Black's Law Dictionary），"透明度"（transparency）是指"公开（openness）、明确（clarity），主要用于金融信息披露、机构组织政策、法律制定等与公共有相互交流的活动中"。① 《牛津法律词典》（Oxford Dictionary of Law）将"透明度"定义为"市场经营者获知市场规则的重要保证，一般而言，即保证适用于所有主体的规则、规章及其背后的原因为所有主体知悉，从而保证公平公正"。② 国际法上的"透明度"概念，源于世界贸易组织（World Trade Organization，以下简称WTO）的文件，其基本含义是"信息公开的程度"。基于此，学者们将国际法在不同领域规定的"信息公开"义务，统称为"国际法上的透明度义务"。③

虽然AIIB的指导方针为"专业、透明、环保"（Lean, Clean, Green），但是就目前而言，AIIB、NDB以及还未开业的上合组织开发银行，都缺乏具体的透明度机制，更遑论比现有主要国际金融机构"更好的制度设计"或者"更佳的实践效果"。就国内研究而言，透明度与国家知情权息息相关，在公民知情权已经作为学术界广泛和深入研究内容的今天，"透明度"以及"国家知情权"尚未成为研究热点。虽然在国际贸易、国际投资、商事仲裁的研究中，少数学者会涉猎透明度问题，但是研究多从已有的国际条约或者实体权利出发，在现有国际金融机构的程序设计缺陷以及透明度政策实施效果等方面，则鲜有论及。下文将先从实证角度分析主要国际金融机构透明度政策存在的问题，并揭示其深层次原因，进而对AIIB和NDB相关制度提出建议，以期为"中国梦"贡献绵薄之力。

---

① The word is used of financial disclosures, organizational policies and practices, lawmaking, and other activities where organizations interaction with the public. See Bryan A. Garner eds., Black's Law Dictionary, (9th edition), Toronto: Thomson West Press, 2009, p. 1537.

② An essential condition for those operating in a market, which ensures that the rules to which they are subject are made obvious. Generally, it ensures that the reasons behind measures and the applicable regulations are clear to all, so that all are treated fairly. See Elizabeth A. Martin eds.. Oxford Dictionary of Law, (5th edition), Oxford: Oxford University Press, 2002, p. 505.

③ 安德烈·比安奇（Andrea Bianchi）和安妮·彼得斯（Anne Peters）主编的《国际法中的透明度》（The Transparency in International Law）就是这种概括的代表之一。

二、实证视野下主要国际金融机构透明度实施的不足

（一）次贷危机后主要国际金融机构加强了透明度机制的建设

美国次贷危机及其引发的国际金融危机，带给国际社会一个警示，即要重视国际金融机构透明度政策的实施。因此，不同的国际金融机构根据自身的目的，实施了各具特色的透明度政策：就名称而言，IMF 以"透明度政策"（Transparency Policy）表示；亚洲开发银行则设立透明度专栏；世界银行集团、经济合作与发展组织（Organization for Economic Co-operation and Development）以"信息披露"（Policy on Disclosure of Information）对透明度（公开）进行定义；国际清算银行（Bank for International Settlements）采用"信息安全分类政策"（Information Security Classification Policy）进行分类管理，如表1所示。

表1 四大国际金融机构透明度政策对比

比较标准	国际货币基金组织（IMF）	国际清算银行（BIS）	经济合作与发展组织（OECD）	世界银行（WB）
特点以及覆盖面				
政策名称	透明度政策（Transparency Policy）	信息安全分类政策（Information Security Classification Policy）	信息披露政策（Information Disclosure Policy）	信息披露政策（Policy on Disclosure of Information）

续表

比较标准	国际货币基金组织（IMF）	国际清算银行（BIS）	经济合作与发展组织（OECD）	世界银行（WB）
主要特点	以国别文件公开为主，且基于"自愿但推定"的原则，但是多数公开以"不反对"（non-objection）为基础	在文件公开之前，该文件必须被划归为信息安全分类政策中的"公共信息"（public）	推定信息披露如果：（1）该文件是公开性的或者供官方使用的；（2）若编辑委员会不反对公开则予以披露	推定信息披露：（1）识别被披露信息的广泛性；②非9项例外中的信息都允许披露
是否经执行董事会讨论后才允许公开	与贫困消减政策有关的文件以及IMF标准和准则监督报告是在递交执行董事会后公布	（1）正常情况下不需评议；（2）BIS的工作文件、会议进程报告、季度评论报告以及年度报告由各自的编辑委员会审议	不需要，除非OECD自己要求公开评议	部分执行董事会的文件在文件递交执行董事会时就予以公开，但是股东只有在执行董事会完成讨论后才能接触到最终版本
修改及修正				
在公开前是否允许修改和删除	允许。但是修改和删除须遵循内部指引要求，且删除只有成员国官方提出才允许	允许。作者和编辑在公开前都可以要求修改和删除	允许。国家代表可通过异议要求修正，编辑委员会可对此进行评论，已经公开的文件如果发现错误，可通过勘误表进行修正	在最终公开之前，要求成员国识别报告中的保密和敏感信息；特殊情况下，世界银行会对存在保密信息和敏感信息的报告不予以公开

续表

比较标准	国际货币基金组织（IMF）	国际清算银行（BIS）	经济合作与发展组织（OECD）	世界银行（WB）
公开的哪个环节允许修正	（1）修改在执行董事会会议之前；（2）在严格的限制条件下，执行董事会会议结束后允许修改；（3）删除只有在执行董事会参考过此文件后才可进行	直到所有的允许公开的文件都被签署且基本不存在变动的情形；对于部分文件，如年度报告和季度评论，如果拥有担保，则允许最后修正	直到提交给编辑委员会时才可以公开。在文件公开之前仍可以进行修正，但是最终版文件一旦被公开，则不允许改变	在文件被最终确定和递交执行董事会之前。如果公开的信息被认定为是保密的、敏感的或者间接影响与世界银行的关系，则不允许修改
档案政策				
不同种类档案的获取途径	执行董事会文件在3年后可以公开；执行董事会会议记录在5年后公开；其他的机构文件除非另有规定，2年后可以获取	大多数与商业和运营活动有关的超过30年的档案可通过咨询途径获取，除非有例外规定	除非有例外规定，10年后可以获取	（1）对于限制性的档案有专门的公开政策；在旧的公开政策下已经5年的档案依据新公开政策应立即公开；非机密性文件10年后公开；被定义为"秘密"或者"机密"的执行董事会文件在20年后被公开；（2）所有披露要求必须经过董事或者主管评审与同意，以确保被公开的信息不是政策所限制的；若公开的信息少于20年并且与成员国有关，必须取得国家的官方认同

续表

比较标准	国际货币基金组织（IMF）	国际清算银行（BIS）	经济合作与发展组织（OECD）	世界银行（WB）
公开档案文件的途径	外部人员可以通过网络在线或者在10个工作日之前预约实地获取IMF的档案文件，亦可通过电话或邮件的方式向IMF索取	外部人员一般是实地获得BIS的档案文件，但获取请求要通过书面或电子邮件的形式而且BIS会在收到请求的30日内予以回复。BIS也会通过邮寄复印本或以邮件附件的形式发给需求者	自1990年起没有被保密的文件可以通过OECD的官方网站获得。巴黎总部的档案运营人员会协助获取历史档案并且会在OECD的总部提供咨询服务	电子档案可通过在线的途径获得；对于获得一级保密、敏感或者与世界银行有关的档案文件的请求予以接受；明确公开的信息可通过在线、电子渠道以及现场获得等途径进行
执行董事会会议记录				
执行董事会的会议记录是否公开以及公开的时间	执行董事会的会议记录和公共信息通知的总结一般情况下立即公开；逐字记录的执行董事会会议记录5年后予以公开	执行董事会的会议记录30年后可供研究；在经过各委员会的同意，委员会的会议记录可在30年后供研究	部长级的会议记录不予公开；此记录作为一般档案文件予以保存，但是不予公开	供审议的董事会记录、执行董事会会议记录、董事手稿和董事讨论概要在通过档案途径合法公开之前不予公开；董事间的信息定义、被讨论的话题、经过谨慎考虑的最终决定在经董事批准以后立即公开或者在会议结束后的几周内公开

作为布雷顿森林体系（Bretton Woods System）基础的IMF和世界银行集团是目前国际上最重要的金融组织。虽然这两大国际金融组织在投票方式、入会条件、管理模式等方面存在极大的相似性，而且每年共同举办年会，但是由于宗旨和性质的不同，IMF和世界银行集团在透明度政策及执行上也有差异，

如表 2 所示：IMF 侧重于维护国际货币体系稳定和成员国的收支平衡，而世界银行集团作为全球性的发展组织，主要向发展中成员国融通资金，促进国家经济稳定增长。

表 2　IMF 与世界银行透明度机制的进一步比较

	IMF	世界银行
推定披露	是	是
董事会文件	3 年后	会议后立刻公布
董事会会议纪要	5 年后	会议后立刻公布
上诉权	无	有

世界银行新的《信息披露政策》于 2015 年 7 月 1 日开始适用，延续了旧《信息披露政策》（2010 年 7 月 1 日）的五大基本原则：（1）尽可能公开信息；（2）建立清晰的例外清单；（3）保护商讨决策程序；（4）为公开信息规定明确程序；（5）规定信息申请人的申诉权，并将原来信息划分的"不予公开""披露受限信息"以及"限制信息披露"三种形式改为例外清单和"允许公开"两种形式，保留"公开""仅供官方使用""秘密"和"机密"四类区分来确定文件的解密时间。

如果按照国内学者研究，比如，从国际贸易的角度，将透明度的法律属性分为三个层面：一是涉及贸易政策的法律、法规可以公开获得；二是程序公平（行政决定是遵照规则程序，相对稳定和公开）；三是对行政性决定拥有独立和公正的审查体系。[①] 又如，从国际投资的角度，将透明度内容定位为两个方面：一是政府措施与信息要及时公开，二是争端解决程序透明。[②] 对照上述四个国际金融组织的规章制度，已经可以说是符合要求了，但是，从实践来看，透明度政策的实施一直力有不逮，"信息公开"（information disclosure）和"透明"之间不是简单的等号。简而言之，可以将现有或者说传统国际金融机构透明度

---

① 胡加祥、刘婷："WTO 透明度原则法律适用研究"，载《北方论丛》2012 年第 3 期，第 152~156 页。

② 叶楠："发展中的国际投资协定透明度原则及其对中国的启示"，载《武大国际法评论》2013 年第 2 期，第 324~330 页。

实施问题归纳总结为两点,一是"信息不足"(insufficient),二是"信息过量"(excessive)。值得注意的是,这两大缺陷是同时存在的。

(二) 国际金融机构透明度实施存在"信息不足"和"信息过量"

信息公开是实现透明的一种表现形式,但是两者之间并不能完全等同。目前,互联网是国际金融机构透明度政策实施的重要工具,然而,"无国界"的互联网也不能保证每个对信息有需求的个体都能接触到。此外,有关金融危机的报道可能是报刊或者网站的头条新闻,但是与之相关的细则或者标准却不一定作为正文或者附录出现在新闻里面。通常,无论是纸质还是网络形式的报纸,都不会衔接政府报告或者对于金融交易规则的辅助文件。个体、公司以及行业协会都会对这些政府报告或者辅助文件产生兴趣或者提出问题,然而,统计显示,公司以及行业协会比个体更容易获得回应。对于已经公开的信息,专家和社会民众的反应和分析是截然不同的。

信息公开不等于实现透明的另一个表现是"交流"(communication)不足:一方面,用于信息公开的语种匮乏,甚至有时候仅选取英语作为表达方式。譬如,虽然IMF的官方网站上列出英文、阿拉伯文、中文、法文、日文、俄文、西班牙文作为选项,但是在解释或者说明有关政策或者制度时,倾向于选择英文。又如,国际清算银行的官网就是以英文展示的,事实上,其所有的文件都用英文予以记录,部分文件以德文、法文、西班牙文和意大利文记录。国际证监会组织(International Organization of Securities Commissions)的官网也是以英文展示的,文件亦倾向于英文记录。在美国主导世界经济和金融秩序的今天,这样的例子俯拾皆是。

另一方面,"交流"不足还表现在规章或者标准制定者与提问者之间的关系上,大多数国际金融机构对于提问者的回答不公开,或者仅在较小的范围内公开。以IMF为例,其官方文件表示,力求及时披露文件和信息,除非有明确和具体的理由反对披露：① 一方面是为了强化对快速增加的金融活动的公共监管，促进成员国之间的信息交流和对敏感信息的保护；另一方面是将透明度政策作为 IMF 促进全球经济与金融稳定、鼓励更大范围的政策公开讨论以及推动金融市场高效有序的运行的重要支撑。虽然 IMF 透明度政策适用的文件包括国别文件（Country Documents）、多国文件（Multi-country Documents）和政策性文件（Policy Documents）三种，但是在适用原则上，IMF 对所有文件采取"自愿但推定"（Voluntary but Presumed）的原则，即对与 IMF 本身拥有的文件以及成员国与 IMF 有关的文件，虽然鼓励成员国诉诸于 IMF（主动）公开，但是要求在征得有关成员国同意后予以公开。这就限制了透明度政策实施的质量和范围。更关键的一点是，规章或者标准制定者与项目之间的（利益）关系或者规章或者标准制定者与提问者之间的（利益）关系被隐藏或者省略。②

不管局部性还是全球性的金融危机，一旦爆发，事后无论是国际金融机构还是其他监管当局，总是倾向于增加新的监管条例或者新的标准，并且尽量将原始数据呈现在公众面前，这就增加了理解信息的困难程度。国际金融机构面对的群体很多，跨国组织、成员国、非成员国以及 NGO 都在范围之内。次贷危机后，国际金融机构增强透明度的一个倾向是尽量公开所有信息，由于不同群体的信息理解能力参差不齐，就可能出现信息量"太多而无法理解"的问题。例如，在金融监管领域，更多时候测算的结果是一个（风险）系数，对于社会公众来说，则更希望获得一个简单的肯定或者否定答复，计算所运用的工

---

① 根据 2014 年《IMF 透明度政策指引》，"国别文件"包括监督和综合性文件（Surveillance and Combined Documents）、IMF 资源使用文件（Use of Fund Resources Documents）、工作人员监控项目文件（Staff Monitored Program Documents）、政策性支持项目文件（Policy Support Instrument Documents）和 IMF 决定性声明（Statement on Fund Decision）等；"多国文件"指文件内容涉及一个国家以上并且不仅仅关注 IMF 的政策性问题，包括三个部分，即多边政策性问题文件（Multilateral Policy Issues Documents）、国家基本情况（Country Background Pages）、集合文件（Cluster Documents）；"政策性文件"指涉及 IMF 政策问题的文件（Fund Policy Documents），以及与其相关的新闻稿（Press Release following Executive Board Consideration of Policy Issues）。参见 IMF："供成员国官方了解的透明度政策信息"，载 IMF 网站：http://www.imf.org/external/chinese/np/pp/2014/040714c.pdf.，访问日期：2017 年 1 月 3 日。

② Caroline Bradley, Transparency is the New Opacity: Constructing financial regulation after the crisis, American University Bussiness Law Review, 2011, Vol. 1, No. 1, p. 34.

具、公式和模型，要求接受者具备比较高的专业基础。

金融活动具有专业性，一般社会民众不一定能准确、完整的理解。在制定规章条例时，现在一些国际组织倾向于将复杂的专业术语或者活动用较简单或者通俗易懂的词组进行表达，有时甚至是添加案例帮助理解。这种做法首先就增加了"信息量"，原本一段字句，修改后可能需要三四段字句；加上改写也会遇到"词不达意"的情况，这就带来所谓的"信息过量"问题。①

（三）依据 NGO 标准对主要国际金融机构透明度实施的评估不佳

如前所述，传统国际金融机构同时存在"信息不足"和"信息过量"的问题，在不同的国际组织运作中会呈现"五花八门"的表现形式。下文通过两个专门非政府组织（Non-Governmental Organizations，以下简称 NGO）的评估方法，将主要国际金融机构在透明度实践中的不足进一步"曝光"。

以"公布资助信息"（Publish What You Fund，以下简称 PWYF）机构的标准为例，如表 3 和表 4 所示，8 个国际金融机构透明度机制存在的一大问题是数据公开的背景条件不够完整，没有将信息公开作为一切活动考虑的前提条件，以及对预期性数据公开的力度不够等问题，需要加强与其他专业 NGO，比如"国际透明度援助倡议"（International Aid Transparency Initiative，以下简称 IATI）的合作并且公开高质量的数据信息（网址：http：//www.publishwhatyoufund.org）。

表 3　PWFY 有关透明度政策实施的评分标准

分类	子群	指标	所占评分比重	评分方法
透明度政策的承诺（7.4/10）	承诺	信息自由法令（FOIA）	3.33%	信息权等级的评分
		计划的执行	3.33%	100 份基于对通用标准的分析评分

---

① David Gartner, Uncovering Bretton Woods: Conditional transparency, the World Bank, and the International Monetary Fund, Geoge Washington International Law Review, 2013, Vol. 45, No. 1, p. 140 – 148.

续表

分类	子群	指标	所占评分比重	评分方法
透明度政策的承诺（7.4/10）	承诺	信息获取途径	3.33%	三个指标：大量信息的免费推送，各项目的明细信息，授权公开的数据信息
组织水平的公开（21.8/25）	计划	组织策略	2.5%	信息的可获取性
		年度报告	2.5%	信息的可获取性
		分配政策	2.5%	信息的可获取性
		采购政策	2.5%	信息的可获取性
		国家政策	2.5%	信息的可获取性
	金融	总预算	4.17%	数据提供的形式和年限
		预算明细	4.17%	数据提供的形式和年限
		审计	4.17%	信息的可获取性
活动公开（53.06/65）	基本要素	执行人	1.63%	数据形式
		独立主体编号	1.63%	数据形式
		名号	1.63%	数据形式
		活动介绍	1.63%	数据形式
		计划日期	1.63%	数据形式
		实际日期	1.63%	数据形式
		当下情况	1.63%	数据形式
		联系细节	1.63%	数据形式
	分类	合作类	1.86%	数据形式
		流动类	1.86%	数据形式
		援助类	1.86%	数据形式
		金融类	1.86%	数据形式
		部门类	1.86%	数据形式
		地理位置	1.86%	数据形式
		援助紧密性	1.86%	数据形式

续表

分类	子群	指标	所占评分比重	评分方法
活动公开 (53.06/65)	相关文件	谈判协议备忘录	2.17%	信息的可获取性
		评估	2.17%	信息的可获取性
		项目目标	2.17%	信息的可获取性
		个别活动的预算文件	2.17%	信息的可获取性
		合同	2.17%	信息的可获取性
		投标	2.17%	信息的可获取性
	金融	预算	3.25%	数据形式
		承诺	3.25%	数据形式
		支出	3.25%	数据形式
		预算编号	3.25%	数据形式
	履行	结果	4.33%	数据形式
		影响评估	4.33%	信息的可获取性
		条件	4.33%	信息的可获取性

表4 根据PWYF标准对八个主要国际金融组织的评分及完善意见（2015年）

金融组织名称	评分	等级	意见
亚洲开发银行（ADB）	83.84	非常好	（1）公开的数据应包括数据的条件和结果、前瞻性的投标和预算、所有活动的投标书与合同；（2）在项目的进行和合作过程中采取IATI的数据公布标准以及提升他人获取信息的渠道；（3）与IATI进行密切合作
世界银行（国际开发协会IDA）	82.27	非常好	（1）继续提高透明度，包括前瞻性的国家和活动预算、结果及数据条件；（2）给予信息公开系统优先权，并向IATI及时且主动公开高质量的信息
非洲开发银行（AFDB）	74.52	好	（1）继续提高透明度，包括前瞻性的国家和活动预算、结果及数据条件；（2）给予信息公开系统优先权，并向IATI及时且主动公开高质量的信息

续表

金融组织名称	评分	等级	意见
美洲开发银行（IDB）	73.92	好	（1）继续提高透明度以期全面覆盖，包括组织与活动水平、数据结果以及地区的前瞻性预算；（2）通过开放的信息渠道，在项目的进行和合作过程中采取 IATI 的数据公布标准以及提升他人获取信息的渠道
国际货币基金组织（IMF）	31.60	差	（1）加入 IATI，公开收支贷款和技术协助间平衡的信息；（2）公开执行计划表，包括具体的时间表和交付目标
世界银行（国际金融公司 IFA）	30.62	差	（1）加入 IATI，争取在 2015 年年底完成符合 IATI 的信息公开标准；（2）公开执行计划表，包括具体的时间表和交付目标
欧洲投资银行（EIB）	24.58	差	（1）保证数据的公开是高质量和全面的并且至少在一个季度内对数据进行更新；（2）通过开放的信息渠道，在项目的进行和合作过程中采取 IATI 的数据公布标准以及提升他人获取信息的渠道；（3）确保其修订的透明度政策符合推定披露的原则、例外、公共利益之上以及独立的上诉机制
欧洲复兴与开发银行（EBRD）	24.50	差	公开执行计划表，包括具体的时间表和交付目标

如果以另一 NGO"全球透明度倡议"（Global Transparency Initiative，以下简称 GTI）的标准，选取具有代表性的世界银行和 IMF，加上美洲发展银行（Inter-American Development Bank，世界上成立最早、最大的区域性多边发展银行），再加上与 AIIB 新近合作的欧洲复兴与开发银行（European Bank for Reconstruction and Development）和欧洲投资银行（European Investment Bank），如果以这五个国际金融机构作为评估对象，又会发现不少实践问题，如表 5 所示。

表 5　根据 GTI 标准提出五个国际金融组织面临的透明度问题（2015 年）

金融机构名称	存在问题
世界银行 （WB）	（1）世界银行信息披露政策的会议记录摘要 （2）国家援助政策讨论会议上国家代表提交给董事会的书面报告 （3）项目环境评估报告的风险管理机制副本 （4）主要项目的子项目清单，包括项目执行计划副本 （5）世界银行与东道国政府就特定项目的信息 （6）特定国家与特定项目有关的报告和基础文件 （7）特定国家的政策信息 （8）由其他组织代为执行的项目监管文件 （9）世界银行在特定国家办事处工作人员的选举政策及备忘录
国际货币基金组织 （IMF）	（1）以西班牙语提交的环境评估副本和含有子项目清单的主项目报告 （2）第 4 款磋商的最终评估报告和特定国家的第 4 款评估计划书 （3）特定国家的影响评估报告 （4）最新执行董事会会议备忘录 （5）IMF 与特定国家的长期合作关系报告 （6）与其他组织就共同项目的联络信息 （7）与特定项目有关的备忘录副本 （8）IMF 与政府进行第 4 款磋商报告时的执董会会议讨论备忘录 （9）贷款合同副本
美洲发展银行 （IADB）	（1）有关特定子项目的一般性文件副本，尤其是发展目标和向政府提交的报告副本 （2）当下国家的政策性文件 （3）数据采集期间最原始的文件副本
欧洲复兴与开发银行 （EBRD）	（1）国际组织与政府的特许权协议 （2）由特定基金资助或联合资助的项目清单 （3）与民间组织就下一轮环境评估报告咨询活动的时间表 （4）环境评估报告的非技术性总结报告
欧洲投资银行 （EIB）	（1）特定项目的往来信件 （2）对特定项目下金融合约的官方立场 （3）以英文表述的环境评估报告的非技术性总结报告

(四)"民主赤字"是国际金融机构透明度实施困境的深层次原因

以"布雷顿森林体系"为基石的旧国际经济秩序不能反映当前国际经济力量的真实状况。在西方发达国家掌握话语权和重要国际组织投票权的现实面前,不单是 IMF、世界银行集团、亚洲开发银行存在所谓的"民主赤字"(democracy deficit)的缺陷,AIIB 也可能会出现此类问题(相同的投票权机构),这从根本上影响到透明度政策的实施,也损害了国际政治经济秩序的公平公正性。①

以 IMF 为例,1997 年亚洲金融危机之后,国外学者就提出"民主赤字"(democracy deficit)的制度危机。比如,学者 Bradlow 将 IMF 成员国分成"供应国"(supplier states)和"消费国"(consumer states)两类:供应国无须使用 IMF 资源,比如贷款,因此也不会特别关注 IMF 的前途和利益;由于特殊的管理模式,执行董事会实际掌握了 IMF 的日常运行——G7 为首的供应国主导了 IMF 的决策程序(11 名执行董事来自发达国家,发达国家集团拥有超过 40% 的投票权,美国在 IMF 和世界银行都具有一票否决权),而且随着时间的推移,供应国对 IMF 的实际影响力越来越大,超越了其表面份额或者投票权。除了 G7 等少数大国之外,IMF 的多数国家都属于"消费国",需要 IMF 的项目支持本国经济发展或者援助经济危机。国际社会不断反对的是,涉及"消费国"本国安全和利益的决定却由事不关己的"供应国"作出,而且其中的重要讨论文件、数据却由于 IMF "不反对"的原则而保密,外界和利益关系国无法知晓。

供应国主导 IMF 的情形下,作为全球最重要的国际金融机构之一,直到今天,较之 WTO 等国际组织,IMF 缺乏两类重要机构,一是没有专门机制或者程序执行 IMF 理事会或者执行董事会的决定。虽然《IMF 协定》第 29 条规定执行董事会处有权处理"任何成员国和 IMF 或者成员国之间涉及协定条款解释的问题"(理事会有最终决定权),但是缺乏专门机制就难以保证条款的实施以及稳定汇率等的条约目的实现。二是没有设立司法审查程序或者机构(judicial

---

① 金灿荣、金君达:"中国与国际金融体系:从参与到重塑",载《人民论坛》2015 年第 8 期,第 6~15 页。

process)。纵观《IMF协定》全文，对于违法协定的成员国可以实施两种处罚措施（第24.2条）："如果成员国不履行本协定的义务，IMF得宣告该成员国丧失使用IMF资金的资格"；"如果经过合理期限后，该成员国仍不履行本协定的义务，经理事会85%总投票权的表决，得要求该成员国退出IMF"。分析这两项惩罚措施的威慑力，对供应国而言，效果十分有限。不允许G7国家使用IMF资金不具有实际威慑效果，因为这些国家基本上不需要寻求IMF借款，其货币长期以来都是IMF特别提款权（Special Drawing Right）"篮子"中的重要货币；将这些重要的工业国家开除出IMF，不仅不现实，更会影响到IMF的代表性和权威性。①

加上前述分析，IMF政策、规则、信息公开中英语与其他语言的不均衡使用，以及IMF信息、记录公开多是提供给相关专业人士、政策回答的有限公开，公众即便接触也不容易理解的弊病，"民主赤字"问题在透明度实施上加重了。②

三、透明度与国家在国际社会行使知情权息息相关

国际法学家、人权法学家路易斯·亨金（Louis Henkin）在《权利的时代》前言中写道"当今的时代是一个'权利的时代'"。诚然，在这些林林总总的权利主张中，"知情权"（right to know）总是占据一个特殊的位置。国家知情权是不同于公民知情权的一种"知情权"，其基本含义是：国家在国际关系中享有获取相关信息的自由和权利。

按照近代国际法奠基人胡果·格劳秀斯（Hugo Grotius）的观点，国家知情权经历了自然权利（自然国际法）到法律权利（实在国际法）的转变。③ 如

---

① Caroline Bradley, Transparency is the New Opacity: Constructing financial regulation after the crisis, American University Bussiness Law Review, 2011, Vol. 1, No. 1, p. 34.
② 李晓郛："美国《2011年货币汇率监督改革法案》评析——从货币操纵和出口补贴的角度"，载《上海交通大学学报（哲学社会科学版）》2012年第3期，第49~58页。
③ 自然国际法作为调整国际关系的有拘束力的法律规范，本质上是理性对国际社会规律的认识；实在国际法作为另外一种有拘束力的法律规范，本质上是各国意志协调的产物。参见[荷]Hugo Grotius:《战争与和平法》，A.C.坎贝尔译英、何勤华等译，上海人民出版社2005年版，第32~38页。

同公民在国内享有获取信息的权利和自由，国家在国际社会中同样享有获取信息的权利和自由，知情权是国家生存权、发展权派生出来的一项基本权利。根据现代国际关系理论，国家先后经历了三个不同阶段，在这三种不同的逻辑下，国家知情权也反映了三种不同的国家需要：根据托马斯·霍布斯（Thomas Hobbes）无政府状态的逻辑，知情权是国家实现自我保全的需要；根据约翰·洛克（John Locke）无政府状态的逻辑，知情权是国家进行国际合作的需要；根据伊曼努尔·康德（Immanuel Kant）无政府状态的逻辑，知情权是国家促进国际法治的需要。如同个体在社会中需要获得透明度机制的帮助，才能充分享有和行使知情权，国家也需要通过透明度机制的实施，科学地确立自己的生存和发展道路，在国际社会尽可能地维护权益和实现利益。近代以降，通过联合国 1948 年《世界人权宣言》（Universal Declaration of Human Rights）第 19 条、1976 年《公民及政治权利国际公约》（International Convention on Civil and Political Rights）第 19 条等国际协定，公民知情权实现了从消极权利走向积极权利的转变，类似地，国家知情权也有两种：一种是无须国家请求，通过国家或者国际组织主动公开的方式获得信息（消极方式）；另外一种是通过国家或者国际组织执行透明度政策的方式获得信息（积极方式）。[①]

当前，国家在国际社会享有知情权已经不是"应然"范围的事项，国外学者已经集中于"实然"领域研究如何更好地实现国家知情权。研究国际金融机构的透明度问题，对实现国家知情权具有特殊的意义，不论是老牌的发达国家还是新兴经济体，金融安全都是国家安全的重要组成部分，如果不能实现"公开、透明"的治理结构，金融机构的稳定性和权威性必然受到影响，进而可能出现金融危机或者其他危及成员国国家利益的事件。

四、AIIB 和 NDB 实施透明度政策的若干建议

透明度原则的设立，意在为国际社会营造一个公开、透明的法律和政策环境，减少乃至消除国际经济、金融体制运行中的不确定性。结合国际金融的特

[①] 古祖雪："国家知情权的演变和运行——基于国际法律分析"，载《法学评论》2015 年第 2 期，第 19~33 页。

性，其透明度要求应当高于前述国际贸易、国际投资的要求。国际金融机构透明度政策的制定和实现涉及四个层面：一是目标透明度，即对应于政治透明度，指国际金融机构具有明确的政策目标，并承诺实现。二是知识透明度，即对应于经济透明度，指国际金融机构所拥有的经济数据、计量模型、对国际或者区域以及一国的宏观经济金融形势的预测、对冲击和失误的解释等披露的程度。三是决策透明度，即对应于程序和政策透明度，指政策决策过程、依据、方式、结果的公开程度。四是操作透明度指国际金融组织使用政策工具对外汇市场、利率市场进行调控，及货币（汇率）控制误差等方面信息的透明。

从前文的分析和统计数据来看，国际金融机构在透明度政策的制定和实施上，应当注意两个层面的平衡：一个是国家知情权/保密权与国际组织知情权/保密权两者之间的动态平衡；另一个是国家、国际组织、NGO 三者之间的动态平衡。AIIB、NDB 在透明度政策的制定和实施上，要注意吸取 IMF、世界银行集团等"老国际金融组织"的经验和教训，既能做到对快速增长的金融活动加强公共监管，并促进成员国之间的信息交流，又能实现对国际金融组织或者成员国敏感信息的保护。

AIIB、NDB 实施透明度政策的具体建议：总体上，在吸收世界银行集团、IMF 等已有国际金融机构成熟做法的基础上，结合自身特色，建立符合世界政治经济现实状况的透明度机制。建议参考 GTI 在 2003 年成立之时制定的《国际金融机构透明度宪章：维护知情权》（Transparency Charter for International Financial Institutions：Claiming our Right to Know），其规定了国际金融机构透明度机制必须满足的九大原则，包括：（1）保证组织或者机构外主体的信息访问权；（2）主动披露并且大范围的公开组织信息；（3）传播能够推动知情者及时决策的信息；（4）每个人都有要求并且从金融机构获取信息的权利；（5）信息获取的例外情况必须是金融机构出于以下原因：（i）披露会对一系列明确列出的，不论是狭义或者广义的利益造成严重损害；并且（ii）对此利益的损害超过信息披露的公共利益；（6）（任何人的）上诉权；（7）对举报者的保护；（8）促进信息的获取、披露；（9）定期对透明度政策进行复审评估，从而及时修订。[1]

AIIB、NDB 作为中国主导的新兴国际金融机构,中国政府完全可以也有必要推动透明度机制的建设。将 IMF 和世界银行集团相比,世界银行集团在透明度的多项指标和内容上均优于 IMF,一大原因就是美国国会的推动作用:(1) 1993 年美国国会要求世界银行,扩大信息披露范围,包括内部工作人员对世界银行项目的评价以及指引世界银行贷款的条件;(2) 20 世纪 90 年代末期,美国国会在透明度问题上对世界银行持续施压,要求相关政策草案在提交执行董事会之前向社会公众公开;(3) 2005 年,美国再次要求世界银行向世人公开公众对世界银行项目的评价。在一连串内外压力之下,《信息披露政策》于 2010 年 7 月面世,成为较成功的透明度政策。而 IMF 由于"民主赤字"等原因,透明度政策的制定和实施状况较差。[2]

其一,为适应现代金融活动快速发展的需要,坚持"公开为原则、不公开为例外"的做法,制定例外清单。例外清单之外的信息和记录,应当及时予以公开,对于例外清单的信息和记录,可以对接国际较高标准,"更上一层楼",特别是要根据 NDB 的治理结构和促进基础设施建设的主要宗旨,列举不予公开的信息例外清单(八类),并及时调整例外清单与公开信息之间的关系。

在一个法治社会,个人隐私理所应当受到保护,国际组织也有责任履行保护义务,因此例外清单的第一类信息是个人信息,具体包括:(1) 雇员记录、医疗信息,董事及其替代者、董事的高级助手、NDB(副)行长、其他 NDB 官员和雇员这几类成员和家庭之间的通信记录(包括电子邮件);(2) NDB 雇员选举和任命的相关信息;(3) NDB 内部冲突解决的相关信息;(4) NDB 雇员失职和个人利益冲突陈述的有关调查记录。

第二类信息是 NDB 董事和(副)行长办公室的通信记录。具体包括:(1) 董事和(副)行长办公室之间的通信记录;(2) 董事、(副)行长办公室

---

[1] Daniel D. Bradow, Stuffing new wine into old bottles: The troubling case of the IMF, International Banking Regulation, 2001, Vol. 3, No. 1, pp. 9 – 10.

[2] John W. Head, The Asian Financial Crisis in Retrospect——Observations on Legal and Institutional Lessons Learned after a Dozen Years, East Asia Law Review, 2010, Vo. 10, No. 1, pp. 31 – 102.

和成员国（集团）代表之间的通信记录；（3）董事、（副）行长办公室和第三方之间的通信记录。

第三类信息是道德委员记录。包括世界银行在内的许多国际组织都设有道德委员会（Ethics Committee），反腐败是道德委员会的主要宗旨和目的，NDB今后也应当设立类似的机构。有关道德委员会董事/理事决策的记录不应当予以公开，除非（副）行长认为有必要予以公开，这也是国际上的习惯做法。

第四类是安全信息，具体包括：（1）公开将会损害 NDB 雇员及其家庭、承包商、其他个体以及 NDB 资产安全的信息；（2）有关后勤和运输安排的信息，涉及 NDB 资产、文件或者银行雇员；（3）公开很有可能损害个体生命、健康、安全以及环境的信息。

第五类是受单独披露制度约束的信息和其他调查信息。目前，世界银行、亚洲发展银行等多边银行内部都设立有独立评价局（LEG）、监察小组（IP）、廉政局（INT）等机构，这也是未来 NDB 应当设立的机构。这些机构的调查信息以及 NDB 制裁记录不应当被公开，可能会损害上述机构的信息也应当禁止公开。

第六类是由成员国或者第三方提供的保密信息，除非成员国或者第三方允许公开，否则这类信息不予公开。

第七类是 NDB 行政信息，包括但是不限于 NDB 开支、采购、不动产以及其他花费活动的信息和记录。

第八类是商讨性信息，NDB 和其他国际组织一样，也需要有空间进行商议、讨论，而不是把一切活动都暴露在公众视线内，因此，不予公开的信息具体包括：（1）NDB、成员国以及第三方在商讨过程中的准备和交换信息（包括邮件、笔记、信件、备忘录、报告草案以及其他文件）；（2）董事之间商讨过程中的准备和交换信息（包括邮件、笔记、信件、备忘录、报告草案以及其他文件）；（3）单独用于告知 NDB 内部决策程序的数据准备和调查信息；（4）除了年报、半年报之外的审计报告。

第九类是财务信息，具体包括：（1）财务预测和信用评估信息以及 NDB 和其他各方（包括其他银行）之间的资金业务所产生的投资、对冲、贷款和现金管理交易的记录;(2)用于执行金融交易或者预算的文件、调查、通信以及其他信息;(3)个人在贷款和信托基金的交易细节、逾期贷款信息以及被放置在非应计状况的贷款之前的行动信息;(4)NDB机构、成员国、客户、资助方、接受方或者供应商以及咨询商的账单。

在不予公开的例外清单之外,对于信息需要分阶段(5年、10年或者20年)予以解密,如表6所示。

表6 分阶段解密的信息类型

解密时间	信息类型
5年	(1)2015年年底NDB正式成立前准备的董事会会议纪要——董事会和限制公开的执董会会议纪要除外 (2)2015年年底NDB正式成立前准备的董事会委员会会议纪要——执行会议和限制公开的执行会议纪要除外 (3)2015年年底NDB正式成立前准备的董事会主席总结发言和会议总结 (4)2015年年底NDB正式成立前准备的全会委员会总结 (5)2015年年底NDB正式成立前准备的(与董事会会议有关的)讨论总结 (6)2015年年底NDB正式成立前准备的本政策声明附件中所列的且被归为"仅供官方使用"的文件完成稿(文件草稿和其他商讨文件,虽然归为"仅限官方使用",但是被视为商讨性信息,20年后可解密)
10年	(1)董事会及董事会委员会会议的逐字记录 (2)董事和雇员在董事会或者董事会委员会会议上的发言 (3)董事会委员会向董事会提交的报告 (4)向董事会全体或者董事会委员会分发的零散的备忘录或非正式信函
20年	(1)董事会及其委员会的执行会议和限制公开的执行会议的会议纪要 (2)源自董事办公室、与董事会或董事会各委员会程序有关的通信和备忘 (3)被归为"秘密"或者"机密"的董事会文件 (4)行长随董事会文件发出的备忘录 (5)2015年年底NDB成立之前准备的本政策声明附件中所列的且被归为"秘密"或"机密"的文件最终稿 (6)不予公开第九类的前三项财务信息,除非信息与前八类信息或者第九类第四项所列的例外情况有关 (7)其他由NDB档案部门拥有的文件,除非信息与前八类信息或者第九类第四项所列的例外情况有关,包括所有包含和提到那些例外信息的商讨性信息

其二，在透明度政策的实施上，要注意信息与受众之间的媒介选择。一直以来，不单是发展中国家，许多发达国家都认为 IMF、世界银行集团等国际金融组织的透明度不高，要求增加透明度。欧盟成立半个世纪以来的经验充分说明多种工作语言在执行透明度政策的重要性。目前，包括联合国在内的许多重要国际组织都无法避免英语与其他官方语言使用不均衡问题。虽然 NDB 目前只有五个缔约方，但是《金砖国家新开发银行协定（2014）》第 2 条明确未来 NDB 向联合国成员国开放，因此需要多国语言进行翻译和梳理，而不应当仅以使用人数最多的中文以及使用范围最广的英文作为官方语言。而 AIIB 现在拥有的成员国超过 50 个，未来还可能增加，因此在今后开展项目时，应当及时投入大量人力、物力，用于信息公开语种领域。

同时，还需要澄清前文提到的一个误区：透明度原则不等于信息的全部公开，在专业分工细化、信息爆炸的今天，如果没有良好的媒介或者合适的中介对原始数据、记录进行梳理和整合，原始数据的全部呈现，不仅无法实现权利主体了解事项、业务的目标，甚至可能产生误导。因此，要避免直接将所有原始数据、记录公之于众，对于专业化的信息一定要通过特别处理，注意介绍背景和原理，变成公众明白易懂的信息或者结论。

其三，在机制上，借鉴已有的做法，如表 7 所示，建议 AIIB 和 NDB 透明度机制包括六项内容：一是"完整申请"，除了例外清单上的信息，机构一旦接受了完整的申请文件，就必须及时公开信息；二是"对外开放"，机构外部的主体可以依据程序要求获得还没有公开的信息；三是"主动披露"，机构必须按时公开除了例外清单之外的信息；四是"主动拒绝"，机构在符合章程宗旨或者目的的情况下，说明理由后可以拒绝信息公开；五是"自由裁量"，允许机构在某些情况下公开本不应公开的信息；六是"多层审核"，允许机构设立多层次的审批程序，用于不同类型的信息公开。

表 7　20 个国际组织透明度机制统计（截至 2013 年 4 月）

类型	名称	透明度机制（特点）[①]					
		完整申请	对外开放	主动披露	主动拒绝	自由裁量	多层审核
联合国专门或者直属机构	IMF	无	无	有	—	—	—
	IBRD&IDA	有	有	有	有	有	有
	MIGA	无	有	有	无	有	有
	IFC	无	有	有	无	有	有
	ILO	有	有	有	无	无	无
	IFAD	有	有	有	有	有	有
联合国组织或者基金会	UNDP（包括 UNCDF 和 UNV）	有	有	有	无	无	有
	UNICEF	有	有	有	有	无	有
	UNOPS	有	有	有	有	有	有
联合国有关组织	WTO	有	无	无	—	—	—
多边发展银行	ADB	有	有	有	有	有	有
	AFDB	有	有	有	有	有	有
	EBRD	无	有	有	无	有	有
	IDB	有	有	有	有	有	有
区域组织	COE	有	无	无	—	—	—

其四，应当在国际金融机构内部构建违反透明度政策或者不遵守透明度义务的惩罚机制，惩罚机制包括执行机制和惩罚方式。如前所述，相比国内透明度涉及的法律法规，IMF 透明度政策制定和实施所涉及的法律责任，就是一张白纸。今后，不论是 IMF 还是 AIIB、NDB，都要设计与透明度相关的法律责

[①] 表 7 将透明度机制分成六种类型：（1）"完整申请"表示公开需要完整申请文件；（2）"对外开放"表示组织外部的主体可以要求获得还没有公开的信息；（3）"主动披露"表示组织必须公开除了例外清单之外的信息；（4）"主动拒绝"表示允许组织在某些情况下拒绝公开；（5）"自由裁量"表示允许组织在某些情况下公开本不应公开的信息；（6）"多层审核"表示公开分成多层次的审批程序。

任。国家是国际组织的基本组成单位,外交代表、行长、董事、雇员都是有国籍的,一旦出现行为人为国家"谋私利"的情况,其行为可以视同为国家行为,责任后果应当由国家承担。反过来说,国际组织如果出现了与透明度相关的法律责任,也需要追究行为人的责任,使其受到惩罚。当然,最为关键的改革还是既要注意 IMF 等主要国际金融机构投票权和治理结构问题,也要注意 AIIB、NDB 等新兴国际金融机构投票权和治理结构问题,使其能够反映国际政治经济秩序的变化,不再是美国等 G7 国家主导,新兴市场经济体以及广大发展中国家能有自己的声音。

附录:

国际金融机构透明度宪章的目的和原则

(一)国际金融机构透明度宪章的目的

公共机构获取信息的权利的依据是《国际人权宣言》(Universal Declaration of Human Rights)第 19 条规定的最基本的人权,此条款目的在于保证"寻求、接受和传递信息和思想"的权利,且适用于政府间的组织,亦即国家水平的组织。

信息权在促进社会价值提升方面起关键性作用。信息被称为民主的氧气,其是有意义参与的基石、是与腐败斗争的工具以及民主问责制的核心。信息的自有双向流通为健康的政策发展、决策制定以及项目传递提供基础。

以权利为基础的方法的关键是真实的信息披露、自愿主动的披露原则、信息处理需求的清晰框架、有限的例外和拒绝信息披露的上诉权。此宪章明确国际金融组织信息披露应有的基准。全球透明度倡议组织(GTI)呼吁全球金融机构修改其信息透明度政策以符合此宪章的要求。

（二）国际金融机构透明度宪章的原则

原则一：访问权

信息的访问权是附加于国际金融组织信息上的最基本的人权，无论该信息是由谁产生以及该信息涉及怎样的公私因素。获取类似国际金融组织的政府间组织的公共实体的信息是基本的和有法律效力的人权，即在国际法视野下的"寻求、接受和传递信息和思想"的权利。国际金融组织应该采取全面的信息披露政策从而保证此权利的实现，在最大限度的信息披露原则下允许有限的例外。此权利适用于国际金融组织所持有的全部信息，无论信息的主体、时间、形式以及官方地位。此权利也适用持有此信息的组织部门（如董事会、私人武器借贷部门、准独立机构等）。为保证信息的访问权，国际金融组织应确保所有获取的信息与其运行和活动有关，即使此信息并不由其持有。例如为国际金融组织服务的承包商和分包商应当提供获取其合同信息的渠道，无论是主动公开还是要求其公开。

原则二：主动披露

国际金融组织应当主动披露并且大范围地公开其组织架构、政策和程序、决策制定过程、国际和项目工作。主动披露对于保证国际金融组织的信息最小流量和公共机构有效参与决策制定至关重要。

至少，以下几个方面应主动公开：（1）国际金融组织的架构（包括基本的法律框架和组织结构、员工的合同信息、董事和主管以及决策制定程序）。(2) 组织程序、规则和指令。(3) 机构的政策、战略和指导方针。(4) 预算和财务信息。(5) 国家的具体分析和对策。(6) 贯穿整个项目周期的贷款、捐赠、信贷和担保业务的详细信息（包括识别、准备、审批、实施和评估）。(7) 评估、审计和其他机构为实现其目标的相关信息。(8) 与健康、安全、环保和其他与国际金融组织社会活动有关的信息，尤其是造成风险的信息。(9) 请求公信息公开所涉及利益的其他信息。

如果某必须公开的文件里的信息属于信息公开的例外，该文件也必须予以公开且该信息应予以修订。信息应当广泛的传播。最主要的信息传播途径是国际金融机构的网站，成员国官方或地方通讯网。公开的文件应当随时更新。采用当地的语言对公开的信息进行翻译。主动公开的文件应当免费传播。

原则三：决策的获取

国际金融机构应当传播能够推动知情者及时决策的信息，包括草案文件和采取利益相关者可以有效获得和理解的方式公开，同时也应该有一个公开获得关键会议的推定机制。

主动披露的目的之一是有助于参与者的决策制定，尤其是影响较大的社区和组织。为了实现此目标，必须满足以下条件：第一，国际金融机构应当明确描述其制定程序。这包括提供一张包含公共投入，公开协商和沟通计划，并确定决策标准及时机遇清单（如项目准备过程中重要会议的日期）。公众应当能够预期到自身能够获取决策信息的时间和方式。第二，决策制定的参与信息应当及时公开，在最终决策作出之前告知利益相关者和受影响方与决策有关的评论。草案文件（如提出国家援助战略和政策草案）应当披露并且随着活动的进行持续更新。第三，信息应当有效地到达受信息影响的主体。国际金融机构应该采用信息传播机制最大限度地将信息传递给相关方。对于项目文件，举例说可以通过当地的报纸或者局部的连接点散播信息。第四，信息的传播应当采取受影响方可以理解的方式，意思是，至少该信息可通过当地语言获得，适当情况下，可以将技术性或数字化信息翻译成通俗易懂的语言并且提供相关的背景和文本信息。

与信息和观点改变相关的会议属于信息权适用的范围。所以有决策权的正式会议，如董事会，应允许公众出席旁听。注意应当提前告知会议的主题、时间和地点。会议可以出于保护合法利益而闭门谈判，但闭门谈判的决定及理由应予以公开。会议的信息，即使是闭门会议，在会议结束后应予以披露，例如通过新闻发布会、汇总总结、会议记录以及手稿的方式公开。文件中合法的保密信息应通过此种方式进行修订。

原则四：请求信息的权利

每个人都有要求并且从金融机构获取信息的权利，除非存在例外，此请求程序应当是简单、快速并且免费或低成本的。信息请求权是信息获取政策有效运行的核心。此权利适用于国际金融机构拥有的所有信息，除非有特别规定的例外。透明度政策应当明确信息获取的细节，且简单、便捷、免费或低成本。信息请求允许以当地语言口头或书面提交给金融组织的总部或其分支机构。并且应当给予有困难的请求者一定的帮助。为便利请求权的行使，国际金融机构应通过网络提供注册点，列出其持有的所有关键性文件和记录。所有的请求必须尽可能快速的提供并且声明信息回复的最长时间（最长不超过 15 天）。如果拒绝提供信息，书面告知并列明此拒绝原因所基于的特别例外规定，以及上诉权。信息的回复应当以固定的形式（如文件的纸质副本、亲自审查文件的机会、电子副本或其他形式）。亦应当包括与此数据库信息相关的信息、合理程序等。如果可能，信息提供应以请求的语言回复并且对涉及公共利益的文件进行翻译。对信息获取成本费的收取应当是基于清晰合理的收费结构，不应该高于其事实上的成本，电子版的信息副本不应收费。

原则五：有限例外

信息获取的例外情况必须是金融机构出于以下原因：（1）此披露会对一系列明确列出的，不论是狭义还是广义的利益造成严重的损害；并且（2）对此利益的损害超过信息披露的公共利益。

必须承认信息获取权不是绝对的。出于合法的信息保密，如个人信息或者披露会造成巨大的损害。但金融机构现存的一些例外由于定义过于宽泛从而严重消弱了其实际价值。信息获取政策应当对不予提供的涉公私利益的信息明确列出清单，如商业秘密。典型的模糊且扩大定义的清单如世界银行在信息披露政策中提到的"与世界银行和类似实体信息决策相关的共同利益"。信息披露只有在国际金融机构声明，在请求的时间内以案例为基础，此披露会对列出的利益造成损害。除非其损害超过获取的公共利益，否则必须予以公开。不论信息的提供者，信息披露的例外只能基于其损害程度。如果第三方信息披露涉及第三方，第三方将有权利得知信息属于例外条款的原因。但是此政策不允许第三方否定或者承认主体控制原则（即不能因为自身不是信息的产生者而拒绝信息公开）。

事实上，信息在行政上的分类不应该与其是否满足不公开标准有关。现存的信息分类和管理程序应当予以修订使其与信息政策保持一致。确定信息的保密时间，在保密信息要求获取时予以告知。

原则六：上诉

任何人认为国际金融机构没有保证信息披露政策的实施，包括拒绝提供信息，都有权利要求独立的第三方实体对此进行复审。诉诸独立实体对金融机构未能适当履行透明度政策进行评估的权利是保证信息获取系统良好运作的核心。此实体能够为信息披露政策的合理使用提供公正和权威的指引。

第一步，向上级主管部门或专门机构进行内部上诉对于整个上诉程序来说至关重要，并且能够快速便捷地解决问题。或者说，内部上诉程序能够确保信息申诉权的快速实现。然后，最终，此原则的实现需要一个完全独立的实体。此实体应该有独立的预算、员工和办公地点，以及向与此国际金融机构没有直接关系的机构报告。所有金融机构都有一个信息上诉机构的可能性就是基于联合国的组织框架。

进行申诉的方式有很多途径，包括传真和邮件等。上诉途径的细节应该予以明确，且简单、便捷以及低成本。独立的上诉机构应当拥有与调查有关的所有权力，无论信息是否保密，都有权力获取信息。独立机构作出的决定对国际金融机构具有法律上的约束力且这些决定应当书面说明其判断基础并且可通过网络渠道公开获取。

原则七：对举报人的保护

对披露违法行为、腐败和其他不正当的善意人进行保护，防止其由于此披露行为而受到制裁、报复、专业或个人的损害。对违法行为进行信息披露的人应当免受由于信息披露而导致的任何法律、行政或工作上的惩罚，不论其动机，只要其出于善意地披露信息。此保护应该延伸至现任雇员，前任雇员以及分包人，甚至此披露行为可能违反法律或雇佣规则。此原则下的"违法行为"包括刑事犯罪、未能履行法律义务、审判不公、腐败或不诚信、滥用权力或严重的违法行为，以及其他对公共健康、安全或环境造成严重威胁的行为。国际金融机构的主管应该能够识别出违法行为，并且个人对违法行为的揭露应该给予保密和尊重。

原则八：促进信息的获取

国际金融机构应当全力确保透明度政策的实施并且建设开放式的文化基础。透明度政策本身评价方法的透明也非常重要。其可以适用的方法是普遍的但是其中有些方法证明是有效的：（1）高级管理层的声明以及采取获得信息明确的行动是组织机构的优先权。（2）为员工提供信息获取途径的培训。（3）将信息获取途径的建设纳入企业建设的框架。（4）向公众普及信息获取的知识。（5）为信息请求设计整套系统（包括信息制作的时间、制作主体、回复主体以及上诉等），都应该公之于众。（6）将高效并且先进的记录管理系统置于核心地位。（7）制定议定书明确信息的存储时间。（8）对违反信息获取的行为给予个人处罚。

原则九：定期复审

信息获取政策的有效实施需要持有信息的本质进行定期的复审，以便更好地执行信息披露政策。信息获取政策以全面复审为基础，每2~3年复审一次。此复审能够很好地评估政策的执行以及提高执行效率的进一步计划，而且能够及时修订信息披露政策。为了能够及时修订此信息披露政策，应对其给予特定的关注，及时对过去的保密信息进行处理。所有的复审程序本身也应当予以公开。例如采取多股东咨询的方式以及其他确保相关利益股东回馈的方法均应予以公开。

参考文献

[1] 古祖雪.国家知情权的演变和运行——基于国际法律分析 [J].法学评论，2015（2），19~33.

[2] 金灿荣，金君达.中国与国际金融体系：从参与到重塑 [N].人民论坛，2015（8）：6~15.

[3] 叶楠.发展中的国际投资协定透明度原则及其对中国的启示 [J].武大国际法评论，2013（2）：324~330.

[4] 胡加祥，刘婷.WTO透明度原则法律适用研究 [J].北方论丛，2012（3）：152~156.

[5] 李晓郛. 美国《2011 年货币汇率监督改革法案》评析——从货币操纵和出口补贴的角度［J］. 上海交通大学学报（哲学社会科学版），2012（3）：49~58.

[6] ［荷］HugoGrotius. 战争与和平法［M］. A. C. 坎贝尔译英，何勤华，等，译. 上海：上海人民出版社，2005：32~38.

[7] David Gartner. Uncovering Bretton Woods：Conditional transparency, the World Bank, and the International Monetary Fund［J］. George Washington International Law Review, 2013, 45（1）：140~148.

[8] Caroline Bradley. Transparency is the New Opacity：Constructing financial regulation after the crisis［J］. American University Bussiness Law Review, 2011, 1（1）：34.

[9] John W. Head. The Asian Financial Crisis in Retrospect——Observations on Legal and Institutional Lessons Learned after a Dozen Years［J］. East Asia Law Review, 2010, 10（1）：31~102.

[10] Daniel D. Bradow. Stuffing New Wine into Old Bottles：The troubling case of the IMF［J］. International Banking Regulation, 2001, 3（1）：9~10.

[11] Bryan A. Garner eds. Black's Law Dictionary（9th edition）［M］. Toronto：Thomson West Press, 2009.

[12] Elizabeth A. Martin eds. Oxford Dictionary of Law（5th edition）［M］. Oxford：Oxford University Press, 2002.

[13] 史志钦，齐思源. 亚投行：双赢的中国—欧盟关系［N/OL］［2017-03-05］. http：//www. ftchinese. com/story/001062568? full = y.

[14] 佚名. 亚投行应兼顾效率与透明［N/OL］［2017-03-08］. http：//www. ftchinese. com/story/001064568.

[15] IMF. 供成员国官方了解的透明度政策信息"［N/OL］［2017-03-15］. http：//www. imf. org/external/chinese/np/pp/2014/040714c. pdf.

国际法视野下的
争端解决机制

国际法视野下的群体性仲裁解决机制研究　娄卫阳　著 / 181
专家查明外国法的理论和司法实践　张　政　著 / 205
《联合国海洋法公约》的法律价值困境研究　张光耀　金嫣然　著 / 216

国际法视野下的群体性仲裁解决机制研究

娄卫阳 著*

摘要：群体性仲裁解决机制指的是通过仲裁的方式解决群体性纠纷，现有集团仲裁、集体仲裁、多方投资仲裁三种形式。目前而言，仲裁解决群体性争议的实践主要针对的是国内争议，而对于国际性争议，仲裁的公正性和高效性等优势都受到挑战，诸如管辖权、程序正义、承认与执行等面临重重问题。从立法和仲裁实践看，我国没有群体性仲裁解决机制的生存土壤，也没有引入集团仲裁、集体仲裁的可能性。但是，如果美国或其他国家作出了与中国有关的群体性仲裁裁决，并在我国法院申请承认与执行，我国法院完全可以依据《纽约公约》的相关规定予以拒绝。

关键词：群体性纠纷；群体性仲裁；集团仲裁；纽约公约

群体性纠纷，是指纠纷主体一方或双方在多人以上的特殊性社会纠纷；或者说，一方或双方在人数众多的情况下，相互之间坚持对某个法律价值物的公然对抗。[①] 在民事群体性纠纷中，常见的是"大规模侵害"纠纷和"小额分散性侵害"纠纷。在社会实践中，解决这些纠纷的主要方式是诉讼和行政执法。[②]

---

* 娄卫阳，华东政法大学国际法学院博士。
① 汤维建等：《群体性纠纷诉讼解决机制论》，北京大学出版社 2008 年版，第 7 页。
② 吴泽勇："群体性纠纷解决机制的建构原理"，载《法学家》2010 年第 5 期，第 81~101 页。

然而，在过去十年，仲裁机制在解决群体性纠纷的作用也受到学者广泛关注，并有相应立法和实践。①

一、群体性仲裁解决机制现状

目前，群体性仲裁有三种形式：集团仲裁（class arbitration）、集体仲裁（collective arbitration）和多方投资仲裁（mass arbitration）。②

（一）集团仲裁

集团仲裁将许多集团诉讼中使用的程序移植到仲裁制度，是指在一方当事人与多方当事人签订了相同或相似的仲裁协议或条款的情况下，基于一些共同的法律或事实问题，法律允许由一个仲裁员或仲裁庭在单一程序中解决从几十到几十万个人索赔的独特纠纷解决机制。③

集团仲裁源于美国，它的产生和发展与集团诉讼有很大关系，甚至可以说它是公司一方当事人不满集团诉讼制度的产物。④ 国内集团仲裁的实践主要为在美国、哥伦比亚以及加拿大的内国法院对集团仲裁案件进行的司法审查和AAA 受理的集团仲裁案。在国际性争议中，也有仲裁庭尝试通过集团仲裁程序解决争议。比如 Surgut 案和 Stolt-Nielsen 案，⑤ 仲裁庭虽然没有作出针对案件实体问题的终局裁决，但都作出了准予集团程序的阶段性裁决。虽然尚无国际性

---

① Bernard Hanotiau, Comolex Arbitrations Multiparty, Multicontract, Multi-issue and Class Actions, Kluwer Law Internatinal, 2005; See also S. I. Strong, Class, Mass, and Collective Arbitration in National and International Law, Oxford: Oxford University Press, 2013.

② S. I. Strong, Class, Mass, and Collective Arbitration in National and International Law, Oxford: Oxford University Press, 2013, pp. 6 – 21.

③ S. I. Strong, Collective Arbitration Under the DIS Supplementary Rules for Corporate Law Disputes: A European Form of Class Arbitration?, ASA BULLETIN, 2011, Vol. 29, No. 1, pp. 45 – 46; See also Okuma Kazutake, "Party Autonomy in Internation Commercial Arbitration: Consolidation of Multiparty and Classwide Arbitration", Annual Survey of International&Comparative Law (Ann. Surv. Int' l&Comp. 1.), Spring 2003, p. 193.

④ S. I. Strong, Class, Mass, and Collective Arbitration in National and International Law, Oxford: Oxford University Press, 2013, p. 7.

⑤ President and Fellows of Harvard Coll. V. JSC Surgutneftegaz, AAA Case No. 11 168 T 01654 04, Partial Final Award on Clause Construction, 1 August 2007.

集团仲裁裁决,但集团仲裁在国际商事仲裁中的影响正被许多学者关注。①

(二) 集体仲裁

目前,集体仲裁有三种形式,美国的集体仲裁、西班牙的消费者集体仲裁和德国的股东权益集体仲裁。

美国集体仲裁区别于集团仲裁在于它在当事人的确定上采用的是"加入制"(opt-in),而不是美国《联邦民事诉讼规则》中规定的"退出制"(opt-out)。有些法院因为这种程序上的差异,认为可以不遵循美国联邦最高法院对于集团仲裁的判决。

2008 年西班牙议会通过了一项采纳消费者集体仲裁(collective consumer arbitration)的 RD 231/2008 法案。② RD 231/2008 授权西班牙消费者仲裁委员会组织和监督涉及消费者的仲裁。西班牙的消费者集体仲裁模式在许多方面不同于美国的集团仲裁,更加强调了多方当事人和被申请人合意的真实性,这种集体仲裁模式可能会被其他国家解决消费者群体性纠纷所接受。③

德国联邦法院于 2009 年 4 月对股东纠纷仲裁提出意见:在立法不作为(legislative inaction)的情况下,法院可授权股东以仲裁方式解决纠纷。德国仲裁院(The German Institution of Arbitration,简称 DIS)于同年 9 月制定了企业法律纠纷的补充规定(DIS Supplementary Rules)(以下简称 DIS 规则),该规定适用于某些类型的股东纠纷。④ DIS 规则在一些方面与《集团仲裁补充规则》

---

① 在集团仲裁领域,研究最为深入的为美国的 S. I. Strong,他的著作有 "Class, Mass, and Collective Arbitration in National and International Law",以及欧洲的 Philippe Billiet 教授,他主编了 "Class arbitration in the European Union"。

② Royal Decree 231/2008, of 15 February, regulating the Consumer Arbitration System (RD 231/2008). Cited from Philippe Billiet (Editor), Class arbitration in the European Union, Maklu Publishers, 2013, p. 153.

③ S. I. Strong, The Future of Class, Mass, and Collective Arbitration, Arbitral Women, (May 2014), available at: http: //kluwerarbitrationblog. com, last visited on 1 July 2017.

④ DIS Supplementary Rules for Corporate Law Disputes ("DIS Supplementary Rules"), effective on 15 September 2009, available at http: //www. dis-arb. de/download/DIS _ SRCoLD _ % 202009 _ Download. pdf. , last visited on 1 July 2017.

(《AAA 补充规则》）也有相似之处。① 虽然该规则主要解决的是传统的多方争议，但是其中的一些程序规则可以适用于当事人众多的纠纷中。②

（三）多方投资仲裁

在国际投资仲裁领域，Aabaclat v. Argentine Republic 案（以下简称 Aabaclat 案）开创了通过群体性仲裁解决纠纷的新途径。③ 在 Aabaclat 案中，由于阿根廷政府的过错导致了意大利成千上万债券持有人共损失大约 1 亿美元。2002 年 9 月，意大利 8 家银行成立了特别小组（TFA），代表意大利债券人与阿根廷协商。由于协商不成，特别小组最终获得 60 000 个人和机构债券所有人的授权，将争议提交国际投资争端解决中心（ICSID）。仲裁庭成立后，将案件分为管辖权解释和实体审议两个阶段。仲裁庭认为单个申请人提起仲裁将花费巨额成本，而且仲裁庭不可能单独处理 60 000 个仲裁案件，拒绝管辖意味着有失公正。仲裁庭在相关条约和程序规则对于合并诉求没有规定的情况下，作出了仲裁庭对该群体性争议有管辖权的裁决。

在相似的问题上，有些评论家在分析，是否可以通过多方投资仲裁途径解决希腊债务危机。④ 当然，是否能通过多方仲裁解决投资纠纷，取决于提出的诉求类型和相关条约的具体规定。

从程序的启动上看，多方投资仲裁程序既不同于集团仲裁，也不同于集体仲裁，而且也不是典型的代表人诉讼程序，这种程序只是存在于国际投资争议这个案件中，为解决实际问题的特殊程序。⑤ 然而，Aabaclat 案在确定管辖权后

---

① S. I. Strong, Collective Arbitration Under the DIS Supplementary Rules for Corporate Law Disputes: A European form of class arbitration?, ASA Bulltin, 2011, Vol. 29, No. 1, p. 64.

② S. I. Strong, The Future of Class, Mass, and Collective Arbitration, Arbitral Women, (May 2014), available at: http://kluwerarbitrationblog.com., last visited on 1 July 2017.

③ Beccara v. Argentine Republic, ICSID Case No. ARB/07/5, Decision on Jurisdiction and Admissibility dated on 4 August 2011, available at: http://italaw.com/documents/Abaclat Decision on Jurisdiction.pdf., last visited on 1 July 2017.

④ Several analysts have contemplated the possibility of a mass investment action relating to the Greek debt crisis. See News in Brief: German Law Firm Eyes Case over Sovereign Debt Restructuring, Investment Treaty News, 2012, Vol. 3, No. 2, pp. 18 – 19.

⑤ S. I. Strong, Class, Mass, and Collective Arbitration in National and International Law, Oxford: Oxford University Press, 2013, pp. 76 – 80.

就实体审议中具体的程序问题仍相对模糊,多方投资仲裁在国际投资领域的运用仍须继续探索。

二、群体性仲裁解决机制的国际法困境——以集团仲裁为例

从理论上讲,集团仲裁可能在国际性争议中发挥作用,这些情况包括:(1)至少有一位被申请人来自非仲裁地所在国,这意味着执行仲裁裁决可能具有国际性因素;(2)被申请人的营业中心设在仲裁地所在国,但拥有可以成为执行对象的外国资产;(3)原告来自仲裁地和非仲裁地所在国。[1] 但是,仲裁庭要作出国际集团仲裁裁决,这将会面临许多障碍。比如管辖权、仲裁庭组成、程序和实体问题的法律适用、通知、律师费用以及仲裁裁决的承认与执行等问题。

(一)国际集团仲裁的管辖权

仲裁庭只能解决当事人已经同意由其解决的争议,这个规则是仲裁自愿性的必然和固有的结果。在合意仲裁中,仲裁庭的权力或能力来自当事人的协议;事实上,除此之外不能有其他来源。正是当事人给予了私人仲裁庭对争议作出裁决的权力;仲裁庭必须谨慎遵守委任条款的条件。[2]

1. 仲裁条款中集团仲裁的规定

当仲裁条款明确规定集团仲裁方式处理纠纷时,只需按照仲裁条款执行。但事实上,这很难见到,因为大多数公司都会用强制捆绑式仲裁(mandatory binding arbitration)来特别规避集团救济方式,无论是集团诉讼还是集团仲裁。[3] 因此,法官面前常见的是对集团仲裁"不置可否"或者明确禁止的仲裁条款。

---

[1] S. I. Strong, Class, Mass, and Collective Arbitration in National and International Law, Oxford: Oxford University Press, 2013, p. 26.

[2] [英]艾伦·雷德芬、马丁·亨特等:《国际商事仲裁法律与实践》,林一飞、宋连斌译,北京大学出版社2005年版,第266页。

[3] Bernard Hanotiau, A New Development in Complex Multiparty-Multicontract Proceedings: Classwide Arbitration, Arbitration International, 2004, Vol. 20, No. 1, p. 47.

（1）对集团仲裁问题"不置可否"的仲裁条款。

在集团仲裁机制并未得到各国认可，以及学者没有广泛关注的情况下，国际性争议中的仲裁条款往往不会明确规定集团程序。在实践中经常遇到对集团仲裁问题"不置可否"的仲裁条款，而这种仲裁条款也是最具争议的，法院或仲裁员应认定当事人对集团仲裁的真实意图。如前文所述，美国联邦最高法院在"Green Tree 案"中，并没有对这个问题作出先例性判决。在"Stolt-Nielsen案"中，美国联邦最高法院判决表明："不置可否"的仲裁协议并不代表当事人一定同意集团仲裁，仲裁庭不能把自己的政策强加到当事人意思之上。① 然而，法院没有进一步明确"不置可否"仲裁协议中，当事人的争议是否可以进行集团仲裁。

因此，在这个问题上，暂时没有明确答案。法院或仲裁员只能依据相关法律法规，遵从当事人意思对仲裁协议进行解释，而结果因案情不同而不同。然而，在这种情况下，当事人若向法院提出管辖权异议，法官很难确信当事人愿意将争议通过集团仲裁解决（在下文有更详细分析）。

（2）禁止集团仲裁的仲裁条款。

美国联邦最高法院在 2011 年判决的"AT&T 案"确认了消费合同中的仲裁协议如果明确禁止集团仲裁，这种仲裁协议是可以被执行的。② 2013 年判决的"Am. Express 案"确认了反垄断纠纷中，如果仲裁协议明确禁止集团仲裁，应该按照仲裁协议执行。③ 2015 年判决的"DIRECTV 案"表明加利福尼亚州法的"禁止集团救济的仲裁条款不可执行"违反联邦仲裁法，因此仲裁条款约定受加利福尼亚法支配，其禁止集团救济的条款也可执行。④ 《AAA 补充规则》和《JAMS 规则》也表明目前并不处理仲裁协议禁止集团索赔的案件，除非法院判决当事人将案件交给仲裁机构处理。

---

① Stolt-Nielsen S. A. v. AnimalFeeds Int'l Corp., 559 U. S. 662 (2010).
② AT&T Mobility LLC v. Concepcion, 131 S. Ct. 1740 (2011).
③ Am. Express Co. v. Italian Colors Rest., 133 S. Ct. 2304 (2013).
④ DIRECTV, Inc. v. Imburgia, 136 S. Ct. 463 (2015).

在"Stolt-Nielsen 案"之后，有律师建议当事人在合同中明确许可集团仲裁。① 相反，在国际性争议中，若要彻底规避集团仲裁，最彻底的方法是在仲裁条款中明确禁止集团程序。因此，从极端角度考虑，如果在国际性争议中都列明了禁止集团程序的仲裁条款，这可能意味着国际集团仲裁的终结。②

2. 当事人的合意

在仲裁条款对集团仲裁问题"不置可否"的情况下，仲裁庭或法院需要判断当事人是否有意进行集团仲裁。从主观意图分析，作为被申请人的大公司往往会利用仲裁条款规避集团程序，即他们在仲裁条款未明确规定的情况下是反对集团仲裁的；作为潜在的集团成员，他们也可能由于认为单个仲裁程序会获得更大利益、不相信集团代表人等原因而反对集团仲裁。当然，当事人的主观意图不能支配合同的解释。③

仲裁庭或法院要按照仲裁条款的用语，依据相关法律对其进行解释，如约定的仲裁规则、仲裁机构、仲裁地点等，来推定当事人是否有意采用集团仲裁程序。当仲裁条款对集团仲裁问题"不置可否"时，仲裁员或法官对仲裁条款的解释应依据诚信解释原则、有效解释原则以及不利于格式合同制定方的解释原则，而严格解释等不可适用。④ 在国际商事仲裁中，如何解释仲裁条款不可能有国际通行的具体标准，这导致仲裁庭作出的管辖权决定与法院审查仲裁庭的管辖权的决定经常发生冲突，这在涉集团仲裁案件中时有出现。⑤

在传统的多方当事人仲裁时，理由可能是因为一份合同有数个当事人，或者是因为虽有数份合同、不同当事人，但他们均与争议事项有关系。在集团仲裁中，经常出现的是数份合同，不同当事人（集团仲裁中的集团成员甚至不认识对方），而且仲裁条款中的一方当事人相同。值得注意的是，传统的多方当

---

① Paul Friedland, Michael Ottolenghi: Drafting class arbitration clause after Stolt-Nielsen, Dispute Resolution Journal, 2010, Vol. 65, No. 1, p. 22.

② Maureen A. Weston, The Death of Class Arbitration After Concepcion?, Weston Final. DOC, 2012, Vol. 60, No. 1, p. 791.

③ Carideo v. Dell, Inc., 706 F. Supp. 2d 1122, 1127 (W. D. Wash. 2010).

④ Gary B. Born, International Commercial Arbitration, Kluwer Law International, 2009, p. 2084.

⑤ 例如，前文说的 Stolt-Nielsen 案，仲裁庭认为案件可以通过集团仲裁解决，而法院认为仲裁庭超出了其管辖权限。

事人仲裁通常只有3~5位当事人,[①]而集团仲裁中的当事人可能会有成千上万,[②]这意味着可能有成千上万份仲裁协议。所以在当事人合意的认定上,集团仲裁程序会比传统多方当事人仲裁复杂很多,这种复杂程度可能导致法官认为想要确定集团其他成员是否愿意将争议提交集团仲裁解决是不可能的。

综上所述,在仲裁条款禁止集团仲裁时,仲裁庭必然无法通过集团仲裁解决争议;在仲裁条款对集团仲裁问题"不置可否"时,仲裁庭也很难证明当事人愿意通过集团仲裁解决争议;只有在仲裁条款明确规定争议通过集团仲裁解决时,仲裁庭才能获得管辖权,而这种情况在国际商事仲裁中是极为少见的。所以,仲裁庭只有在极少数情况下才可能获得集团仲裁的管辖权。

(二) 国际集团仲裁的程序

集团仲裁规则出现之前,仲裁员经常困惑应如何进行集团仲裁程序。现如今,即使原来的仲裁条款没有约定适用这些程序,当事人和仲裁员更愿意采用《AAA补充规则》和《JAMS规则》来支配集团仲裁程序。[③]然而,集团仲裁程序很难符合"正当程序"要求,[④]《AAA仲裁规则》也无法使集团仲裁回归"正当程序"。至少在通知潜在的当事人、选任仲裁员和对仲裁的过度司法审查方面,集团仲裁违背了仲裁领域通常理解的"正当程序"。

1. 通知潜在的当事人

(1) 充分通知的意义。

在《AAA补充规则》下,仲裁庭将对案件是否适合集团仲裁程序进行认

---

① S. I. Strong, Does Class Arbitration "Change the Nature" of Arbitration? Stolt-Nielsen , AT&T and a Return to First Principles, Harvard Negotiation Law Review, 2012, Vol. 17, No. 1, p. 212.

② Opinion and Order regarding Class Certification, Bagpeddler. com v. U. S. BanCorp., No. 11 181 0032204(Am. Arb. Ass'n, 4 May 2007), www. adr. org/ si. asp? id = 4667(seeking to certify a class of 400,000 internet merchants); Class Determination Partial Final Award, Partners Two, Inc. v. Adecco North Am., LLC, No. 11 114 03042 40(Am. Arb. Ass'n, December 2004), http://www. adr. org/si. asp? id =3821(seeking to certify a class of twenty-nine franchisees), last visited on 13 July 2017.

③ S. I. Strong, Does Class Arbitration "Change the Nature" of Arbitration? Stolt-Nielsen , AT&T and a Return to First Principles, Harvard Negotiation Law Review, 2012, Vol. 17, No. 1, p. 259.

④ "正当程序"没有统一的定义,在各领域有不同理解。《纽约公约》中规定的正当程序包括保证通知当事人、保障当事人的公平审讯权、仲裁庭组成合理等。

定，即判断是否满足集团仲裁要求下的众多性、共同性、典型性、充分性、主导性和优先性。① 在此阶段，如果仲裁员认为集团程序可以进行，仲裁员要决定哪些人是集团的成员，哪些人被排除在集团之外。② 如果集团确认的裁决在满一定期限内当事人没有异议，或者法院对裁决进行了确认，则仲裁庭应进一步对认定的集团成员进行通知。

通知是正当程序的基本要求，是保护当事人权利的最初体现，也是对实体问题进行裁决的前提。向潜在的集团成员发出仲裁通知的目的在于：首先，可以进一步确定集团仲裁的人数；其次，确保集团仲裁不会牺牲缺席集团成员自行起诉的重要权利；最后，充分的通知可以保证集团仲裁的裁决对缺席集团成员产生约束力。集团成员的通知与美国集团程序的"退出制"密切相关，是整个集团程序中极为重要的一个环节。

（2）仲裁机构充分通知的困难。

《联邦民事诉讼规则》第 23 条 b 款第 3 项的通知要求对集团仲裁的通知有借鉴意义："法院应指令向集团成员发出根据情形实际可行的最佳通知，包括向所有经过合理努力可以辨认的成员逐个发出通知。"《AAA 补充规则》第 6 条 a 款也规定，通知应该向所有通过合理努力可以确认的成员发出。b 款规定通知必须以简单易懂的语言准确、清楚地载明诉求的性质、当事人退出的权利、集团代表和集团律师的身份信息等内容。但是，在国际性争议中发出集团仲裁通知，这将会遇到很多难题。在无法保证缺席成员的利益的情况下，集团仲裁将在争议解决机制中无立足之地。

（3）仲裁机构通知的能力。

在国际性争议中，当事人可能遍布世界各地，我们有理由怀疑仲裁机构是否经过努力之后仍然无法对集团成员发出最佳通知。

首先，通知的方式受限。在集团诉讼中，法院虽然也会遇到经合理努力无

---

① 肖永平、李韶华："美国集团仲裁初探"，载《武汉大学学报（哲学社会科学版）》2011 年第 4 期，第 8~9 页。

② Thomas J. Oehmke, Cause of Action for Class Arbitration of Contract-Based Disputes, Causes of Action, 2010, Vol. 28, No. 1, p. 54.

法确定当事人的情况,但法院可以在报纸、电视、广播、因特网、布告栏等刊登通知方式来通知。① 相比之下,仲裁机构可以利用的资源却有限,目前 AAA 只规定了在其官方网站上发出通知;其次,国际性争议中潜在的当事人众多,可能来自不同国家,通知内容的语言障碍就是一大问题;再次,潜在的当事人很有可能无法确认,比如在国际性反垄断争议中,由于每个当事人和被告的交易可能是商业秘密,仲裁庭将无法确认集团成员;最后,即使发出了集团确认通知,在案件的承认与执行阶段,不满意仲裁结果的当事人可以以未收到通知为由而抗辩自己不受裁决约束,这对裁决的承认与执行是重大隐患。在这种情况下,集团仲裁的一次性高效解决争议的意义将不复存在。

(4) 通知的费用。

如果在集团仲裁中,潜在的集团成员人数众多,集团仲裁的通知费用可能就让集团仲裁胎死腹中。在这种情况下,是否可以通过最经济的公告方式发出通知？美国联邦最高法院在"Eisen 案"的判决也给我们很好的借鉴:"不能因为通知涉及高额成本而偏离法律的明文规定和立法精神。② 对于当事人提出的代表充分性是否满足正当程序的问题,美国联邦最高法院指出,第 23 条项下的正当法律程序同时要求充分代表和通知,两者缺一不可。"③ 因此,对于一些索赔金额比较少的诉求,仅通知费用就让申请者望而却步,集团仲裁程序将无法进行。当然,在国际性争议中,仲裁机构也不能只向仲裁地容易接受通知的潜在集团成员发出,这将会构成程序的重大瑕疵,即便作出集团仲裁裁决,也影响裁决的承认与执行。

2. 仲裁员的委任

在国际仲裁中,委任仲裁员一直以来被认为是当事人的一项基本权利。④ 最常见的委任仲裁员的方式是通过当事人的约定或依据仲裁机构的仲裁规则,

---

① In re Agent Orange Product Liability Litigation, 818 F. 2d 145 (1987); See also Vancouer Women's Health Colltctive Society v. A. H. Robins Co., 820 F. 2d 1359 (1987).

② Eisen v. Carlisle & Jacquelin, 417 U. S. 156 (1974).

③ 王开定编著:《美国集体诉讼制度》,法律出版社 2008 年版,第 189 页。

④ Gary B. Born, International Commercial Arbitration, Kluwer Law International, 2009, pp. 1363 - 1386.

允许当事人将争议提交自己选择的审判者是仲裁的主要吸引力之一。①

为了解决传统的多方当事人仲裁中多数当事人一方未能协商一致选定仲裁员的情况，许多国内法仲裁规则直接规定由仲裁机构指定仲裁员。此时，当事人无法自己选择仲裁员，但这种方式是以尊重当事人委任仲裁员权利为前提的。通常情况下，在仲裁庭已经成立的情况下，若有新的当事人加入，仲裁庭的组成有两种方式：其一，组成新的仲裁庭，重新开始仲裁程序，这会导致原有当事人额外付出时间和金钱；其二，在原有的仲裁庭中审理案件，这可能损害当事人委任仲裁员的基本权利。

《AAA补充规则》的第2条规定了仲裁员的委任：必须至少有一名仲裁员是从AAA仲裁员名册中选定；如果当事人未对仲裁庭的仲裁员数量达成一致，案件将由独任仲裁员审理，除非仲裁机构认为应由三人组成仲裁庭。在集团仲裁中，集团代表向仲裁机构提出申请，然后依据当事人委任或者仲裁机构指定组成仲裁庭，即在集团成员的确认阶段之前，仲裁庭就早已存在。对于确实收到通知的成员，集团仲裁实质上排除了未出席成员的选择仲裁员权利。因为他们只能通过选择退出集团程序而防止受到集团裁决的影响。当事人本来可以依据仲裁条款独自向仲裁机构申请仲裁，享受完整的仲裁权利，但是如果成员没有明确表示退出仲裁程序，则他将受仲裁裁决的约束。这其实是赋予了当事人"选择退出集团仲裁的义务"，如果没有退出就要失去选择仲裁员的权利。对于没有实际收到通知的集团成员，根本不知道集团程序进行中的他们更加是没有选择仲裁员的权利。依据美国在集团诉讼案件的经验，实际上，绝大多数集团成员看过通知后就将通知扔在一边。② 这说明，他们在不经意间就被剥夺了在仲裁程序中选择仲裁员的权利，这是违背国际仲裁的基本原则的。

3. 退出制

集团仲裁涉及众多与被申请人签订仲裁协议的当事人，确定集团仲裁当事

---

① [英]艾伦·雷德芬、马丁·亨特等：《国际商事仲裁法律与实践》，林一飞、宋连斌译，北京大学出版社2005年版，第199页。
② Macey & Miller, The Plaintiff's Attorney's Role in Class Action and Derivative Litigation: Economic Analysis and Recommendations for Reform, University of Chicago Law Review, 1991, Vol. 58, No. 1, pp. 27–28.

人数量才能确定裁决结果、裁决的效力范围以及仲裁费用等问题。在这个问题上，集团仲裁采用的是集团诉讼的方式——"退出制"，通过选择退出，当事人可以保留单独追求索赔的权利，否则会受集团仲裁裁决的约束。

值得注意的是，在确定仲裁当事人数量问题上，"DIS 规则"采用的是"加入制"（opt in）的方式。"退出制"和"加入制"方式孰优孰劣争论已久，赞成"加入制"方式的认为它能更好地尊重个人处理案件的权利；赞成"退出制"方式的认为它对社会更有利，这种方式可以形成一个更大的索赔集体，对做坏事的企业造成更大威慑。[1]

但是，在国际仲裁中，如果当事人的权利是通过"退出制"确认，那么集团仲裁程序的缺点会因为争议的国际性而放大。首先，随着通知仲裁地之外的集团成员的困难加大，未出席的集团仲裁成员因为对集团程序知道得太晚而未能选择退出，并因此受到集团仲裁裁决约束的可能性增大；其次，创设一个难以管理、其成员无法通过姓名识别的庞大仲裁集团，增加了对被告的不公平。例如，在国际反垄断争议中，被控诉实施垄断行为的一方因为有一方美国当事人提起集团申请而要面临集团仲裁的话，被告可能面临来自世界各地的集团成员，这会导致被告极为不利的处境；再次，就集团成员选择退出以另行提起仲裁而言，集团仲裁所追求的经济高效原则就会受损，在不同仲裁地作出相互矛盾裁判的风险也加大，同时也损害了国际商事仲裁的秩序；最后，一个人未经他人明确同意就可以代表他人提起仲裁是难以令人信服的，尤其是对于缺少集团诉讼文化的国家。

（三）国际集团仲裁裁决的承认与执行

仲裁裁决在国外承认与执行，适用最多的是《承认和执行外国仲裁裁决公约》（以下简称《纽约公约》），[2] 本节在《纽约公约》的框架下讨论，集团仲

---

[1] Rachel Mulheron, The Case for an Opt-Out Class Action for European Member States: A Legal and Empirical Analysis, Columbia Journal of European Law, 2009, Vol. 15, No. 1, pp. 431-434.

[2] New York Convention, kluwerarbitration, available at: http://www.kluwerarbitration.com/document.aspx? id = IPN12630., last visited on 1 July 2017.

裁裁决在国外承认与执行可能面临的特殊障碍。①

1. 关于提供原仲裁文件的问题

根据《纽约公约》第 4 条第 1 款第 b 项要求：声请承认及执行的当事人，为取得前条所称之承认及执行，应于申请时提具第 2 条所称协定之原本或其正式副本。而《纽约公约》第 2 条规定协定为书面文件，为当事人所签订或在互换函电中所载明之契约仲裁条款或仲裁协定。② 但是集团仲裁中的书面文件仲裁协议通常体现在几百份甚至是成千上万份文件中，这时提供书面文件原件或其正式副本就比双边仲裁困难许多。

《纽约公约》第 4 条第 2 款规定：倘前述裁决或协定所用文字非援引裁决地所在国之正式文字，申请承认及执行裁决之一应具备该文件之此项文字译本。译本应由共设或宣誓之翻译员或外交或领事人员认证之。因此，若集团成员向被申请人财产所在国法院申请承认与执行集团仲裁裁决，财产所在国法院有权力要求其提供译文，这将明显增加当事人申请承认与执行仲裁裁决的成本。

2. 关于仲裁程序的问题

根据《纽约公约》第 5 条第 1 款第 b 项要求：受裁决援用之当事人未接获关于指派仲裁员或仲裁程序之适当通知，或因他故，致未能申辩者；第 d 项要求：仲裁机关之组成或仲裁程序与当事人的协议不符，或无协议而与仲裁地所在国法律不符者，可以拒绝承认与执行裁决。③

据此，当事人可能提出以下抗辩理由：未能适当通知当事人，而集团仲裁的申请人数量众多，如何才是适当通知，在集团仲裁中本身还是个有争议的问题；约定适用的仲裁规则未明确规定集团仲裁程序；仲裁庭的组成不合理，如当事人未能合法行使选择仲裁的权利；当事人不能在案件审理中阐明自己的观点，如未参加听证的当事人没有聘请自己的律师。

---

① S. I. Strong, From Class to Collective: The De-Americanization of Class Arbitration, Arbitration International, 2010, Vol. 26, No. 1, pp. 524 - 547.

② New York Convention Article II and Article IV1 (b), available at: kluwerarbitration, http://www.kluwerarbitration.com/document.aspx?id=IPN12630., last visited on 1 July 2017.

③ New York Convention Article V1 (b) and Article V 1 (d), kluwerarbitration, available at: http://www.kluwerarbitration.com/document.aspx?id=IPN12630, last visited on 1 July 2017.

3. 关于公共政策的问题

根据《纽约公约》第 5 条第 2 款第 b 项的规定，倘申请承认与执行地所在国之主管机关认定裁决有违该国公共政策者，亦得拒不承认及执行公断裁决。《纽约公约》没有给公共政策下定义，国际法律联盟（International Law Association）于 2002 年发布有关"公共政策"的建议越来越多地被认为反映了最佳国际实践。①

国际法律联盟建议之综述部分第 1 条第 d 款将"国际公共政策"指定为由国家认可的一系列原则和规范，其性质可以阻碍国际商事仲裁裁决的承认或执行，倘若承认或执行该裁决将导致违反其程序（程序上的公共政策）或其内容（实体上的公共政策）。当仲裁员依据支持集团仲裁的实体法或程序法作出裁决，但裁决执行地法律不支持甚至禁止集团仲裁时，公共政策将拒国际集团仲裁裁决于千里之外。因为执行地法院可能认为，集团仲裁与公正或道德有关的基本原则相违背，也可能认为集团仲裁违反了国家不可或缺的政治、社会或经济利益服务的规则。

三、我国应对群体性仲裁解决机制的法律思考——以集团仲裁为例

在通过司法途径解决群体性争议中，我国主要有代表人诉讼制度和公益诉讼制度。② 在仲裁领域，是通过合并仲裁机制解决多方当事人争议。目前，我国仅有极少数学者研究过集团仲裁，而且他们都认为我国有引入集团仲裁的可行性。③ 但是，从目前我国的立法和仲裁实践看，就国内仲裁而言，我国没有引入集团仲裁的可能性。如果美国或其他国家作出国际集团仲裁裁决，我国法

---

① Available at: www.ila-hq.org/download.cfm/docid/032880D5-46CE-4CB0-912A0B91832E11AF, last visited on 1 July 2017.

② 我国最新《民事诉讼法》为 2012 年修正，2013 年 1 月 1 日起施行，它确立了民事公益诉讼制度，第 55 条规定，对污染环境、侵害众多消费者合法权益等损害社会公共利益的行为，法律规定的机关和有关组织可以向人民法院提起诉讼。2015 年开始，我国出现了消费者民事公益诉讼案和环境公益诉讼案。由于公益诉讼的特殊性，案件当事人不是利益受害者，本文不予讨论。

③ 例如，肖永平、李韶华："美国集团仲裁初探"，载《武汉大学学报（哲学社会科学版）》2011 年第 4 期，第 5~12 页；马红海："美国集团仲裁制度研究"，载《北京仲裁》2013 年第 3 期，第 144~161 页。严红："美国集团仲裁的发展与挑战——以美国法院判例为视角"，载《社会科学战线》2014 年第 3 期，第 9 页。

院也可以依据《纽约公约》的相关规定拒绝承认与执行。

(一) 我国群体性争议解决机制

本文以代表人诉讼和合并仲裁作为我国群体性争议解决机制的研究对象，通过对它们与集团程序的比较分析，可以更好地理解集团仲裁的独特性，也能更加清晰地表明我国并不存在集团仲裁制度。

1. 代表人诉讼与集团诉讼的比较

我国《民事诉讼法》第53~54条明确规定了代表人诉讼。代表人诉讼指的是，诉讼标的是共同的或同一种类的，当事人一方或双方为多数时，可以由当事人推选一个或数个代表人，进行诉讼或应诉的法律制度。[①] 代表人诉讼制度以共同诉讼制度和诉讼代理制度为其理论基础。在我国，分别规定了人数确定的代表人诉讼和人数不确定的代表人诉讼。

代表人诉讼和集团诉讼的判决效力都具有扩张性，判决结果可以约束未出席的当事人。但是，这两种制度也有显著区别。[②] 第一，诉讼代表产生方式不同。我国的诉讼代表人由当事人明确授权，或法院与多数当事人商定或指定；集团诉讼则以默示方法消极认可。第二，公告期内未登记权利人处理不同。我国人数不确定的代表人诉讼中，公告期内未登记的，不作为群体成员；集团诉讼中未明确退出的，则视为参加诉讼。第三，对"共同利益"的要求不同。代表人诉讼要求诉讼标的相同或为同一种类；集团诉讼只要求集团成员存在共同的法律或事实问题。第四，诉讼代表人权限不同。代表人诉讼中的代表人处理实体权利必须经被代表当事人同意，集团诉讼中代表人无须得到全体利害关系人授权。第五，判决的扩张方式不同。我国代表人诉讼对为登记的权利人，效力只有间接扩张性，权利人在诉讼时效内起诉才受裁决约束；集团仲裁的裁决效力直接及于所有集团成员。

---

① 参见《民事诉讼法》第53条、第54条。
② 汤维建等：《群体性纠纷诉讼解决机制论》，北京大学出版社2008年版，第204~205页。以下5点不同，均来自书中总结。

2. 合并仲裁与集团仲裁的比较

我国在《仲裁法》中没有明文规定多数人仲裁，但仲裁机构解决纠纷的形式早就突破了传统的双边仲裁。例如，中国国际经济贸易仲裁委员会的2015年版仲裁规则和上海国际经济贸易仲裁委员会（上海国际仲裁中心）2015年版的仲裁规则都有合并仲裁和多方当事人仲裁的相关规定。[①] 合并仲裁是仲裁程序的合并，它是指存在两个或者两个以上已经开始、相互独立且具有联系的仲裁程序时，为了及时、彻底地解决所有争议，而将有关争议合并于一个仲裁程序中进行审理的仲裁制度。[②] 合并仲裁又可以分为强制合并仲裁和协议合并仲裁。在我国仲裁机构的仲裁规则中，只规定了协议合并仲裁。[③]

集团仲裁和合并仲裁关系密切，《AAA补充规则》在第4条集团确认中规定集团要求人数众多，使得合并每个独立的仲裁不可行（impracticable），而不是不可能（impossible）。合并仲裁与集团仲裁也有明显区别。首先，当事人的确定方面。合并仲裁是把现有的几个仲裁程序合并，仲裁程序中的当事人数量较少，且相对确定；集团仲裁是把潜在的当事人加入仲裁程序，在仲裁的启动阶段，潜在的集团成员总数较多，是不确定的。其次，隐私性和保密性方面。合并仲裁中的材料仅向合并程序后的案件当事人披露；集团仲裁的材料是以向社会公众开放的形式披露，它彻底颠覆了仲裁的隐私性和保密性。最后，仲裁裁决的效力方面。合并仲裁裁决只约束合并程序后的案件当事人；集团仲裁裁决约束的是未在规定时间内退出的所有集团成员。

因此，单纯的认为集团仲裁只是人数更多的合并仲裁，将集团仲裁认定为合并仲裁的高级形式是不正确的。

---

① 具体内容参照 http：//cn.cietac.org/Rules/index.asp 和 http：//www.shiac.org/Guide.aspx?tid=12&nid=840。例如，《中国国际经济贸易仲裁委员会仲裁规则》（2015版）第19条规定了合并仲裁，第21条规定了多方当事人提交仲裁文件份数应相应增加，第29条规定了多方当事人的仲裁庭的组成。

② 刘晓红主编：《国际商事仲裁专题研究》，法律出版社2009年版，第234页。

③ 例如，《中国国际经济贸易仲裁委员会仲裁规则》（2015版）第19条规定的合并仲裁条件中有"所有案件的当事人均同意合并仲裁"。

（二）我国引入集团仲裁的法律障碍

在我国群体性纠纷的解决中，行政机关和司法机关起主要作用，仲裁机构只能通过合并仲裁解决"少数人的群体性纠纷"。我国若要引入集团仲裁制度，有几大步骤不可避免。首先，建议深入研究，比较集团仲裁在各国的研究情况，总结集团仲裁利弊并且趋利避害；其次，立法机构在《仲裁法》或其他具体法规中规定集团仲裁制度；再次，仲裁机构制定集团仲裁规则；然后，仲裁机构处理相关争议，并接受司法审查；最后，通过实践检验，完善集团仲裁制度。但在以上步骤中，我国目前连第一步都没有迈出，更不用说通过立法明确规定集团仲裁会有大困难。总之，集团仲裁在我国现阶段没有引入的可行性和生存土壤。就国内仲裁环境而言，具体原因有以下两点。

1. 我国缺乏立法保障

我国《仲裁法》对仲裁范围做了一般性规定，该法第 2 条规定了合同纠纷和其他财产权益纠纷可以仲裁，第 3 条规定了身份关系的纠纷和依法由行政机关处理的行政争议不可仲裁。一些部门法、行政法规和规章、司法解释对某些具体领域争议的可仲裁性问题进行了特别规定。

以美国集团仲裁中常见的消费者争议、证券争议、劳动者争议和反垄断争议为例，其可仲裁性规定如下：根据《消费者权益保护法》第 39 条第 4 款的规定，消费者和经营者发生消费者权益争议的，可以根据与经营者达成的仲裁协议提请仲裁机构仲裁；[1] 根据《股票发行与交易管理暂行条例》第 79 条的规定，与股票发行或者交易有关的争议，当事人可以按照协议的约定向仲裁机构申请调解、仲裁；[2]《劳动法》第 10 章"劳动争议"中规定了仲裁解决争议的途径，但这种"仲裁"方式与民商事仲裁是截然不同的，更像一种行政性的前置程序；在反垄断领域，虽然国内学者和实务界人士都论证过反垄断争议的可

---

[1] 全文请参见 http://china.findlaw.cn/xfwq/xiaofeichangshi/xfz/67431.html.
[2] 全文请参见 http://china.findlaw.cn/fagui/p_1/351604.html.

仲裁性,[①] 但是《反垄断法》对此并未明确规定,实践中也没有仲裁机构解决反垄断争议的实例,反垄断争议不能提交仲裁。

由于我国《仲裁法》中未规定多方当事人仲裁程序,所以我国具体领域规定的仲裁解决方式也是针对双边仲裁的。在我国仲裁案件中,在符合合并仲裁的条件下,除非有一方当事人申请且其他当事人同意,仲裁庭不会将几个当事人不同的仲裁程序合并为一个仲裁程序,更加不会要求签订了仲裁协议,有相同或相似法律争议的人加入仲裁程序。在我国现有法律框架下,仲裁员不会冒着裁决被撤销的危险作出集团仲裁裁决。

2. 我国缺少配套机制

集团仲裁是仲裁与集团程序的结合,我国无法引入集团仲裁主要是缺少集团程序配套机制,其中最主要的原因有两点。

其一,胜诉酬金制。在大规模侵权案件中,集团律师往往是集团仲裁的核心人物。集团仲裁中的发起人虽然通常是仲裁协议或条款当事人,但是一旦有启动集团程序的可能,推动集团仲裁的主要是律师,而不是当事人,就如集团诉讼一样。因为美国特有的胜诉酬金制,律师可以从代理集团程序案件获得巨大利益。《中华人民共和国律师法》(以下简称《律师法》)和《律师服务收费管理暂行办法》中都无胜诉酬金制或风险代理制的相关规定。

其二,退出制。集团仲裁为了一次性解决纠纷,通过"退出制"确认集团成员。我国法律为了保护未出席诉讼或仲裁程序的当事人合法权益,至今未采用过"退出制"。在不确定人数的代表人诉讼中,我国采用的登记制,即只有通过在法院登记才能成为诉讼当事人,而这更接近与"退出制"截然相反的"加入制"。

(三)《纽约公约》下拒绝承认与执行国际集团仲裁裁决

我国在1986年加入《纽约公约》,并同时声明了互惠保留和商事保留,

---

① 例如,张艾清:"反垄断争议的可仲裁性研究——兼论欧美国家的立法与司法实践及其对我国的启示",载《法商研究》2006年第4期,第146~153页;杜新丽:"从比较法的角度论我国反垄断争议的可仲裁性",载《比较法研究》2008年第5期,第70~77页。

《纽约公约》通过采纳方式成为我国承认与执行国际仲裁裁决的重要法律。[①] 如前文所述，虽然国际集团仲裁的可行性不大，但在集团仲裁活跃的美国或其他国家也有可能作出国际集团仲裁裁决。依据《纽约公约》的精神，法院无权审查仲裁庭对案件实体作出的裁定，即便仲裁员对案件事实或法律认定有误。[②] 但当事人向中国法院申请承认与执行国际集团仲裁裁决，中国法院则可以依据《纽约公约》第4条和第5条的规定予以拒绝。

1. 无法提供仲裁协议

《纽约公约》第4条第1款第b项规定，申请承认及执行之一造，为取得前条所称之承认及执行，应于申请时提具，第2条所称协定之原本或其正式副本。《纽约公约》第5条第1款第a项规定，第2条所称协定之当事人依对其适用之法律有某种无行为能力情形者，或该项协定依当事人作为协定准据之法律系属无效，或未指明以何法律为准时，依裁决地所在国法律系属无效者。因此，当事人向我国法院申请承认及执行仲裁裁决时，法院可以要求其提供仲裁协议的原本或正式副本，且该仲裁协议必须有效。

在"韩进船务有限公司申请承认与执行外国仲裁裁决案"中，广州海事法院对英国作出的仲裁裁决不予承认与执行的理由是：韩进公司没有提供双方当事人之间书面仲裁协议的正本或经正式证明的副本，其没有按照《纽约公约》第4条第1款的规定提供证据材料，不能证明双方当事人之间存在书面仲裁协议，没有满足公约规定的使仲裁裁决获得承认与执行的条件。[③]

在国际集团仲裁中，集团裁决的效力扩及所有集团成员。当仲裁裁决对集团成员有利时，集团成员可能向我国法院申请承认与执行集团仲裁裁决，法院可以要求其提交所有集团成员与被申请人的仲裁协议。在人数特别多的情况，

---

① 我国加入《纽约公约》时作出两项保留声明：（1）中华人民共和国只在互惠的基础上对在另一缔约国领土内作出的仲裁裁决的承认与执行适用公约；（2）中华人民共和国只对根据中华人民共和国法律认定为属于契约性和非契约性商事法律关系所引起的争议适用该公约。参见全国人民代表大会常务委员会《关于我国加入〈承认与执行外国仲裁裁决公约〉的决定》，http://www.chnlaw.net/inter/HTML/inter_ 18448. htm.，访问日期：2017年8月1日。

② 扬帆译：《商事仲裁国际理事会之1958纽约公约释义指南：法官手册》，法律出版社2014年版，第66~67页。

③〔2005〕广海法他字第1号。

若当事人仅提供部分仲裁协议，法院可以以当事人不能提供书面仲裁协议为由拒绝承认与执行仲裁裁决。当然，在集团成员不是很多的情况下，当事人是有可能提供所有人的仲裁协议的。

2. 未获适当通知

《纽约公约》第5条第1款第b项规定，受裁决援用之一造未获关于指派仲裁员或仲裁程序之适当通知，或因他故，致未能申辩者。这项规定要求保证当事人参与到仲裁程序中进行依法抗辩，以维护自身权利。没有通知的情形可能发生，譬如，一方当事人更换了地址而没有告知对方当事人，或者一方当事人住所地无法可靠地接收传真或其他通信方式。

《纽约公约》和我国《仲裁法》都没有制定"适当通知"的合理标准。但是，最高人民法院关于是否承认与执行大韩商事仲裁院仲裁裁决的请示复函中，表明了应当以作出仲裁机构的仲裁规则以及仲裁适用的程序法为标准，判断是否通知适当。[①] 最高人民法院关于是否裁定不予承认和执行英国伦敦"ABRA轮2004年12月28日租约"仲裁裁决的请示的复函中，表明可以通过电子邮件的方式通知仲裁相关事宜，但被通知方必须确认收到电子邮件。否则，应当由通知方举证证明被通知方已得到适当通知。[②]

在集团仲裁程序中，可能未被通知的一方主要是集团成员。因此，当集团仲裁裁决不利于集团成员而有利于被申请人时，若被申请人向我国法院申请承认仲裁裁决，部分集团成员则可能以此为由反驳。例如，依据《AAA补充规则》，必须在合理可行的情况下尽量通知集团成员。如果潜在的集团成员人数

[①] 〔2005〕民四他字第46号。最高人民法院认为"虽然仲裁庭在送达开庭通知书和仲裁裁决书时未附中文译本，但通过邮寄方式送达以及未附中文译本的做法并不违反韩国仲裁法和《大韩商事仲裁院仲裁规则》的规定。《中华人民共和国和大韩民国关于民事和商事司法协助的条约》中有关'司法协助的联系途径'和'文字'的规定，仅适用于两国司法机关进行司法协助的情形，不适用于仲裁机构或者仲裁庭在仲裁程序中的送达"。

[②] 〔2006〕民四他字第34号。最高人民法院认为："涉案申请人根据《1996年英国仲裁法》的规定，通过案外人采用电子邮件方式向被申请人送达，该送达方式并非我国所禁止，在申请人能够证明被申请人已收悉送达通知的情况下，该送达应为有效送达。但申请人未能提供被申请人确认收到电子邮件或者能够证明被申请人收到电子邮件的其他证据，证明被申请人得到指定仲裁员和仲裁程序的适当通知。"

过多，则最可行的方式是通过电子邮件或公告送达。对于电子邮件，当事人往往很难证明其确实收到通知，而公告的形式既违背了仲裁保密性原则，且有可能因当事人没有获得平等陈述的机会，导致案件最终不被承认与执行。

3. 不属于或超出仲裁协议之范围

《纽约公约》第5条第1款第c项规定，裁决所处理之争议非交付仲裁之标的或不在其条款之列，或裁决载有关于交付仲裁范围以外事项之决定者，但交付仲裁事项之决定可与未交付仲裁之事项划分时，裁决中关于交付仲裁事项之决定部分得予承认及执行。这条所体现的原则是仲裁庭仅对当事人同意交其仲裁决定之事项有管辖权。

最高人民法院关于美国GMI公司申请承认英国伦敦金属交易所仲裁裁决案的复函中，认为对于仲裁庭有权裁决部分，即明确裁决芜湖冶炼厂单独承担责任的部分，可以与超裁部分区分的应予承认和执行，无法区分部分的裁决不应予以承认和执行。①

在集团仲裁中，集团代表与被申请人签订的仲裁协议中，往往只规定当事人双方之间可以通过仲裁程序解决争议。仲裁庭若认为集团仲裁程序可行，其实是对仲裁协议进行了扩张解释，即将有相同或类似仲裁协议的人拉进仲裁程序之中。被申请人的抗辩理由可以为，集团程序中的除集团代表外其他成员并非仲裁协议中的当事人，仲裁庭无法管辖被申请人与集团代表之外的成员的争议，因此作出的裁决是超出仲裁协议范围的。如前文所述，我国现有的多方当事人仲裁实践为合意合并仲裁，而集团仲裁机制最受抨击的一点就是集团仲裁程序是否违背当事人的合意。并且，集团仲裁裁决中一般很难区分有权仲裁部分和超裁部分。在无明确规定允许集团仲裁程序的仲裁协议中，仲裁庭的管辖权始终是当事人抗辩承认与执行仲裁裁决的利器。

4. 仲裁庭组成不当

《纽约公约》第5条第1款第d项规定，仲裁机关之组成或仲裁程序与各造

---

① 〔2003〕民四他字第12号。该案中，仲裁庭根据GMI公司的申请，将与GMI公司之间没有仲裁协议的芜湖恒鑫铜业集团有限公司列为仲裁被申请人，对所谓的GMI公司与芜湖冶炼厂及芜湖恒鑫铜业集团有限公司三方之间的纠纷作出了裁决。

间之协议不符,或无协议而与仲裁地所在国法律不符者。

各国法律和各仲裁机构仲裁规则都规定仲裁员首先由当事人选定,当事人未按规定选定仲裁员或者当事人双方未能就仲裁员的选举达成一致意见时,仲裁机构或者法院才能指定仲裁员或者委任仲裁员。[1] 在当事人未行使选定仲裁员的权力,或者当事人未就仲裁员的推举进行协商的情况下,仲裁机构或者法院就指定或者委任了仲裁员,这就违反了仲裁庭组成的法定程序,属仲裁庭组成不当。[2]

集团仲裁中,除了集团代表可以选择仲裁员之外,其他当事人选择仲裁员的权利在他们未选择"退出"之后就被剥夺了,尤其是那些未实际收到集团仲裁通知而作为当事人的未出席人员。依据我国《仲裁法》第31~32条的规定,选定仲裁员是当事人参与仲裁程序的基本权利。因此,未出席集团仲裁程序的当事人可以以未行使选定仲裁员权利、仲裁员组成不当为由拒绝承认与执行裁决。

5. 不具有可仲裁性和违反公共政策

《纽约公约》第5条第2款规定,倘申请承认及执行地所在国之主管机关认定有下列情形之一,亦得拒不承认及执行仲裁裁决:(a)依该国法律,争议事项系不能以仲裁解决者;(b)承认或执行裁决有违该国公共政策者。

如前文所述,在我国,反垄断争议和劳动争议尚不能通过商事仲裁解决,如果有集团仲裁裁决涉及以上争议,我国法院可以拒绝承认与执行。值得注意的是,关于申请人 Hemofarm DD、MAG 国际贸易公司、苏拉么媒体有限公司与被申请人济南永宁制药股份有限公司申请承认及执行国际商会仲裁院第13464/MS/JB/JEM号仲裁裁决一案,济南市中级人民法院认为国际商会仲裁院裁决诉讼费用承担的问题,应由人民法院决定,不属于可仲裁的事项。若集团

---

[1] 例如,我国《仲裁法》在第2节第30条至第38条规定的仲裁庭的组成。
[2] 齐湘泉:《外国仲裁裁决承认及执行论》,法律出版社2010年版,第232页。

仲裁裁决中包含高额的律师费，中国法院可能以此为由拒绝承认与执行。①

公共政策是拒绝承认与执行仲裁裁决的兜底条款。为了维护中国支持国际司法协助的声誉，营造良好的国际仲裁环境，最高人民法院在收回拒绝承认和执行外国仲裁裁决案件的决定权后，对公共政策的适用非常谨慎。鉴于管辖权、仲裁程序等方面的理由可以作为拒绝承认与执行国际集团仲裁裁决的理由，裁决是否违反公共政策可暂不予讨论。

四、结　语

仲裁制度的发展史就是争议事项可仲裁性的扩张史，犹如破产争议、反垄断争议等都在实践中确立了可仲裁性，并得到广大学者认可。由于仲裁制度有合意性和保密性等原则性限制，仲裁被认为不适合解决群体性纠纷。但是，集团仲裁的出现使得仲裁解决群体性纠纷成为可能，实践中集体仲裁和多方投资仲裁也在不同领域发挥着作用。目前而言，仲裁解决群体性争议的实践主要针对的是国内争议，而对于国际性争议，仲裁的公正性和高效性等优势都受到挑战，诸如管辖权、程序正义、承认与执行等面临重重问题。

从立法和仲裁实践看，我国没有群体性仲裁解决机制的生存土壤，也没有引入集团仲裁、集体仲裁的可能性。但是，如果美国或其他国家作出了与中国有关的群体性仲裁裁决，并在中国法院申请承认与执行，中国法院完全可以依据《纽约公约》的相关规定予以拒绝。

参考文献

［1］严红．美国集团仲裁的发展与挑战——以美国法院判例为视角［J］．社会科学战线，2014（3）：9．

［2］肖永平，李韶华．美国集团仲裁初探［J］．武汉大学学报（哲学社会科学版），2011（4）：5-12．

---

① ［2007］鲁民四他字第12号。在最高人民法院的复函中，法院是以仲裁存在超裁情况，以及裁决侵犯了中国的司法主权和中国法院的司法管辖权为由拒绝承认与执行国际商会仲裁院仲裁裁决。参见［2008］民四他字第11号。

[3] 马红海. 美国集团仲裁制度研究 [J]. 北京仲裁, 2013 (3): 144 – 161.

[4] 吴泽勇. 群体性纠纷解决机制的建构原理 [J]. 法学家, 2010 (5): 81 – 101.

[5] 杜新丽. 从比较法的角度论我国反垄断争议的可仲裁性 [J]. 比较法研究, 2008 (5): 70 – 77.

[6] 张艾清. 反垄断争议的可仲裁性研究——兼论欧美国家的立法与司法实践及其对我国的启示 [J]. 法商研究, 2006 (4): 146 – 153.

[7] 扬帆. 商事仲裁国际理事会之1958纽约公约释义指南: 法官手册 [M]. 法律出版社, 2014: 66 – 67.

[8] 汤维建, 等. 群体性纠纷诉讼解决机制论 [M]. 北京: 北京大学出版社, 2008: 7.

[9] 刘晓红. 国际商事仲裁专题研究 [M]. 法律出版社, 2009: 234.

[10] 王开定. 美国集体诉讼制度 [M]. 北京: 法律出版社, 2008: 189.

[11] [英] 艾伦·雷德芬, 马丁·亨特, 等. 国际商事仲裁法律与实践 [M]. 林一飞, 宋连斌, 译. 北京: 北京大学出版社, 2005: 266.

[12] S. I. Strong. Class, Mass, and Collective Arbitration in National and International Law [M]. Oxford: Oxford University Press, 2013, pp. 6 – 21.

[13] S. I. Strong. Collective Arbitration Under the DIS Supplementary Rules for Corporate Law Disputes: A European Form of Class Arbitration? [J]. ASA Bullitin, 2011, 29 (1): 45 – 46.

[14] Thomas J. Oehmke. Cause of Action for Class Arbitration of Contract-Based Disputes, Causes of Action, 2010, 28 (1): 54.

[15] Bernard Hanotiau. A New Development in Complex Multiparty-Multicontract Proceedings: Classwide Arbitration [J]. Arbitration International, 2004, 20 (1): 47.

专家查明外国法的理论和司法实践

张 政 著[*]

摘要：外国法查明是涉外民商事审判中，根据冲突规范明确了实体法的适用之后需要立刻开展的一项审判辅助工作。尽管通过冲突规范确定适用哪一国的法律相对容易，但是查明该外国法的内容对于本国法院而言却尤为困难。专家查明外国法为法院和当事人都提供了一条可行的道路，但在审判实践中还会遇到法律理论和司法实践中的问题。为了保障专家查明外国法的有效进行，法院应主动发挥职权作用，在必要时依职权委托专家查明外国法，并在当事人无法取得一致意见时主动审查并适用已经查明的外国法。

关键词：外国法；外国法查明；事实；法律

随着中国大陆法院涉外民商事审判工作的逐步深化推进，外国法查明成为审判工作中所必不可少的环节。查明外国法的内容一直是审判工作中需要克服的难题。为了破解这一困境，利用法律专家查明外国法这一渠道日益得到重视。2014 年 12 月，上海市高级人民法院与华东政法大学签订《外国法查明专项合作纪要》，率先在上海构建了法院委托高校外国法查明研究中心查明域外法律规范的合作机制。次年 1 月，中国政法大学外国法查明研究中心在京揭牌。这标志着法律专家作为人民法院外国法查明方法之一，开始逐步形成制度并在人民法院涉外民商事审判工作中发挥作用。

---

[*] 张政，华东政法大学国际法学院博士。

一、审判工作中适用外国法的困境

随着改革开放的进一步深化,中国与外国的民商事交流日渐频繁,在涉外民事关系中承认外国法的域外效力已经成为司法审判实践中的现实法律问题。在适用外国法的过程中所存在的障碍主要表现为制定法上对外国法性质认定不明确,以及在审判实践中查明外国法的困难。

(一) 外国法查明的法律困境

法院地国对外国法本身性质的认定是开展外国法查明工作的前提,也是外国法在内国法院得以适用的前提。目前,国际上对外国法本身性质有三种认识:其一,事实说,主要由海洋法系国家采用,将内国法律视为法律,而将外国的法律视为单纯的事实。其二,法律说,主要由大陆法系国家采用,认为内外国法律没有性质上的差别。其三,折中说,认为外国法既非单纯的事实,也非单纯的法律。[①] 内国法院对外国法性质的不同认定带来了对法官知法的不同要求,以及对查明外国法程序规则的不同设置,从而直接影响了外国法查明的结果。

中国国内法并没有明确认定外国法属于"事实"还是"法律"。学者认为,人民法院在审理涉外民商事案件时,要作出切合实际、合理的判决,维护当事人的正当权益,促进我国对外开放事业的发展,不管是外国法是"事实"还是"法律",都必须查清。把域外法看成是"事实"还是"法律"的争论,在我国没有实际意义。[②] 可见在中国,外国法本身只是国际民商事诉讼中的一个法律因素,未必存在统一的性质。"事实"还是"法律"之辩在很大程度上只是拟制的抽象属性,未能为外国法的相关重要问题提供统一的解决方法。[③] 重要之处在于如何构建查明外国法律具体的规范和方式。应当说,从实务的角度出发,这样的理路是适合解决眼下审判工作中所面临的问题的,但模糊这一理论问题

---

① 丁伟主编:《国际私法学》,上海人民出版社2013年版,第129页。
② 黄进主编:《国际私法》,法律出版社2005年版,第275页。
③ 宋晓:"外国法:'事实'与'法律'之辨",载《环球法律评论》2010年第1期,第14~21页。

所带来的现实问题之一就是对外国法性质的认定不清在一定程度上放宽了对法官知法的要求,造成了在审判工作中查明外国法的现实困境。

(二) 外国法查明的现实困境

根据中国颁布的《涉外民事关系法律适用法》(以下简称《法律适用法》)的规定,外国法是指在涉外民事关系适用的外国法律,一般由人民法院、仲裁机构或者行政机关负责查明,当事人亦可提供外国法。[①] 由于《法律适用法》中并未规定查明外国法的具体方式,因此查明的渠道和方式应根据《民通意见》而定,包含:(1) 由当事人提供;(2) 由与我国订立司法协助协定的缔约对方的中央机关提供;(3) 由我国驻该国使领馆提供;(4) 由该国驻我国使馆提供;(5) 由中外法律专家提供五种方式。[②]《法律适用法》中所规定的内容主要包括了外国法查明的主体和查明的方式,主要分为两个不同来源,一是司法或行政机构负责查明,二是当事人负责查明。从制度设计上来看,司法或行政机构查明是一种在事后,且由审判机关依职权主动查明外国法并予以适用的行为,多出现于审理阶段或仲裁阶段中。而当事人选择适用并查明外国法的行为往往是一种事前查明行为,多由当事人根据意思自治原则选择适用外国法,通常发生在签署涉外合同等涉外民商事法律关系建立之时。

但是在实施过程中,《法律适用法》所建构的查明模式往往得不到实践的支持。从法院的审判实践来看较为侧重依赖当事人查明并提供外国法的方式。如果当事人没有约定适用外国法,也就不存在外国法的查明问题,如果当事人约定适用外国法,就负有查明义务,但最后的结果又往往以未提供为由,冠以不能查明而直接适用中国法。经过学者的实证统计,在关乎外国法但最终适用中国法的法院审判案例中,理由都是当事人没有提供外国法,故最终适用法院地法。[③] 显然,造成《法律适用法》这一条款无法起到其应有作用的原因有二:

[①] 《中华人民共和国涉外民事关系法律适用法》第10条。

[②] 《最高人民法院关于贯彻执行〈中华人民共和国民法通则〉若干问题的意见(试行)》第193条。

[③] 林燕萍、黄艳如:"外国法为何难以查明——基于《涉外民事关系法律适用法》第10条的实证分析",载《法学》2014年第10期,第116~126页。

其一，随着当今社会涉外民商事交往的日益频繁，各地法院法官受理案件的数量不断增长，从而导致法官们在结案率的压力下难以保证案件审判过程中的每个环节都做到尽善尽美，而模糊的立法和司法解释加剧了这一状况的产生；[①]其二，当事人根据意思自治选择适用外国法时，往往只具有适用外国法或选择合同事项"统治法律"（governing law）的意愿，而并不等于要求当事人在签约时就已经完全查明了外国法并可供日后诉讼之用，且很少有当事人如此操作。在审理中当以意思自治为由适用外国法时，仍需法院或仲裁机构予以主动查明，在法院司法资源如此紧缺的情况下，法律专家查明外国法似乎是不可或缺的。

二、专家查明外国法的现行依据和障碍

中外法律专家提供外国法作为《最高人民法院关于贯彻执行〈中华人民共和国民法通则〉若干问题的意见》（以下简称《民通意见》）所规定的五种外国法查明方式之一，已经通过设立外国法查明中心这一组织机构向人民法院贡献自己的技术力量。但这一查明外国法的方式的权力来源和实践中所面临的法律障碍，仍需要进一步探讨。

（一）专家查明外国法的法律依据

专家查明外国法的法律规定主要来自《民通意见》第193条。但该条款只规定了查明的方法和渠道，并没有规定详细的查明主体。因此，除了第一种方式即当事人提供外，缔约对方的中央机关提供、使领馆提供、中外法律专家提供这几种方式中，究竟由谁作为申请查明的主体，申请查明且无法查明外国法是谁的责任，均未明确。因此，在实践中就面临这样的现实问题，即由谁来负责查明外国法无法确定，是否要穷尽所有的查明渠道也没有规定。职是之故，外国法查明空有若干查明方式却无法实际使用，除非是当事人在审理之时直接向法庭提供已经查明的外国法，否则法院宁可以无法查明为由排除外国法的适用。

在2005年最高人民法院公布的《第二次全国涉外商事海事审判工作会议纪

[①] 马擎宇："从司法审判实践角度完善我国的外国法查明制度"，载《南阳师范学院学报（社会科学版）》2011年第7期，第8~13页。

要》(以下简称《涉外商事海事审判工作纪要》)中,对这一问题做了进一步规定。涉外商事纠纷案件应当适用的法律为外国法律时,由当事人提供或者证明该外国法律的相关内容。当事人可以通过法律专家、法律服务机构、行业自律性组织、国际组织、互联网等途径提供相关外国法律的成文法或者判例,亦可同时提供相关的法律著述、法律介绍资料、专家意见书等。当事人对提供外国法律确有困难的,可以申请人民法院依职权查明相关外国法律。[①] 从《涉外商事海事审判工作纪要》行文来看,利用法律专家来查明外国法是《民通意见》中当事人提供外国法的方式的一种。而人民法院的依职权查明则作为当事人不能提供外国法时的第二层级的查明主体。《涉外商事海事审判工作纪要》第53条规定,外国法无法查明时,人民法院可以适用中国法。该条文仍然未能指引法院在当事人无法提供外国法时,主动依职权查明的问题,却将法院主动查明外国法降低为了辅助手段,且需要"当事人申请"方可启动查明程序。而第53条对外国法无法查明的规定则对此雪上加霜,"外国法无法查明时"可以被理解为当事人自身无法查明外国法时,在此情况下,法院可径自适用中国法。那么在审判实践中,其实就几乎已不存在适用外国法的可能性。

最高人民法院颁布的《关于审理涉外民事或商事合同纠纷案件法律适用若干问题的规定》(以下简称《若干规定》)中,对上述查明外国法的立法做了较大的调整。除当事人主动提供外国法外,人民法院根据最密切联系原则确定合同争议应适用的法律为外国法律时,可以主动依职权查明该外国法律。当事人和人民法院通过适当的途径均不能查明外国法律的内容的,人民法院可以适用中国法律。[②] 这一规定的主要目的在于提升了人民法院依职权查明外国法的主动性,从传统的当事人提供外国法,法院仅判断是否存在外国法,转向法院主动依职权查明外国法。该条中所规定的"适当途径"也包括了专家查明外国法的方式。

[①] 参见最高人民法院颁布:《第二次全国涉外商事海事审判工作会议纪要》,法发〔2005〕26号文,第51条。
[②] 参见《最高人民法院关于审理涉外民事或商事合同纠纷案件法律适用若干问题的规定》,法释〔2007〕14号,第9条。

《法律适用法》颁布后，对法官依职权查明外国法的赋权达到了空前的程度，彻底改变了2005年《涉外商事海事审判工作纪要》规定的面貌。在《法律适用法》第10条规定的文义下，似乎人民法院、仲裁机构或者行政机关已经将查明外国法的职权收归自身，留给当事人的查明义务则仅限于"选择适用外国法"这一合意选择适用外国法的情形。根据最高院颁布的《法律适用法》司法解释的规定，人民法院有权主动利用中外法律专家来查明外国法，① 这也成了中外法律专家为人民法院查明外国法的法律依据。

（二）专家查明外国法的法律障碍

《法律适用法》中对外国法查明主体的规定改变了中国原有的外国法查明模式，即原来的由当事人主导查明工作，法院对查明结果进行审查，最终判断适用外国法或法院地法的模式。而转变为由法院主动依职权查明外国法。这一立法初衷其一在于提升法官在查明外国法中的主导作用，可根据具体情况判断是否存在查明不能的情形，自由裁量是否需要依职权查明外国法的内容，从而更好地提升效率，节约司法资源。② 其二在于将当事人查明外国法限定为合意选择适用外国法时，能够更熟悉也更便利地向法院提供合意选择的外国法。这一良好的立法初衷却并未产生相应的效果，审判实践中查明和适用外国法仍然困难重重，其主要原因在于在中国的立法模式中，对外国法的性质未能予以明确规定，对外国法的适用程序也没有明确的规定。

如上文所述，中国在立法过程中侧重于查明外国法存在与否的可能性，却并不注重外国法属于"事实"还是"法律"的分野。其实，对外国法属于"事实"与"法律"的不同态度会直接导致查明外国法的主体与方式的不同选择，因此显得十分重要。英国法视外国法为"事实"（fact），由当事人自己证明。当事人证明外国法这一事实和当事人所证明的其他事实，都需提供信息和证据，

---

① 参见《最高人民法院关于适用〈中华人民共和国涉外民事关系法律适用法〉若干问题的解释（一）》，法释〔2012〕24号，第17条。
② 郭玉军："近年中国有关外国法查明与适用的理论与实践"，载《武大国际法评论》2006年第2期，第1~19页。

并经过双方交叉质证,两者没有本质区别。而德国诉讼模式的特征是法官职权主义,诉讼程序的推进主要仰赖法官而非当事人。与此诉讼模式相对应,德国法视外国法为"法律",与德国国内法相同,都在法官司法认知的范畴之内,应由法官依职权查明而无须当事人证明。①

而中国的国内法对这一问题并没有一个明确的规定,只能从立法体系中予以推断。在2005年《涉外商事海事审判工作纪要》中,最高人民法院规定当事人提供的外国法律经质证后无异议的,人民法院应予确认。对当事人有异议的部分或者当事人提供的专家意见不一致的,由人民法院审查认定。② 2007年《若干规定》中也规定了当事人对查明的外国法律内容须经质证无异议后,方可适用。③ 最新颁布的《法律适用法》的司法解释也同样支持了这一立法模式,无论外国法的来源为何,人民法院都应当听取各方当事人对应当适用的外国法律的内容及其理解与适用的意见。当事人对该外国法律的内容及其理解与适用均无异议的,人民法院可以予以确认适用。当事人有异议的,由人民法院依职权主动审查认定。④

从立法体制上看,中国的国内法是将外国法视为"事实"来看待的,即便是经过查明的外国法,还需要经过双方当事人的质证才可适用。但是这类"事实"又不同于一般意义上的事实和证据。有学者主张,将外国法看作事实不符合实际。外国法虽然来源于外国主权,并不当然地为内国法院所接受,但当其为内国冲突规范所援引时,就具有了域内效力成了与内国法律同等效力的准据法。⑤ 也就是说,将外国法律在适用时看待为"事实"或"法律",与查明过程中将其看待为"事实"或"法律"是两层不同的含义。查明中将外国法看待

---

① 焦燕:"我国外国法查明新规之检视——评《涉外民事关系法律适用法》第10条",载《清华法学》2013年第7期,第164~175页。
② 参见最高人民法院颁布:《第二次全国涉外商事海事审判工作会议纪要》,法发〔2005〕26号文,第52条。
③ 参见《最高人民法院关于审理涉外民事或商事合同纠纷案件法律适用若干问题的规定》,法释〔2007〕14号,第10条。
④ 参见《最高人民法院关于适用〈中华人民共和国涉外民事关系法律适用法〉若干问题的解释(一)》,法释〔2012〕24号,第18条。
⑤ 张磊:"外国法的查明之立法及司法问题探析",载《法律适用》2003年第1期,第96~99页。

为"事实"或"法律"关系到程序正义,即使用何种查明方式能够提供可供判断案情是非曲直的法律依据。从中国的国内法规定来看,似乎查明到的外国法在经过双方当事人质证之前不会被视为"法律",而只是当事人所提供的"法律资料"。而实践中的质证过程从理论上看,其实是一个"重新合意选法"的过程,将当事人所提供的外国"法律资料"通过庭审质证程序中的双方认可,书记员记录在案,完成了一个可供回溯的重新选择法律过程。

这一模式可能避免了当事人在选法上的纠纷,但另一问题在于,立法中没有对不同主体查明的外国法属于"事实"或"法律"进行区分。如果法院依职权查明外国法和当事人自行查明并提供外国法,都通过委托中外法律专家这一渠道进行了查明,那么如果将查明结果一律视为"事实",则会引起不必要的麻烦和资源的浪费。对于法院依职权查明的外国法,如果在庭审中仍对其组织质证后方可适用,那就有可能会影响法院依职权查明外国法的权威性和公信力,双方当事人在获知有可能适用的外国法对己方不利时,都可以通过自行聘请法律专家,再次查明外国法并以提出异议的方式挑战法院的查明结果。而法院如果再次组织质证外国法,则会使诉讼程序陷入循环和反复的境地,造成审判程序久拖不决。

三、专家查明外国法的责任和救济

随着《法律适用法》第 10 条的规定,可以说中国开始偏向法院依职权主动查明外国法。但是由于法律规定的模糊性,在法院开展外国法查明的过程中面临的最大问题是法律专家可能产生的专家责任,以及适用外国法错误的救济。

(一)外国法查明中的专家责任

由于缺乏制定法的指引和官方对专家和外国法查明中心的授权,在中国法院司法实践中通过专家查明外国法时,往往是由法庭自身来确认专家的资质。而且实践中法院往往偏向于外国的法律执业者,特别是在涉港案件中,往往以香港著名律师行的法律意见书作为参照的专家意见。[①] 现今,法院已经逐渐开

---

① 王葆莳:"论我国涉外审判中'专家意见'制度的完善",载《法学评论》2009 年第 6 期,第 78~83 页。

始委托外国法查明中心等科研院所的技术力量来查明外国法。但目前对于法院依职权查明外国法处于何种法律地位，认识尚不一致，往往还是将其看待为待证事实的情形较多。审判实践中，无论是当事人提供的专家法律意见，还是法院依职权指定的专家意见并无审判程序上的不同待遇。如中国远洋运输总公司诉菱信租赁国际（巴拿马）有限责任公司借款合同纠纷一案中，菱信租赁公司提供了由外国律师行出具的法律意见书，并经双方当事人质证后法院采信。①而荷兰商业银行上海分行诉苏州工业园区壳牌燃气有限公司担保合同偿付纠纷案中，江苏省高级人民法院就本案的法律适用问题委托华东政法大学（当时校名为"华东政法学院"）陈治东教授书面提供了有关英格兰法律的规定。双方当事人均未表示异议。②可见无论是法院依职权查明还是当事人自行查明，都要经过双方当事人质证并排除异议的程序才可得到采信，即便是法院主动委托专家查明外国法也不例外。

在这一程序下，专家提供的外国法如果发生错误，专家是否应当承担责任？应当承担何种责任？有学者认为，倘若当事人聘任的专家出具错误意见导致委托人损失，当事人自然可以追究违约责任。委托人和对方当事人均可以要求提供错误外国法的专家承担侵权责任。③但事实上，这一类型的侵权责任在目前而言没有出现。如上文所述，查明的外国法如是由当事人委托专家查明的，经过质证程序之后也形成了双方对此的一致认可，并确认可以用于本案件的审理。如果查明的外国法是由法庭委托专家查明的，各方当事人经过质证认可后，再对此提出异议的情形更加稀少。因此，法院为求案件审理的稳妥，往往将外国法交于双方当事人质证，并在笔录中确认各方不存异议。根据民事诉讼中的禁止反言规则，当事人在庭审笔录中存在己方认可外国法适用的相应记载时，绝少再回头追究法律查明专家的责任。

（二）外国法适用错误的救济

虽然《法律适用法》第 10 条规定了法院主动查明并适用外国法的程序，

---

① 中远诉菱信，北京高级人民法院审理，〔2001〕高经终字第 191 号判决书主文。
② 荷兰商行诉壳牌燃气，江苏省高级人民法院审理，〔2000〕苏经初字第 1 号判决书主文。
③ 王葆莳："外国法查明中的专家侵权责任研究"，载《时代法学》2011 年第 5 期，第 85～94 页。

《法律适用法》司法解释也规定了法院有权在当事人存在异议的时候，可以主动审查适用外国法，但对于法律适用错误的救济却没有一并予以规定。那就需要解决法院在通过专家查明外国法时，如果出现查明错误和适用错误，所承担的责任主体和救济方式的问题。

目前，法院依职权查明并适用外国法的案件仅有原告华恒国际实业有限公司（以下简称华恒公司）与被告高明国际贸易有限公司（以下简称高明公司）、第三人宁波创富金属制品有限公司（以下简称创富公司）股权转让合同纠纷案一案。① 而且，该案判决书中亦写明了对于本院依职权委托法律专家查明的制定法，华恒公司和高明公司均无异议。因此，该案从严格意义上来说也不完全属于"当事人存在异议，则法院审查认定"径自适用外国法的情形。

但相比之下，该案在很大程度上体现了法院依职权主动适用外国法的实践。法院除制定法外，还参照适用了外国判例法，而且对法律的适用过程都在"本院认为"的说理部分进行阐述。在这种情况下，可以认为法院已经依职权主动采信了经查明的外国法，并作为案件审理的依据。在此情况下，如果出现外国法的适用错误，当事人可在上诉程序中以"法院适用法律错误"为由提起上诉。另一种情形下，如果在一审程序中未能查明外国法或查明不全面，法院就径自适用并裁判，当事人也应有权提起上诉程序，但应在二审程序中提供或申请二审法院再次查明外国法并予以适用。此时当事人的上诉理由应是"法院事实认定不清"，在二审中查明的外国法，无论通过何种渠道，都应当再次进行质证并力求取得无异议的结果。由此可见，如法院依职权主动查明外国法并适用，虽然不征求当事人的一致意见，却反而为当事人提供了更加合法的救济渠道。

四、结　语

综上所述，对外国法作为"事实"抑或"法律"的认定会直接影响外国法的查明和适用。中国法院目前为解决这一矛盾所采用的方式是力争通过质证程

---

① 华恒国际实业有限公司诉高明国际贸易有限公司、宁波创富金属制品有限公司，宁波市中级人民法院审理，〔2012〕浙甬商外初字第 16 号判决书主文。

序取得对外国法的一致意见,而查明方式在审理中所扮演的角色反而显得不那么凸显。现行体制下,专家查明外国法作为目前相对比较高效的查明方式,应当受到法院的支持和保护。法院应当采取更加主动的姿态要求当事人通过专家查明渠道提供外国法,必要时依职权委托专家查明外国法,并在当事人无法取得一致意见时主动审查并适用已查明的法律。这样不但能够更有效地利用高质量的专家智库意见,避免审理程序拖沓,还可以为当事人提供有效的法律适用错误的救济渠道。

参考文献

[1] 林燕萍,黄艳如. 外国法为何难以查明——基于《涉外民事关系法律适用法》第10条的实证分析 [J]. 法学, 2014 (10): 116~126.

[2] 焦燕. 我国外国法查明新规之检视——评《涉外民事关系法律适用法》第10条 [J]. 清华法学, 2013 (7): 164~175.

[3] 马擎宇. 从司法审判实践角度完善我国的外国法查明制度 [J]. 南阳师范学院学报(社会科学版), 2011 (7): 8~13.

[4] 王葆莳. 外国法查明中的专家侵权责任研究 [J]. 时代法学, 2011 (5): 85~94.

[5] 宋晓. 外国法:"事实"与"法律"之辨 [J]. 环球法律评论, 2010 (1): 14~21.

[6] 王葆莳. 论我国涉外审判中"专家意见"制度的完善 [J]. 法学评论, 2009 (6): 78~83.

[7] 郭玉军. 近年中国有关外国法查明与适用的理论与实践 [J]. 武大国际法评论, 2006 (2): 1~19.

[8] 张磊. 外国法的查明之立法及司法问题探析 [J]. 法律适用, 2003 (1): 96~99.

[9] 丁伟. 国际私法学 [M]. 上海人民出版社, 2013: 129.

[10] 黄进. 国际私法 [M]. 法律出版社, 2005: 275.

《联合国海洋法公约》的法律价值困境研究

张光耀　金嫣然　著[**]

摘要：《联合国海洋法公约》生效以来在规则层面出现"法外空间"和法律规定模糊的弊病，由此引发诸多国际海洋法争议，甚至导致国际海洋争端的频发。从法理学视角来看，这是由于《联合国海洋法公约》在自由、平等、秩序、利益、主权等价值层面陷入法律价值困境而导致的。因此，对海洋形式法治与实质法治的路径抉择中不能忽略辩证思维方式的自由、平等的能动对话精神和多元主义的实质，平等的海洋自由和权利理念是应对全球化与逆全球化进程中《联合国海洋法公约》进退的一种选择，反思争端解决机制有必要构建成熟的《联合国海洋法公约》法律秩序和海洋法治环境，使利益主体得以获得有效表达的制度空间，并加强海洋合作与共识，从而实现21世纪《联合国海洋法公约》海洋正义。

关键词：联合国海洋法公约；法律价值困境；法理学

一、问题的提出

从"海洋封闭"（Mare Clausum）到"海洋自由"（Mare Liberum），再到

---

[*] 本文受2016年度中国海洋发展研究会重大研究项目"《联合国海洋法公约》若干制度评价与完善预研"（CAMAZDA201602）资助。

[**] 张光耀，武汉大学法学院博士；金嫣然，华东政法大学国际法学院硕士。

当今面临的气候变化、海水温度上升、污染、海水酸化、缺氧和对海洋鱼类的过度捕捞等"海洋危机"（Mare Crisium），三种理论的变迁推动着海洋法的演进与发展。1982年通过的《联合国海洋法公约》（United Nations Conventionon the Law of the Sea，以下简称《公约》）一经生效便具有法律的工具意义与外在价值。在"文本世界"里，《公约》各项法律规定是作为国际法制定者的众多国家依据一定的立法程序而制定的，其效力得到缔约国的普遍承认。在"具体世界"里，国际海洋事务作为其调整的主要内容，充斥着纷繁复杂的海洋法律纠纷与争议。全球海洋法治的核心在于调整21世纪"海洋封闭""海洋自由"与"海洋危机"之间的关系，需要以《公约》为代表的当代海洋法体系的构建获得普遍认同，同时确保这种海洋法体系是良好的体系。目前，虽然《公约》建立了新的海洋法律框架，迈出了构建国际海洋秩序的第一步，但是对诸多核心问题的措辞却十分烦琐和模糊，在立场上明显倾向于部分海岸线有优势的沿海国。这种缺陷在实践中往往导致争端双方径自作出有利于自己的解释，尤其是沿海国大国往往最大限度地获取自己的专属经济区和大陆架权益，从而引发海洋争端。[①] 这也导致在相当多的海洋划界实践中，《公约》诸多规定缺乏可操作性。此外，立法技术上的限制使得《公约》存在诸多"法律未评价的空间"或称"法外空间"，即法律秩序对相关问题放弃评价。[②] 这也意味着各国政府在批准或加入《公约》之时可能充满巨大法律风险。事实证明，《公约》自1994年生效以来出现了诸多不容回避的问题：国家间的海上矛盾加剧，特别是海域狭窄的闭海和半闭海地区，由专属经济区和大陆架划界引起的矛盾日益突出；海上岛屿和岛礁的主权争端剧增；对海洋空间的占有和资源的争夺日趋激烈；海洋权益纠纷和各种涉海案件频繁；海上管辖范围的扩大，使沿海国的管辖能力受到不同程度的挑战。[③] 法律价值于《公约》产生超实证法律的影响，体现为《公约》应当如何，是对其理想和目的的理性判断，分析主义法学家哈特认

[①] 罗国强："《联合国海洋法公约》的立法特点及其对中国的影响"，载《云南社会科学》2014年第1期，第126~128页。
[②] ［德］考夫曼：《法律哲学》，刘幸义等译，法律出版社2004年版，第327页。
[③] 薛桂芳：《〈联合国海洋法公约〉与国家实践》，海洋出版社2011年版，第2页。

为它是一种"最低限度的自然法"。① 因此,在经济全球化和法律全球化发展的进程中,以法理学为视角,针对作为"一揽子交易"②"更早的条约"或者一种框架式"伞状"的《公约》陷入了哪些法律价值困境以及如何应对这些困境进行研究具有重要理论意义。厘清这些问题有助于保证《公约》的解释和适用不偏离良法和善治的良好轨道,转变《公约》价值中的妥协、利己、实用主义、国家本位、特权等非正义因素的困扰,从而实现21世纪《公约》的海洋正义。

二、《公约》的多元价值困境

(一)妥协的自由与限制的自由

参与三次联合国海洋法会议的国家和地区实现了对"海洋自由"的调控,对保障和实现21世纪"海洋自由"的权利和义务都具有非常重要的意义。但从本质上来看,这是一种各国意志妥协后的自由。正如批判法学派所认为的:法律是不同利益团体间利益妥协和人为因素作用的结果,而非客观的逻辑或者经验系统。③ 考虑到三次联合国海洋法会议上出现的不同观点,条约草案无法得到普遍接受也不足为奇。《公约》第308条指出将在第60份批准书或加入书交存之日后12个月生效。《公约》花费11年时间才累积到第60份批准书的交存,在批准《公约》的60个国家中,又有58个被认为是发展中国家。美国强烈反对《公约》第十一部分,为了劝阻第十一部分的反对者,在尊重已经批准《公约》的50多个国家的同时,联合国大会又通过了《联合国海洋法公约〈关于执行第十一部分的协定〉》(简称《1994年执行协定》)。《1994年执行协定》缓解了大多数工业化国家的关切,最终几乎所有其他沿海国家都较快加入《公

---

① 吕世伦:《法理念探索》,西安交通大学出版社2016年版,第311页。
② Division for Ocean Affairs and the Law of the Sea:"The United Nations Convention on the Law of the Sea(A historical perspective)", Oceans & Law of the Sea United Nations, available at:http://www.un.org/depts/los/convention_agreements/convention_historical_perspective.htm#Third Conference, last visited on 11 July 2017.
③ 於兴中:《法理学前沿》,中国民主法制出版社2015年版,第77页。

约》。然而，美国尽管参与起草1982年《公约》和《1994年执行协议》，但至今仍未批准《公约》，成为世界上唯一不是缔约国的沿海大国。[1] 因此，有学者批判性地认为，《1994年执行协定》是一种"奇怪的创造物"（curious creature），它明明对公约进行了修改，却又在标题上不诚实地暗示是为了使公约条款生效而并不是对公约的修改，这种做法对于条约法发展可以说是富有创造力的。[2] 未来不排除会召开第四次联合国海洋法会议的可能，通过另外的法律文件和国家、国际组织实践对《公约》作进一步的修改和扩大。[3] 但也有学者反对召开第四次联合国海洋法会议，认为它不会比第三次会议更成功且将会破坏《公约》中所达成的那些一致的观点。[4] 由此可见，《公约》起草者及其利益主体在竞争中求得利益的妥协。人类之所以没有因为斗争而走向毁灭，就是因为人类本身所具有的妥协的本能，在《公约》制定过程中，多元利益主体之所以没有在利益竞争中形成僵局，也是因为各利益主体具有妥协的本能。[5] 从《公约》的第二部分领海和毗连区制度至第十五部分争端解决制度，这些条文经历了1958年、1960年、1973年的三次联合国海洋法会议长达24年的探讨才得以确立和通过。每个单独的条款只是"互相迁就"策略的一部分，旨在成功缔结作为整体的"一揽子交易"。每项条款更是在实力不对等的东西方国家和南北国家之间妥协的结果，也是船旗国和沿海国相悖利益下的妥协。[6]

现代海洋法在对"海洋自由"的限制体现在地理上和功能上，特别是自从《公约》通过以来，国际社会一直在朝着更加限制自由的方向发展。公海已经

---

[1] Aaron M. Riggio, Giving Teeth to the Tiger: How the South China Sea Crisis Demonstrates the Need for Revision to the Law of the Sea, Military Law Review, 2016, Vol. 224, No. 3, pp. 604–605.

[2] R. R. Churchill and A. V. Lowe, The Law of the Sea, Manchester: Manchester University Press, 1999, p. 20.

[3] Donald R. Rothwell, Law of the Sea, London: Edward Elgar Publishing, 2013, pp. xxiii-xxiv.

[4] Arvid Pardo, Perspectives on Ocean Governance, in Jon M. Van Dyke etc. ed., Freedom for the Seas in the 21st Century: Ocean governance and environmental harmony, Washington: Island Press, 1993, p. 40.

[5] 张斌:《利益衡量论——以个体主义方法论为视角的现代立法研究》，海天出版社2015年版，第95~96页。

[6] Susanne Wasum-Rainer and Daniela Schlegel, The UNCLOS Dispute Settlement System: Between Hamburg and the Hague, German Yearbook of International Law, 2005, Vol. 48, No. 1, p. 196.

成为一个"受管理的公共区域"（managed common area），而不是自由可以充分行使的地区。在航行和渔业方面尤其如此，一定程度上受到《公约》规则、国际协议和软法性文件的广泛影响和规制。[1] 自由本是外界障碍不存在的状态。[2] 然而，从奴隶制社会时期，海上贸易和作战的自由就受到古罗马与迦太基等签订的条约的限制；到封建制度时期，欧洲海洋大国主张对近海的权利受到了《罗伊法集》《阿马菲法集》《海上法汇编》等中规范人类海上活动的主张的限制；再到资本主义发展时期，《海洋自由论》与《海洋主权论》《闭海论》立场的对立。这些都无不证明哈耶克法律理论的建构内涵，即确获保障的领域的自由实际上是一种法律下的自由，或者说法律是自由的基础。[3] 也印证了卢梭对法的自由观：人类只有遵从自己为自己制定的法律时，才是自由的。[4]《公约》是人类自己为自己制定的法律，使海洋治理结构从传统的二元模式（领海＋公海）向多元模式（领海＋毗连区＋专属经济区＋大陆架＋"区域"＋公海）转变。但受海洋科技、中西话语体系、国家实力等因素影响，实然的"海洋自由"与应然的"海洋自由"无法获得最大程度上的趋近。通过对"海洋自由"的合理限制是实现最大化的应然"海洋自由"的路径，缺乏适度的、合理的和正当的调控都会影响对"海洋自由"调控的效果，从而引发《公约》的法律争议和国际海洋法争端。

（二）失衡的平等

多元的权利主体和多样的权利内容，使得平等成为《公约》价值的必要和可能。从主体来看，《公约》的平等价值体现为沿海国与内陆国、海洋大国与海洋小国、发展中国家与发达国家之间的主体地位平等，体现的是一种平衡的正义。在内容方面，不同缔约国所享有的《公约》权利与承担的《公约》义务根据需求和能力等标准来加以分配，《公约》序言中也强调了"巩固各国间符

---

[1] Michaela Young, Then and Now: Reappraising Freedom of the Seas in Modern Law of the Sea, Ocean Development & International Law, 2016, Vol. 47, No. 2, p. 180.
[2] ［英］霍布斯：《利维坦》，黎思复、黎廷弼译，商务印书馆1985年版，第97页。
[3] 邓正来：《哈耶克法律哲学》，复旦大学出版社2009年版，第31页。
[4] ［法］卢梭：《社会契约论》，徐强译，九州出版社2007年版，第51页。

合正义和权利平等原则的和平、安全、合作和友好关系……"体现出一种分配正义。由于《公约》在立法技术上具有内容广泛、框架宏大，细节含糊其词、模棱两可的特点，① 这使得对《公约》立法的精确性无法要求过高，从而在制度上缺乏清楚的、具体的客观依据，形成一种"硬法缺陷"的局面。② 而且，《公约》作为国际法本身具有"原始性"和强制执行上的特殊性即"弱法性"。国际法的来源是没有被组织起来的权威，国家之间的联合具有无政府状态的特征，因而形成一种并不拥有统治者的权力的权威，这种无政府主义的法律缺乏约束力并存在缺陷。③ 故平等价值的实现缺乏一种充分的、自主的实现以及对其他主体的尊重。以至于外国研究报告显示，中国在过去30年间，在海洋研究方面取得了重大进展，尤其在生物资源、沿海地带生态、海洋学和地球科学这些方面重视程度较高，但是对海洋健康和生物安全、国际法以及监测、控制和管制海洋方面的重视程度则相对较低。④

再加上国际海洋实践中司法和仲裁程序具有个案性，法官以及学者学说具有主观性，这都无法有效弥补平等价值的失衡，反而使得平等价值误入歧途，容易成为政治博弈的牺牲品，从菲律宾诉中国的"南海仲裁案"就可见一斑。⑤

此外，受海洋相关科技迅猛发展的影响，发达国家技术领先于大多数发展

---

① 罗国强："论'南海仲裁案'仲裁裁决的枉法性"，载《当代法学》2016年第6期，第149页。

② 罗豪才：《软法的理论与实践》，北京大学出版社2010年版，第57页。

③ [法] 狄骥：《法律与国家》，冷静译，中国法制出版社2010年版，第170页。

④ Denis Lacroix, Bernard David and Véronique Lamblin etc., Interactions Between Oceans and Societies In 2030: Challenges and Issues for Research, European Journal of Futures Research, 2016, Vol. 4, No. 1, p. 12.

⑤ 编者补充：2013年1月22日，菲律宾政府给中国驻菲大使递交了外交照会，根据《联合国海洋法公约》第287条及附件七的相关规定，向中国提起强制仲裁。2014年3月30日，菲律宾提交了诉状，其中包含十五项诉求。中国拒绝参加仲裁，并于2014年12月发布《中华人民共和国政府关于菲律宾共和国所提南海仲裁案管辖权问题的立场文件》，提出仲裁庭对于菲律宾提起的仲裁明显没有管辖权；各国有权自主选择争端解决方式，中国不接受、不参与菲律宾提起的仲裁具有充分的国际法依据。然而，在本仲裁案中，仲裁庭将中国视为被告，中国所提《立场文件》仲裁庭详细检视。于2015年10月以全体一致的方式作出了关于管辖权与可受理性问题的裁决，确立了其对菲律宾所提15项诉求中的第3、4、6、7、10、11条和第13条这7项诉求的管辖权，剩余8项菲方诉求，仲裁庭认为要判断是否具有管辖权，必须考虑实体问题，因此全部移送实体审理，并于2016年7月公布《实体裁决》，否决了中国在南海的历史性权利、否认了南沙群岛内海上地物的岛屿地位、裁判了黄岩岛及仁爱礁周边海上执法冲突环境问题。

中国家和最不发达国家。目前10个高度发达国家占据了与海洋遗传资源有关的90%的专利。相比之下，中国在发现和调查海洋遗传资源方面虽然取得了重大进展，迄今为止在太平洋、印度洋和大西洋中发现了17个热液活动区（hydrothermal active zones），但也仅约占世界发现的热液带的十分之一。在处理海洋遗传资源法律地位及其法律制定过程问题时，发达国家通常会首先以确保其既得利益得到保障或者寻求最大利益作为问题的基本出发点。[①] 国家主权平等性的对立面即是国家主权的特权性，这种特权性破坏了法律规范的利益平衡与权力规范的权力平衡，[②] 加深了对《公约》平等主体和平等权利的侵犯，致使《公约》不平等问题会愈发严重。

（三）"失序"与政治/法律方法的失灵

《公约》序言提到"通过本公约，在妥为顾及所有国家主权的情形下，为海洋建立一种法律秩序……达成这些目标将有助于实现公正公平的国际经济法秩序……"可见，《公约》生效的首要追求是维护海洋法律秩序，避免各国在海洋权利、资源、利益的争夺中出现"混战"和"弱肉强食"的局面。《公约》的法律逻辑表明，遵循法律秩序有助于实现国际经济秩序的公正与公平。

国际法中维护法律秩序的方法可以是政治方法和法律方法，强制性方法解决争端为国际法所排除，《公约》第279条规定了用和平方法解决争端的义务。因此，用强制性方法解决《公约》争端等于违背《公约》义务，构成国际不法行为。但是，海洋争端解决中存在一种的"失序"现象，即争端当事国在一开始通常会爆发武装冲突以求解决争端。例如，1994年喀麦隆诉尼日利亚案在提交至国际法院之前，两国对巴卡西半岛的主权归属争执不下，甚至多次发生武装冲突。但强制性方法并不能够真正解决争端，反而会使争端更加复杂化甚至

[①] Mincai Yu, China Being A Maritime Power under the UNCLOS: Issues and Ways, Journal of East Asia and International Law, 2014, Vol. 7, No. 2, pp. 331–332.

[②] G. I. Tunkin, International Politics and International Law in the Nuclear Age, in Edward McWhinney etc. ed., From Coexistence to Cooperation: International Law and Organization in the Post-Cold War Era, Leiden: Martinus Nijhoff Publishers, 1991, p. 15.

多边化。于是，喀麦隆于 1994 年 3 月 29 日向国际法院提起诉讼，请求国际法院确认巴卡西岛的主权归属，并对两国间一部分存在争议的海洋边界予以确认，以避免日后的争议。这说明，当强制性方法失灵时，会导致走向司法或仲裁路径。由此，可以概括出国际社会解决海洋争端的路径分为七种方法：（1）强制性方法→政治方法→法律方法；（2）强制性方法→政治方法；（3）政治方法→法律方法；（4）强制性方法→法律方法；（5）强制性方法；（6）政治性方法；（7）法律方法。由于《公约》第 283 条规定了争端各方应迅速就以谈判或其他和平方式解决争端一事交换意见的义务，因此，理论上第（4）种和第（7）种跳过或未经政治方法的解决路径是不存在的。而（1）（2）（5）这三种路径也都因为涉及强制性方法，理论上也是不可行的。所以，仅有（3）和（6）目前是符合《联合国宪章》第 2 条第 3 项、第 33 条和《公约》第十五部分第一节规定的解决海洋争端的可行路径。但是，从提交至国际法院（International Court of Justice，ICJ）、国际海洋法法庭（International Tribunal for the Law of the Sea，ITLOS）、海牙常设仲裁法院（Permanent Court of Arbitration，PCA）的案件可以看出，政治/法律方法的失灵常常导致法律/政治方法的重启，即当政治方法失灵时法律方法就成了解决海洋争端的最后方式。但必须注意的是，法律方法作为最后方式并不意味着可以滥用《公约》关于管辖权和实体规范的规定而擅自提起强制仲裁。仲裁法庭错误地界定管辖权、错误地行使管辖权、[①]错误地解释《公约》都会使仲裁裁决缺乏效力，无法对当事国产生拘束力。而当法律方法失灵时解决争端的最后途径也可能是政治方式，如 2000 年智利诉欧洲联盟关于保护和可持续利用东南太平洋箭鱼种群案，在 2009 年 12 月 16 日双方基于所达成的六项谅解从而申请撤消在国际海洋法法庭审理中的这个案件。[②]

因此，"失序"现象和政治/法律方法的失灵破坏了《公约》中所蕴含的秩序价值，无法解决问题的界限和结果的不确定性都使得秩序价值陷入困境，导

---

① 高健军："国际仲裁法庭越权：判定标准与发生情形"，载《边界与海洋研究》2017 年第 2 期，第 26~31 页。

② See Case Concerning the Conservation and Sustainable Exploitation of Swordfish Stocks in the South-Eastern Pacific Ocean (Chile/European Union), List of Cases: No. 7, Order of 16 December 2009, para. 12.

致对《公约》规范的遵守缺乏稳定性和持久性以及《公约》效力施展的不全面，无法为实现海洋法律秩序提供强力保障。

（四）油气资源的利益争夺

"天下熙熙，皆为利来；天下攘攘，皆为利往。"[①] 利益作为一种客观存在，《公约》确立之初就展开了对不同利益的识别工作，并反映了绝大多数国家开发利用海洋的共同愿望和利益需求，标志着世界海洋秩序的确立。《公约》序言围绕"全人类的利益和需要"强调了《公约》价值的属人性，这是一种具有共同性、国际性、利益性的价值追求。《公约》正是为适应这种利益调节的需要而产生，三次联合国海洋法会议对条文的变化和发展也源自对利益关系的变化和发展。

这其中以油气资源的利益争夺最为激烈。随着油气生产国国内储量的日趋减少，各国纷纷走向海洋以寻求更广泛的资源利益，并将开发利用海洋资源列为一项基本国策。海洋还成为人类求生存、谋发展的新空间，即"第二空间"，越来越多的国家将开发利用海洋资源列为一项基本国策。海洋资源作为一种"公共池塘"资源（common-pool resource），[②] 油气资源利益的争夺直接或间接导致《公约》争端的产生。通过梳理《公约》生效以来 ICJ16 件、ITLOS25 件、PCA15 件涉及海洋法的案例可以得出，直接由油气资源引发的争端指的是在蕴含丰富油气资源的海域，缔约国为了获得油气资源权属所引发的划界争端，如 2004 年巴巴多斯诉特立尼达和多巴哥划界案、2009 年孟加拉国与印度关于孟加拉湾海洋划界案和 2014 年索马里诉肯尼亚的印度洋海洋划界案等。而间接由油气资源引发的争端指的是在勘探、开发油气资源的过程中引发的非划界争

---

① 《史记·货殖列传》。
② "公共池塘"资源具有两个定义上的特征：第一，没有单个行为者已经建立对它的控制；第二，资源的消耗在某种程度上是"敌对的"，意味着当一个行为者消耗资源时，其数量或质量对于其他潜在消费者来说意味着减少。See Eric A. Posner and Alan O. Sykes, Economic Foundations of the Law of the Sea, The American Journal of International Law, 2010, Vol. 104, No. 4, p. 571.

端，如 2013 年荷兰诉俄罗斯"北极日出号"仲裁案。① 这种由于油气资源间接引发的争端，争端类型可能表现为海洋环境的保护、渔业资源争端、申请临时措施或迅速释放等。实践表明，无论是直接还是间接由油气资源引发的争端，都成为近几年缔约国之间引发《公约》海洋争端的重要因素之一。

（五）全球化对主权的挑战

虽然《公约》序言中提到"在妥为顾及所有国家主权的情形下"来建立一种海洋法律秩序，但是如何守住国家海洋主权和边界目前仍然是多数国家所面临的主要挑战。随着全球化的发展，国家主权的边界正受到削弱，地区之间、国家之间的边界壁垒正在逐步消失。研究表明，海洋大国目前对确保国家海洋资源安全要比促进国际合作以确保贸易和可持续利用海洋资源表现出更大的兴趣。② 这说明，海洋大国仍处于保守参与海洋"全球化"的现状。虽然这种保守与 1648 年《威斯特伐利亚和约》以来所形成的坚硬互碰的台球式国家关系相比，已经实现一定程度的穿透。但显而易见的是，"国家主权相对化""去国家化"并没有演变成海洋法领域的发展趋势。相反，海上"民族主义""管辖权蔓延"（creeping jurisdiction）及"主权不为法律所限制"将可能会复兴和获得新的力量。③ 因此，全球化对于《公约》来讲，如何与全球经济领域的深入融合形成互动是当前《公约》面临的重要问题。国家在主权问题上进行自主限制和自主让渡的必然结果是国家利益的最大化，即以必要的妥协和让步为代价，充分利用当今世界所能提供的各种资源，在最短的时间内，以最快的速度、最小的代价，走向可持续发展和繁荣，这最终无疑会强化国家的主权地位。④ 国

---

① 本案实为绿色和平组织为抗议俄罗斯在北极开采石油而试图登上俄罗斯天然气公司的钻井平台，俄罗斯依据国内法逮捕和扣押了船员和船只，因此船旗国荷兰向国际海洋法法庭申请临时措施的案件。

② Denis Lacroix, Bernard David and Véronique Lamblin etc., Interactions Between Oceans and Societies In 2030: Challenges and Issues for Research, European Journal of Futures Research, 2016, Vol. 4, No. 1, p. 1.

③ 奥斯丁认为，主权不为法律所限制，所有最高统治在法律上都是专制的。国际法不是法律，因为它缺乏一个决定性、不可分割的主权的权力来源。参见［英］罗杰·科特瑞尔：《法理学的政治分析》，张笑宇译，北京大学出版社 2013 年版，第 68～69、281 页。

④ 俞正梁："国家主权的层次理论"，载《太平洋学报》2000 年第 4 期，第 16 页。

家实体仅仅依赖自身经济基础、政治外交关系、民族文化传统所形成的对国家海洋边界和主权的限制，将滋生更多的海洋争议甚至争端。

另外，全球化的推进对于整个国际海洋法治来讲，正在促进国家正义、区域正义与全球正义的相互缠绕、相互重叠，处理国际海洋事务与国内、区域事务无法分清楚界限。这意味着，在海洋法律规制层面上，亟须谋求共识性的海洋法治价值。① 虽然诸多海洋习惯和一般原则已经得到确认，而且在涉及人类共同利益的全球性问题上容易达成共识，但是国家主权观念并未消失，没有冲突的和平也并未实现，海洋法治依托全球化的背景，在全球多层次治理海洋问题上只会更加复杂。因此，新的海洋法治共识有待引领《公约》更好地融入海洋治理的全球化时代。

三、回应《公约》价值困境的思路

（一）海洋形式法治与实质法治的路径抉择

在全球海洋治理中，海洋形式法治与实质法治争议焦点在于《公约》的解释或适用是否应该包括"实质性内容"或"实质正义"，即21世纪《公约》的海洋正义。事实上，从亚里士多德到西塞罗，再到孟德斯鸠、康德，都认同"良法"是保障正义实现的法律，认为符合正义的、自然法的或自由、平等原则的法律才能导向法治。② 拉兹在《法律的权威》中对此予以反驳，认为法治的概念是一个形式概念，只要法律是可预期、公开且明确的、相对稳定的，就不反对其他特别法灵活性的介入。③ 形式法治论者主张的法治强调法律的统治，它与法律的实质内容没有必然的联系，只要法律得到严格地实施就是法治。在2008年的秘鲁诉智利海域划界案中，国际法院延用了2001年尼加拉瓜诉哥伦比亚案、2004年罗马尼亚诉乌克兰案中所采用的"三步划界法"。④ 但与之不

---

① 王晶宇：《法理学全球化范式研究》，郑州大学出版社2016年版，第142页。
② 高鸿钧：《法治：理念与制度》，中国政法大学出版社2002年版，第176~177页。
③ [英] 约瑟夫·拉兹：《法律的权威》，朱峰译，法律出版社2005年版，第186~188页。
④ Case Concerning Maritime Dispute (Peru v. Chile), Judgment of 27 January 2014, p. 7.

同的是，该案划界的起点是距离智利海岸最近点 80 海里、距离秘鲁海岸最近点 45 海里的海上，而非传统意义上的海岸上，这是尊重争端方既存的海洋划界协议的结果。① 在第三步比例检验中，国际法院认为既然划界的起点在海上，那么这就使得在计算秘鲁和智利相关海岸的长度上和两国按照调整后的临时等距离线确定的相关海域的份额上几乎是不可能实现的，即便可以计算也是十分困难的。② 于是，国际法院直接得出结论称比例检验已经完成，其所划定的临时等距离线没有明显不合比例的情况。③ 智利和秘鲁对判决均表示满意，该海域划界案得到了"公平结果"，但是第三步比例检验的缺失说明程序上的不公平或者存在瑕疵。一方面由于《公约》对第 74 条和第 83 条都提及的"公平解决"缺乏明确的解释造成了这种困境，另一方面本案获得了公平的解决符合海洋治理的形式法治，但却在程序公平上失去了实质法治的内涵。可见，《公约》中规则的模糊性使"实质正义"中的自由、平等、公平等理想和准则变得如同普罗透斯的脸（a Protean face）一般变幻莫测，正如实质法治论者所担心的一样，只关注法律的形式而不注意法律的善恶将使其失去原本的目标。

在《公约》到底需要形式法治还是实质法治的路径抉择中，实质法治包含了美好的理想，但实质正义远非有了理念就能获得，真正实现十分不易。同时，国际社会海洋治理一方面需要形式法治，另一方面妥协、失衡、失序的冲击使行为主体不愿接受《公约》中的某些规制。《公约》规则的发展与演进循序渐进，其与缔约国、国际组织、国际法官、国际时局、国际舆论和案件事实本身之间的关系密切而又复杂，每一次规则的解释或适用都需要协调法律价值与个案正义之间的关系。虽然《公约》的意义已经有文本加以固定，但在框架内甚至在框架外都具有意义的流动性。时代的变迁、个案情景、个别正义等理由都可以构成完善《公约》的能动司法。机械和僵化不是《公约》的宿命，使用法律方法就可以缓解；自由和能动的意志会像自然的水流，不用提倡人们就会使

---

① Case Concerning Maritime Dispute (Peru v. Chile), Judgment of 27 January 2014, para. 183.
② Case Concerning Maritime Dispute (Peru v. Chile), Judgment of 27 January 2014, para. 193.
③ Case Concerning Maritime Dispute (Peru v. Chile), Judgment of 27 January 2014, para. 194.

用。① 所以，在《公约》实质法治与形式法治的抉择中，不能忽视《公约》自身的辩证本性，也不能忽略辩证思维方式的自由、平等的能动对话精神和多元主义的实质。不同的理论和学说为《公约》的法理学研究提供了新的视角，不同的话语体系、不同的地缘环境、不同的法系之间也会存在令人惊讶的相互融合和贯通，对话和宽容的态度在突破困境的路径上有着的独特价值。

（二）全球化与逆全球化的《公约》进退

海洋治理和全球化都具有开放性，新自由主义主导了国家的公共政策范式，《公约》的通过和生效与全球化的出现几乎同步，国家通过让渡部分海洋自由与权利，将全球海洋交往的行为模式以制度化和体系化的方式呈现，完成了应对"危险全球化"的初步法律尝试。从20世纪70年代布雷顿森林体系崩溃和两次石油危机导致西方资本主义经济经历剧变，世界进入全球化时代，到全球化进程于2008年达到顶峰，再到2016年逆全球化现象的出现，是否意味着逆全球化的成功逆袭和全球化的逐渐式微？目前学界没有定论。《公约》在全球化与逆全球化前途不明的进程中该如何进退也成为悬念。这种不确定性主要表现为：《公约》目前已获得167个国家和欧盟的签署和批准，② 可能会出现缔约国的退出和非缔约国的加入的变动；非国家行为体（非政府组织、企业、私人等）的兴起对《公约》规则的适用产生积极或消极作用，目前以国家为基础的政府间国际组织、区域性国际组织在制定新的国际协定和协调国家实践方面仍是进一步发展海洋法的主要手段，③ 一旦传统的"国家中心主义"无法解决全球化衍生的海洋争端，规范非国家实体的《公约》活动可能会有很大的发展空间，利益主体的碎片化会导致利益的分散与分解；各国国内海洋法与《公约》

---

① 陈金钊："实质法治思维路径的风险及其矫正"，载《清华法学》2012年第4期，第80页。

② Division for Ocean Affairs and the Law of the Sea: Chronological Lists of Ratifications of, Accessions and Successions to the Convention and the Related Agreements, Oceans & Law of the Sea United Nations, available at: http://www.un.org/Depts/los/reference_files/chronological_lists_of_ratifications.htm#Agreement relating to the implementation of Part XI of the Convention, last visited on 11 July 2017.

③ David Freestone, Richard Barnes and David M Ong, The Law of the Sea: Progress and Prospects, Oxford: Oxford University Press, 4th Edition, 2006, p. 15.

之间可能逐渐趋同或者完全背离。

就全球化与逆全球化进程中《公约》进退的应对而言，无论国内海洋法还是《公约》所营造的海洋治理，都彼此涉及国际维度、区域维度与国家维度的治理关系。全球化范式要求海洋治理的民族国家法治观转向全球治理的法治观，逆全球化范式要求海洋治理的全球治理的法治观转向民族国家法治观。如果主权的存在是永恒的，那么法律全球化就相当有限，如果主权观念逐渐淡化，便是法律全球化发展之日。① 因此，在此消彼长、动态平衡的发展过程中，应当理性地审视全球化浪潮中所有与《公约》有关的思想和理念的根由，民族国家必须以全球共同体的视角来思考海洋发展问题。对于全球化的超国家观念与民族国家主权观念之间的冲突，凯尔森的观点颇具有启发性：民族国家的法律的地方性秩序必然会导致更具普遍性和客观性的国际秩序。后者的出现，不仅符合逻辑，且更符合道义，因为它的出现将结束国力不均的国家间的冲突，确定各国间的平等，而平等才是真正的国际社会的原则。② 可见，具体的不同维度的海洋治理差异使《公约》具有多样性，平等的海洋自由和权利理念是应对全球化与逆全球化进程的一种选择。无论形成何种新的海洋法律体系和治理体系，都体现出民族国家在全球化和逆全球化背景中对国家本位观念进行的深刻变革。

四、《公约》争端解决机制的反思

如前文所述，理论上通过（3）政治方法→法律方法（6）政治性方法，这两种路径是为《公约》和国际法所允许的海洋争端解决路径。但实践中，海洋争端的解决几乎没有仅仅通过这两种简单途径就能得以彻底解决。可见，寻求《公约》和国际法所允许的方法意味着海洋争端解决的路径是多样的。此外，选择审理《公约》争议的仲裁机构具有一定的灵活性。根据《公约》第287条，对于仲裁来讲，争端方只要选择具有仲裁职能的机构，并按照《公约》附件七或附件八组成相应的仲裁法庭即可。实践证明，PCA、国际投资争端解决

---

① 付子堂主编：《法理学高阶》，高等教育出版社2008年版，第514~515页。
② [美] 麦克尔·哈特、[意] 安东尼奥·奈格里：《帝国：全球化的政治秩序》，杨建国、范一亭译，江苏人民出版社2008年版，第5页。

中心（ICSID）、WTO 争端解决实体（DSB）等都可以成为审理《公约》争议的国际仲裁机构。智利与欧盟的箭鱼案表明，在现行国际法的框架之内，由于管辖权的碎片化，争端双方可以根据自己在争端案件当中的不同利益所需来挑选争端解决机构（Forum Shopping）。① 但是，无论选择哪一机构，《公约》并没有提供争取解决争端的全面保证。② 因此，选择审理《公约》争议的仲裁机构具有一定灵活性的同时，仲裁解决争端也存在不可预测性，这都将给未来的争议案件的审理进程和结果带来不确定性。另外，ITLOS 根据《公约》第 290 条第 1 款享有对当事方没有申请的临时措施进行规定的权利。在 2003 年 7 月 4 日马来西亚诉新加坡柔佛海峡案中，法庭在马来西亚申请的临时措施之外，还要求马来西亚和新加坡需成立独立专家组对填海造地进行监督、就填海工程的信息和影响评价建立交换机制。可见，ITLOS 在临时措施案件中的参与程度是充分的和占主导地位的，对于超出当事方申请范围之外进行规定的行为有待国际社会长期的考验和评判。③ 值得一提的是，2013 年 PCA 共管理了四件仲裁案。④ 这四个案件的共性在于都是"小国"诉"大国"的形式，仲裁提起的单方性更是加剧了海洋争端强制解决机制与国家主权之间的天然紧张关系。在应对强制仲裁裁决的不利影响方面，"大国"显得相对缺乏经验，造成争端形式上的解决而实质上未决的困境，这无疑增加了海洋争端解决的难度。最后，根据《公约》实践，ICJ 和 ITLOS 对咨询案件具有重要影响，在一定程度上解释和发展了《公约》，但是"少数人"的话语权显得举足轻重，这难免也会造成一种现实的困阻。

诸如此类问题需要深刻反思《公约》维护法律秩序的机制。秩序以整个社

---

① Forum Shopping 概念来源于国际私法，系指利用国际民事管辖权的积极冲突，从众多有管辖权的法院中选择一个最能满足自己诉讼请求的法院去起诉的行为，有"挑选法院""选购法院""择地行诉"和"竞择法院"等不同译法。

② Alan Boyle, Forum Shopping for UNCLOS Disputes Relating to Marine Scientific Research, Law, Science & Ocean Management, Center for Oceans Law and Policy（Book 11），Leiden：Brill Publishers, 2007，p. 540.

③ 吴士存：《国际海洋法最新案例精选》，中国民主法制出版社 2016 年版，第 252～261 页。

④ 这些案件分别是：2013 年 1 月 22 日菲律宾诉中国南海仲裁案、2013 年 4 月 10 日荷兰诉俄罗斯北极日出号仲裁案、2013 年 8 月 16 日法罗群岛诉欧洲联盟鲱鱼案和 2013 年 10 月 4 日马耳他诉圣多美和普林西比完整号案。

会的等级结构和命令与服从关系为基础。《公约》争端解决机制体现一种"人造的秩序",这源于国家主权外部的秩序或安排。① 就海洋争端解决而言,主权原则意味着各国在司法机制中一律平等,这代表着小国所追求的绝对平等的自然法理念,但是主权原则在双边和多边谈判中又意味着大国具有绝对的优势,可见国家主权原则既具有自然权利的色彩,同时也具有实证权力的特性。② 因此,多元利益主体与多元利益诉求使《公约》司法解决纠纷能力大打折扣。齐美尔认为社会冲突是社会互动交往的一种形式,冲突是普遍存在的和不可避免的。③ 国际社会的海洋冲突与争端既是利益冲突的反映,也是行为者本能的反应,冲突原本不一定引起《公约》法律秩序陷入困境。之所以《公约》争端解决机制呈现诸多弊病与国际社会结构的"无政府"和国际规范体系的"碎片化"有关。构建成熟的《公约》法律秩序和海洋法治环境在于构成容纳多元参与的协调,使得新兴利益主体得以获得有效表达的制度空间。多元主体参与海洋治理所释放的能量需要与《公约》发展相协调一致,超出供给的需求或者不足供给的需求都会引起法律秩序的内部混乱。

五、合作与共识的中国视角

法律被创制之初,只是一个尚待完成的作品,它需要由时间来补充、完善并使之成熟。④ "一带一路"倡议与《公约》文本内容密切相关,《公约》中一些制度和规则仍需要进一步的修改和完善。因此,对"一带一路"各项议题的探讨无不关系着《公约》未来的解释与有效的适用。在法律维度层面上,国际和国内法律制度应当为"一带一路"的推行提供理念性指引和工具性支持。"一带一路"对法律制度有着内在和天然的需求,中国需要坚决维护相关国际法的权威性和严肃性,提倡和促进各国依据国际法参与地区和全球治理过程。⑤

---

① [英] 弗里德利希·冯·哈耶克:《法律、立法与自由(第一卷)》,邓正来等译,中国大百科全书出版社2000年版,第54~55页。
② 江河:"国家主权的双重属性和大国海权的强化",载《政法论坛》2017年第1期,第129页。
③ [美] 科塞:《社会冲突的功能》,孙立平等译,华夏出版社1989年版,第16页。
④ 舒国滢:《法哲学沉思录》,北京大学出版社2010年版,第301~302页。
⑤ 朱新力、赵骏:"'一带一路'战略中的国际法律问题",见王贵国等主编:《"一带一路"的国际法律视野:香港2015"一带一路"国际论坛文集》,浙江大学出版社2016年版,第319页。

"海上丝绸之路"倡议应着重于国际共识及其法律依据。从某种意义上讲，这标志着中国将从国际规则的被动遵守和接受向积极倡导和制定的角色转变。[①] 可见，中国既需要依据《公约》在多边机制上推动国际海洋法治的发展和完善，也需要将"海上丝绸之路"与各种多边机制保持互动，寻找契合点，避免在海洋法治理过程中处于被动局面。在《中国海洋21世纪议程》中，我国把海洋可持续利用和海洋事业协调发展作为21世纪中国海洋工作的指导思想，这与欧盟重大海洋治理动议不谋而合。[②] 欧洲海洋能源（Ocean Energy Europe）机构将海洋能源技术视为下一代可再生能源，帮助风能和太阳能融入能源系统，为欧洲创造新的工业部门。[③] 这与我国促进全球清洁能源大规模开发利用的"全球能源互联网"倡议也具有相似的目标。由此可见，中国政府的政策和倡议与某些国际组织的动议是存在契合点的。在具有相似的目标和价值的海洋治理动议上推动《公约》的解释和适用将具有双赢的效果，从而避免相互妥协甚至是相互挟制的国际海洋规则的产生，进而不利于国际海洋法治的有序、稳定的发展。

2016年年底中菲关系实现转圜，通过杜特尔特总统访华就全面改善中菲关系达成重要共识，这标志着南海问题重回对话协商解决的正确轨道，意味着有关国家利用南海问题搅乱地区的图谋彻底破产。[④] 无论南海问题前景如何，未来的解决方法都将是政治性的而不是法律性的。[⑤] 2017年是区域组织东盟成立

[①] Zewei Yang, Building the 21st Century Maritime Silk Road: Its Impact on the Peaceful Use of the South China Sea, China and WTO Review, 2016, Vol. 2, No. 1, p. 97.

[②] 欧盟决定在2016年启动全球海洋治理的重大政治动议，它需要政府间的合作与对话，经济经营者和利益相关者更好地适用现有的协议以实现设定的目标。此外，2016年12月7～13日，"海洋能源路线图的设立""欧盟委员会关于海洋治理的交流"和"海洋行动日的举办"三大事件的联合组成了"欧盟海洋周"核心内容，欧盟正在以"全球海洋共同体"（Global Ocean Community）的理念致力于面对海洋挑战和解决海洋困难。See The EU Pushing for Better Ocean Governance: Much to be Done, Much to be Gained, European Commission, http://ec.europa.eu/dgs/maritimeaffairs_fisheries/magazine/en/policy/eu-pushing-better-ocean-governance-much-be-done-much-be-gained, July 19, 2017; EU Ocean Week: How Do We Best Use, Govern and Protect Our Greatest Asset, European Commission, available at: http://ec.europa.eu/commission/2014-2019/vella/blog/eu-ocean-week-how-do-we-best-use-govern-and-protect-our-greatest-asset_en, lasted visited on 19 July 2017.

[③] 2030 Targets, http://www.oceanenergy-europe.eu/policies/policy/2030-targets, 20 July 2017.

[④] 王毅："2016年中菲关系实现华丽转身"，载中华人民共和国外交部网站，http://www.fmprc.gov.cn/web/wjbz_673089/zyhd_673091/t1421095.shtml，访问日期：2017年7月11日。

[⑤] Serge Bertrand, Navies, the Law of the Sea and the Global System in the 21st Century, Ocean Yearbook, 2012, Vol. 26, No. 1, p. 595.

50周年，中国和东盟的双方关系面临提质升级的机遇。[①]《南海行为准则》初步框架的形成有利于区域和平和南海争端的解决，削弱"不确定性面纱"（veil of uncertainty）并降低了南海周边国家的交易成本，促进国家间协议的达成和分散执行。[②] 中国和东盟国家有义务尽全力制定合作法律框架，创制并完善在海洋生物资源的限制捕捞与养护、海洋环境污染的检测和治理、海洋科研调查与统计等方面的法律机制。此外，中国与上海合作组织、亚太经合组织、亚欧会议和博鳌亚洲论坛等机制加强沟通和协调对促进资源整合和责任分配同样至关重要。[③] 格劳秀斯在《海洋自由论》中认为，海洋生生不息的动力恰如野兽不可驯服的本能一样，使得它即使被占有了也不可能被持续地拥有并且也不可能有通过拥有而获得所有权，除非通过永久的紧密保护。[④] 可见，中国唯有重视合作与共识的立场和运用一般国际法和包括《公约》在内的国际海洋法规则，才能不断强化和维护我国海洋权益并实现21世纪《公约》海洋正义。

参考文献

[1] 高健军. 国际仲裁法庭越权：判定标准与发生情形 [J]. 边界与海洋研究, 2017（2）：26~31.

[2] 江河. 国家主权的双重属性和大国海权的强化 [J]. 政法论坛, 2017（1）：129.

[3] 罗国强. 论"南海仲裁案"仲裁裁决的枉法性 [J]. 当代法学, 2016（6）：149.

[4] 罗国强.《联合国海洋法公约》的立法特点及其对中国的影响 [J]. 云南社会科学, 2014（1）：126~128.

[5] 陈金钊. 实质法治思维路径的风险及其矫正 [J]. 清华法学, 2012（4）：80.

---

① 外交部："中国东盟关系面临提质升级的机遇"，载环球网，http://world.huanqiu.com/exclusive/2017-01/9903716.html，访问日期：2017年7月11日。

② See Mark J. Valencia, Regional Maritime Regime Building: Prospects in Northeast and Southeast Asia, Ocean Development and International Law, 2000, Vol. 31, Issue 3, p. 227.

③ See Zewei Yang, Building the 21st Century Maritime Silk Road: Its Impact on the Peaceful Use of the South China Sea, China and WTO Review, 2016, Vol. 2, No. 1, p. 97.

④ ［荷］格劳秀斯：《海洋自由论》，宇川译，上海三联书店2005年版，第109~110页。

[6] 俞正梁. 国家主权的层次理论 [J]. 太平洋学报, 2000 (4): 16.

[7] 吴士存. 国际海洋法最新案例精选 [M]. 北京: 中国民主法制出版社, 2016: 252~261.

[8] 王晶宇. 法理学全球化范式研究 [M]. 郑州: 郑州大学出版社, 2016: 142.

[9] 吕世伦. 法理念探索 [M]. 西安: 西安交通大学出版社, 2016: 311.

[10] 於兴中. 法理学前沿 [M]. 北京: 中国民主法制出版社, 2015: 77.

[11] 张斌. 利益衡量论——以个体主义方法论为视角的现代立法研究 [M]. 深圳: 海天出版社, 2015: 95~96.

[12] 薛桂芳. 《联合国海洋法公约》与国家实践 [M]. 北京: 海洋出版社, 2011: 2.

[13] 舒国滢. 法哲学沉思录 [M]. 北京: 北京大学出版社, 2010: 301~302.

[14] 罗豪才. 软法的理论与实践 [M]. 北京: 北京大学出版社, 2010: 57.

[15] [法] 狄骥. 法律与国家 [M]. 冷静, 译. 北京: 中国法制出版社, 2010: 170.

[16] [英] 约瑟夫·拉兹. 法律的权威 [M]. 朱峰, 译. 北京: 法律出版社, 2005: 186~188.

[17] [荷] 格劳秀斯. 海洋自由论 [M]. 宇川, 译. 上海: 上海三联书店, 2005: 109~110.

[18] [德] 考夫曼. 法律哲学 [M]. 刘幸义, 等, 译. 北京: 法律出版社, 2004: 327.

[19] 高鸿钧. 法治: 理念与制度 [M]. 北京: 中国政法大学出版社, 2002: 176~177.

[20] Zewei Yang. Building the 21st Century Maritime Silk Road: Its Impact on the Peaceful Use of the South China Sea [J]. China and WTO Review, 2016, 2 (1): 97.

[21] Susanne Wasum-Rainer & Daniela Schlegel. The UNCLOS Dispute Settlement System: Between Hamburg and the Hague [J]. German Yearbook of International Law, 2005, 48 (1): 196.

[22] Michaela Young. Then and Now: Reappraising Freedom of the Seas in Modern Law of the Sea [J]. Ocean Development & International Law, 2016, 47 (2): 180.

其他议题

以人权与会计之间的关系为视角　Ken McPhail 著　刘颖杰　夏草 译 / *237*

将人权规范与国际投资规则相连：一种方法论的思考
　　　　　　　　　　　李　滨 著　刘　彧　刘颖杰 译 / *242*

以人权与会计之间的关系为视角

Ken McPhail 著

刘颖杰 夏草 译[*]

本文以国际贸易协定如何减少国家政策选择入手，从商业和人权两个维度思考监管制度，以及重构全球化时代企业责任与会计角色之间的关系。

一、贸易协定可能减少政府政策选择

目前由 23 个国家/地区组成谈判方的《服务贸易协定》（TiSA）将产生深远影响。TiSA 规制的范围既包括金融服务，也包括公共服务。TiSA 制定和谈判过程中有个问题需要注意，即如何防止因为贸易而使得公共服务出现私有化问题，因为私有化可能导致公共利益的减少或者损失。[②]

贸易壁垒通常是旨在保护权利的监管标准，例如，工人权利、安全监管、

---

[*] Ken McPhail，曼彻斯特大学商学院教授；刘颖杰，华东政法大学国际法学院硕士；夏草，华东政法大学国际法学院讲师。

[②] 编者补充：截至 2017 年 6 月 1 日，TiSA（Trade in Service）已经完成 21 轮谈判，目前 TiSA 已经基本完成框架和细则，等待各方减让表的最后谈判。尚在参加谈判的 23 个成员既包括发达国家/地区，也包括发展中国家/地区，成员服务贸易总额超过全球总量的七成。其中，高收入成员 14 个：澳大利亚（Australia）、加拿大（Canada）、中国台北（Chinese Taipei）、中国香港（Chinese Hong Kong）、冰岛（Island）、以色列（Israel）、日本（Japan）、韩国（South Korea）、列支敦士登（Principality of Liechtenstein）、新西兰（New Zealand）、挪威（Norway）、瑞士（Switzerland）、美国（United States）和欧盟（European Union）。中高收入成员 8 个：智利（Chile）、哥伦比亚（Columbia）、哥斯达黎加（Costa Rica）、毛里求斯（Mauritius）、墨西哥（Mexico）、巴拿马（Panama）、秘鲁（Peru）和土耳其（Turkey）。中低收入成员 1 个：巴基斯坦（Pakistan）。新加坡曾经加入 TiSA 谈判，后又退出。TiSA 谈判的会议纪要可见"News on TiSA"，载欧盟网站：http://ec.europa.eu/trade/policy/in-focus/tisa/，访问日期：2017 年 6 月 1 日。

食品标准监管和环境保护规则。比如,美国将欧洲健康和环境标准视为贸易壁垒。随着全球化的加深,贸易协定对国内社会的影响越来越大,同时,不同的社会群体受到国际协定影响的程度不同,甚至对政府也产生了不同影响。比如,TiSA 谈判文本中的金融服务透明度规则要求加入成员在规则实施之前通知相关方,并且政府应当回复相关方的提问。事实上,一般公民无法享受这样的权利,从而给予了银行(说客)特别的机会。又如,国际经贸规则赋予国际投资者远远超过大多数人的法律权利。①

二、贸易协定争端解决方式持续对政府产生影响

一方面,投资者—东道国国家争端解决机制(ISDS)允许公司/企业在仲裁庭(非国家控制)控告政府。仲裁庭的裁决者可能是私人律师,这等于让律师扮演了法官的角色;另一方面,随着投资者—东道国纠纷的增加,这容易让英国、美国政府等增加监管标准,于是,这就可能威胁投资者的利润或者收益。

由于企业在发展和追求利润的过程中,可能会对人权造成不利的影响。例如,侵犯劳工获得公平和适当报酬的权利、组织和参与集体谈判的权利、侵害土著民族等当地社区民众生存和发展的权利等。自 20 世纪 90 年代以来,企业,特别是跨国企业在全球迅速扩张,引起了人权领域对于企业与人权问题的广泛关注。2011 年 6 月,联合国人权理事会一致通过了《工商企业与人权:实施联合国"保护、尊重和补救"框架的指导原则》(Guiding Principles on Business and Human Rights for implementing the UN "Protect, Respect and Remedy" Framework,以下简称《指导原则》),为预防和应对工商企业侵犯人权问题提供了全球标准。国际金融公司于 2011 年发布《关于环境和社会可持续性的绩效

---

① 编者补充:贸易壁垒(Trade Barriers/Barrier to trade)一般分非关税壁垒和关税壁垒两类。广义而言,凡使正常贸易受到阻碍,市场竞争机制作用受到干扰的各种人为措施,均属贸易壁垒的范畴。如进口税或起同等作用的其他关税;商品流通的各种数量限制;在生产者之间、购买者之间或使用者之间实行的各种歧视措施或做法(特别是关于价格或交易条件和运费方面);国家给予的各种补贴或强加的各种特殊负担;以及为划分市场范围或谋取额外利润而实行的各种限制性做法等。关税及贸易总协定所推行的关税自由化、商品贸易自由化与劳务贸易壁垒,尽管在关税方面取得较大进展,在其他方面却收效甚微。某种形式的贸易壁垒削弱了,其他形式的贸易壁垒却加强了,各种新的贸易壁垒反而层出不穷。

标准指导说明》（Guiding Notes on the Performance Stand ards on Social and Environmental Sustainability）呼吁接受联合国的指导原则，说明中有 97 处提及人权，并且将尊重人权情况作为接受其贷款的公司的一项重要的评估指标与资质审查内容。[①]

《指导原则》是在联合国人权理事会 2008 年批准的特别报告员提交的框架报告的基础上发展而来的，其内容都是围绕"保护、尊重和补救"三位一体的基本框架而展开的。《指导原则》由"一般性原则""国家保护人权的义务""公司尊重人权的责任"和"受害人如何获得救济"四个部分组成。[②]

基本原则包括了《指导原则》中的 6 条原则，分别是原则 11、原则 12、原则 13、原则 14、原则 15 和原则 23。原则 11 规定了工商企业对于人权应具有的态度。该条规定："工商业应尊重人权。这意味着它们应当避免侵犯其他人的人权，并应在自身卷入时，消除负面人权影响。"原则 13 是关于工商企业的活动如何避免和消除负面影响，与原则 11 有很大的关联。企业卷入负面影响有三种基本形式：（1）它可能通过自身活动造成影响；（2）它可能通过自身活动直接或者经由外部主体（政府、组织、其他企业或者个人）加剧影响；（3）它可能既未造成也未加剧影响，但却卷入了影响，因为影响是与其有商业关系的其他外部主体造成的，而且同企业自身的业务、产品或者服务相关联。原则 12 规定了工商企业应当尊重哪些人权。

《指导原则》要求企业无论何时何地，都要遵守法律和国际公认的人权，

[①] 杨松才："论《联合国工商业与人权指导原则》下的公司人权责任"，载《广州大学学报》2014 年第 11 期，第 19 页。

[②] 编者补充："一般性原则"实际上是《指导原则》的总原则，即（1）国家尊重、保护和实现人权和基本自由的现有义务；（2）工商企业作为社会专门机构，履行专门职能的作用，要求其遵守所有适用法律和尊重人权；（3）权利与义务需要在遇有违反时获得适当和有效补救。就国家而言，《指导原则》并没有为其创设新的国际法上的义务，或者限制、废除国家根据国际法在人权方面可能承担或面临的任何法律义务。对于工商企业，尊重人权被作为其开展商业活动时的一项重要考量，这一规定源自《世界人权宣言》序言中关于"每一个人和社会机构经常铭念本宣言，努力通过教诲和教育促进对权利和自由的尊重"的规定。《指导原则》中的"社会专门机构"和《世界人权宣言》中的"社会机构"的意指是一致的，只是在外延上有差异而已。如上所述，除一般性原则外，《指导原则》共规定了 31 条原则。这 31 条原则并不全部是针对公司而规定的，只有其中的 16 条原则是关于公司的人权责任的。根据这些原则性质的不同，可以分为基本原则和实施原则两类。实施原则共有 10 条。按其性质和内容的不同，这些原则又可分为政策承诺原则（原则 16）、人权尽职原则（原则 17 至 21）、补救原则（原则 22、24、29 和 31）三类。

并且将造成或者加剧违反人权的问题视为违反法律的问题（原则23）。原则14是关于尊重人权的公司责任的适用范围。所有企业在其经营过程中都有尊重人权的同等责任，无论其所属部门、业务范围、所有制和结构。原则15是原则14的逻辑延伸。它要求工商企业制定与其规模和环境相适应的政策和程序，以及相关程序与路径。一般来说，企业规模和影响力与其对人权的影响是正相关的，企业规模越大，对人权的影响力也越大，反之亦然。此外，特定行业的企业或者处于特定环境下的企业，其对人权的负面影响也是不一样的。因此，企业需要建立与其对人权负面影响力相适应的人权负面影响防控机制。

三、全球正在走向"公共正义"到"个体正义"的阶段，会计对于全球化时期的人权尤为重要

"权力应该被指定为'公共的'，并且只要它们以一些有问题的方式影响到一群人自主生活的能力，就应受到民主控制"（Macdonald，2008）。罗尔斯的政治正义观广泛适用于集体社会和政治制度。制度视角侧重于社会体系或者制度体系的合法性，以及司法问题。Pogge法官（1992）曾经这样解释制度视角下人权的提供："框架越不公正，整体的人权保护就越少……为了确定代理人应该如何在一些给定的体制框架内采取行动，我们必须首先评估这个框架是怎样的，以及是否有可行的制度改革途径。"[1]

---

[1] 编者补充：美国哈佛大学教授约翰·罗尔斯（John Rawls）的《正义论》（A Theory of Justice）一书，自1971年问世后（罗尔斯针对该书出版后的批评意见，1999年重新做了修订），在西方国家引起了广泛重视，被视为第二次世界大战后西方政治哲学、法学和道德哲学中最重要的著作之一，将被列为历史经典名著之林。该书出版之后，受到热烈讨论，被列为不少大学课程的必读书籍之一。由它引发的各类争鸣或研讨文章，更是汗牛充栋，目不暇接。一般的正义观又可分解为两个层次，这就是罗尔斯最著名的两个正义原则：第一，每个人都有平等的权利去拥有可以与别人的类似自由权并存的最广泛的基本自由权；第二，对社会和经济不平等的安排应能使这种不平等不但可以合理地指望符合每一个人的利益；而且与向所有人开放的地位和职务联系在一起。这两个正义原则与罗尔斯对社会的基本结构相配套，第一个原则用于确定和保障公民的平等自由，第二个原则用于规定和建立社会及经济不平等。第一个原则包括公民的基本自由权等原则，与西方传统的价值观并无二致。争议最大的是第二个原则，这第二个原则大致适用于收入和财富的分配，因为在社会上财富和收入的分配往往是不平等的，但这种不平等分配应对每一个人有利，于是人们使权力地位向所有人开放来实行第二个原则。第二个原则之所以引起争议，是因为在私有制条件下，财富和收入的分配是绝对不平等的，那么平等原则如何才能实现呢？实质上罗尔斯的重点在这里，其改良主义的理论出发点也在这里。

附：若干重要国际会计准则及协会

（1）国际会计准则，亦译"国际会计标准"（International Accounting Standards），成立于1973年的国际会计准则委员会，为提高会计报表资料在国际间的可比性、协调各国会计实务中的分歧而颁布的会计规范，它是适应跨国公司发展的需要而制定的。

（2）国际财务报告准则（International Financial Reporting Standards，简称IFRS）是国际会计准则理事会（International Accounting Standards Board，简称IASB）所颁布的易于各国在跨国经济往来时执行的一项标准的会计制度。国际财务报告准则是全球统一的财务规则，是按照国际标准规范运作的财务管理准则。用于规范全世界范围内的企业或其他经济组织的会计运作，使各国的经济利益可在一个标准上得到保护，不至于因参差不一的准则导致不一样的计算方式而产生不必要的经济损失。国际会计准则理事会委托专业的会计师团体如国际会计师公会（Association of International Accountants，简称AIA）培训专业高级会计师。

（3）金融稳定论坛（Financial Stability Forum，简称FSF）以评估影响全球金融稳定的问题，以及研究和监察为解决这些问题而需要采取的行动。该论坛由七大工业国（G7）中负责金融稳定的政府当局及国际监管组织组成。在1999年6月举行的七大工业国财长会议上，七大工业国财长同意扩大金融稳定论坛，邀请香港、澳洲、新加坡及荷兰等四个对全球金融体系有重大影响的主要金融中心加入为成员。它们参与金融稳定论坛的定期及特别会议，以检讨论坛建议的政策的实施情况，以及就全球金融体系可能出现的不稳定因素交换意见。

将人权规范与国际投资规则相连：
一种方法论的思考[*]

李 滨 著
刘 彧 刘颖杰 译[**]

对人权与国际投资协定/规则挂钩的做法，国际社会存在不同意见，对于人权（保护）的可操作性也存在争议，那么，如何实现"全球正义"下的人权保护需要学术界思考。

对宪法化的新认知框架：第一，从正当性考量，如何定位"全球正义"，目前至少有两种意义上的"全球"；第二，从人权原则的地位考量，一开始属于例外原则，今天已经发展成为指导性原则；第三，从司法保护的作用考量，这是现代社会宪法制度的一个重要支柱。但是，目前也存在操作性不足的困扰——多元主义VS.宪政主义。

宪政主义（constitutionalism）又称"立宪主义"，是西方政治思想史上一种主张以宪法体系约束国家权、规定公民权利的学说或理念。这种理念要求政府所有权力的行使都纳入宪法的轨道，并受宪法的制约，使政治运作进入法律化理想状态。在宪政国家，政府和公民的行为都是有边界的，不能互相僭越。宪政是民主制度的基础和保障，同时也是对民主政治的制衡。宪政的根本作用

---

[*] 本文根据李滨教授提供的PPT整理和翻译。
[**] 李滨，北京师范大学法学院教授，博士研究生导师；刘彧，华东政法大学国际法学院硕士；刘颖杰，华东政法大学国际法学院硕士。

在于防止政府（包括民主政府）权力的滥用（即有限政府），维护公民普遍的自由和权利；传统上，宪政本身并不直接涉及政府是否通过民主选举产生，但现代宪政理论往往与民主的概念密不可分。

展望未来，一是要实现多层治理宪法多元化；二是要在新自由主义、保护主义和分配正义等有价值的选择间进行连接。①

新自由主义是一种经济和政治学思潮，它反对国家和政府对经济的不必要干预，强调自由市场的重要性。② 但不同于经典自由主义，它提倡社会市场经济，即政府只对经济起调节以及规定市场活动框架条件的作用。在国际政策上，强调开放国际市场，支持全球性的自由贸易和国际分工。新自由主义者反对社

---

① 译者补充：新自由主义（New Liberalism）：19世纪70年代，英国经济危机严重，为适应新的政治要求，T. H. 格林首先提出了既坚持英国自由主义传统，又实施国家干预，充分发挥国家作用的新理论。20世纪90年代以后，英国自由党内外很多自称"集体主义者"的激进知识分子，主张建立平等、合作的新社会，要求国家在减少日益严重的失业和贫困现象中发挥决定性作用。他们从格林的著作中寻找行动的理论依据。"新自由主义"成为他们所推崇的理论的代名词。此时的新自由主义事实上是 New Liberalism，因为新自由主义对"自由"解释与古典自由主义相比有了显著的不同，提出自由应该是制度框架内的自由，而不是放任自流。最早的新自由主义者代表人物多为牛津大学的教授、学者和研究人员。20世纪初，新自由主义逐渐成为英国官方政策的重要基础，其影响遍及英伦三岛并扩展到西欧，引起西方政治思想和政治实践的深刻变化。两次世界大战严重阻碍了新自由主义在欧洲的传播，但它的思想原则却在北美得到了体现。第二次世界大战后，特别是20世纪50～60年代，"福利国家"政策在西方国家兴盛，新自由主义的影响也不断扩大。20世纪70年代随着"福利国"政策的破产，新自由主义的影响渐趋衰微。此时以哈耶克为首的朝圣山学社逐渐兴起，提出以回复古典自由主义为主要内容的"新古典自由主义"（neo-liberalism），后被简称为"新自由主义"，而之前的 New Liberalism 则被直接称为"自由主义"，以示区别。

② 译者补充：新自由主义的特点和主要内容是：（1）市场是完全自由的竞争。实质上是撇开人们的社会属性和在生产关系中的地位不谈，脱离经济基础和上层建筑，制造一种抽象的"理想市场"作为理论前提。（2）倡导个人主义。每个人在经济活动中首先是利己的，其次才是利他的动机和行为。集体的利益是个人利益的总和，任何集体的利益的实现不应该以压制合理的个人利益为代价。社会目标不能抑制个人目标。（3）提倡自由放任的市场经济。自由选择是经济和政治活动最基本的原则。应当自由地拥有私人财产，自由地交易、消费和自由地就业。（4）支持发挥"看不见的手"的力量。市场的自我调节是分配资源的最优越和最完善的机制，通过市场进行自由竞争，是实现资源最佳配置和实现充分就业的唯一途径。新自由主义经济学家认为，集中决策体制下不可能实现稀缺资源的有效配置，因为政府不可能有充分的信息作出明智的决策。（5）反对国家过多干预经济。由国家来计划经济、调节分配，破坏了经济自由，扼杀了"经济人"的积极性，降低了生产效率，只有让市场自行其是才会产生最好的结果。因此，只要有可能，私人经济活动都应该取代公共行为，政府不要过多干预。（6）主张私有化。私有化是保证市场机制得以充分发挥作用的基础，私人企业是最有效率的企业，要求对现有公共资源进行私有化改革。比如水资源供给，此类商品资源可以被私人企业运营，但本身持有权仍然不属于私人企业，需要遵循市场化机制。

会主义、贸易保护主义、环境保护主义和民粹主义，认为这会妨碍个人自由。①

一、对人权可操作性的方法论反思

考虑将人权作为标准（参考）或者作为规范植入双边投资协定当中，对这样的做法，立法和社会均有不同的回应，有的表示赞同，比如欧盟将"人权状况"作为投资安全的重要考量因素。但是许多发展中国家，包括中国认为应该审慎处理人权因素，并将其排除在双边投资协定的条文之外。问题是，未来能否达成调解或者妥协？劳工因素作为双边投资协定或者自由贸易协定因素之一并不罕见，事实上，劳工标准也是人权的一项重要内容，这个角度不仅是出于理论研究的角度，也是基于现实情况的考量。

二、将人权与投资规则相联系的法律影响——从投资争端解决的角度

财产权是人权的一项重要内容。对于进入东道国的投资者来说，保护财产权也是保护人权的一个重要方面。东道国的征收、管制均会影响投资者的财产权/人权。需要将人权与国际投资制度两者之间的关系进行深入研究。一方面，国家在提供人权保护方面具有特殊作用并负有责任，现在有必要对国际社会已经普遍接受的平衡投资者与东道国之间利益的主张的合法性进行重新评估。这类利益平衡的言辞有可能将国家对人权保护的责任与国家的经济利益相混淆。这种混淆背后是过度忽视国家对投资管理的政治意义，特别是国家管制权在实现基本人权保障上的政治意义。另一方面，国家对外商投资管理政策的正当性和合法性不应当只依据利益平衡原则，除此之外还有一系列的原则、标准可以进行评估。这样的做法现在存在一个困境——如何避免因为机械地适用比例原则而导致人权利益受到贬值或者损害。就管制性征收来说，欧洲人权法院（European Court of Human Right，简称 ECHR）承认，对财产权的不正当的政府介入并不总是需要充分补偿。

---

① 张宇："金融危机、新自由主义和中国道路"，载《经济学动态》2009 年第 4 期，第 17~21 页。

对工商企业而言：如何实施联合国"保护、尊重和补救"框架的指导原则——原则9，在通过投资条约或合同追求与商业有关的政策目标时，国家应保持适当的国内政策空间来履行其人权义务。这些原则由联合国人权理事会于2011年6月16日17/4决议通过。

三、当前国际法律制度如何以具体和可操作的手段解决潜在的漏洞

一方面，国家在提供人权保护方面具有特殊作用并负有责任，现在有必要对国际社会已经普遍接受的平衡投资者与东道国之间利益的想法的合法性进行重新评估。这类利益平衡的言辞有可能将国家对人权保护的责任与国家的经济利益相混淆。这种混淆背后是过度忽视国家对投资管理的政治意义。另一方面，国家对外商投资管理政策的正当性和合法性不应当只依据利益平衡原则，除此之外还有一系列的原则、标准可以进行评估。这样的做法现在存在一个困境——如何避免因为简单数值代替而导致人权权益受到贬值或者损害。

据此，笔者作出以下结论：第一，需要考虑作为治理工具的平衡/比例性问题，一是如何做到一致性；二是如何做到"严格比例"和合理性；三是如何做到多层次的司法保护，是采用"对话模式"还是"等级模式"。第二，权力本位的思考尤其重要。第三，采用多样化的连接方法（人权与国际投资之间）。第四，如何重新定义国际法的宪法化。

进入21世纪以来，西方国家的一些国际法学者运用"国际宪政""国际法宪法化"对国际法的发展趋势进行了描述，在学术界兴起了国际宪政思潮，有关的研究在西方国际法学界如火如荼，关于国际法宪法化的书陆续在各大出版社出版。在国际经济法领域，"宪政"和"宪法化"已经成为WTO研究的主

流话语，杰克逊（John H. Jackson）①彼得斯曼、Joel P. Trachman 等人均提出了"国际经济法宪政""WTO 宪政"等主张，但也有人不赞同这种归纳，如 Jeffrey L. Dunoff 教授就认为这是一种"宪政的幻象"。但是，无论是从价值目标还是从作为共同体法的国际法本身来看，国际法都出现了"宪法化"的发展趋势。然而，国际社会平权式的结构本身对这一趋势的发展有着深刻的影响和制约。同时对于西方国际法学界使用"宪法化"一词描述国际法的发展趋势意图及其可能带来的不良影响也要保持一定的警惕。②

---

① 译者补充：WTO 是最重要的国际经济组织之一，具有组织贸易谈判、解决贸易争端和审议贸易政策三大核心职能。20 年来，国际社会对 WTO 的三大职能评价毁誉参半，但是争端解决机制为保证 WTO 规则公平有效的执行发挥了重要作用，成为 WTO 这顶皇冠上的明珠。杰克逊就是这颗明珠的设计者和维护者。早在 1969 年出版的《世界贸易与关贸总协定法律》一书中，杰克逊就为 WTO 争端解决机制的法律程序奠定了基础；2003 年，作为当时 WTO 总干事素帕猜特邀的顾问委员会成员，他参与撰写后被称为"萨瑟兰报告"的《WTO 的未来》，再次充分肯定了 WTO 争端解决机制的重要地位和作用。

② 王秀梅："国际宪政思潮的兴起与国际法'宪法化'趋势"，载《法律科学》2011 年第 2 期，第 94~102 页。

海南师范大学法学院简介

海南师范大学法学院前身为海南师范大学政法学院法律系；2015年11月，学校进行专业及院系调整，法学院正式成立，首任院长为冯春萍教授。

学院曾获校"课堂教学质量月二等奖""教学质量先进单位""顶岗支教先进单位""实习先进单位"等荣誉称号，教师多次获得校级"优秀教师""最受毕业生欢迎的任课教师"等荣誉称号。

法学院老师相继在《法学杂志》《社会科学研究》等核心期刊上发表学术论文50余篇，出版学术著作10多部，主持海南省人大、海南省社科联、海南省教育厅等科研项目数十项，其中国家社会科学基金项目1项。拥有《刑法学》（双语课程）及《刑事诉讼法》（双语课程）两个校级重点课程。

为了加快学院的发展，学院在抓好本科教学和科研工作的基础上，还特别注重以专业优势服务社会，积极参与海南省的地方立法建设工作，学院老师多次主持并参与海南省人大的立法项目；同时，学院还是首批确立的海南省人大常委会基层立法联系点之一，并与海南省社科联共建"海南经济特区法治战略研究基地"，2015年12月，依托该基地，学院成功举办了"中芬环境与资源保护法国际论坛"。2016年12月，海南省法学会首个专业研究会"海南省法学会环境资源法学研究会"。学院为会长单位。

近年来，学院先后被评为"优良考风先进单位""考研工作先进单位""学生工作先进单位""就业工作先进单位"等。学院团委被评为"2012年海南省五四红旗团委""海南省社会实践先进团队""海南省先进青年志愿者协会""海南省五四红旗团支部"等荣誉称号。

更多学院新闻和信息，敬请关注网站http：//zfxy.hainnu.edu.cn。

海南经济特区法治战略研究基地简介

　　海南经济特区法治战略研究基地自 2015 年 4 月成立以来，坚持以马列主义、毛泽东思想、邓小平理论、"三个代表"重要思想、科学发展观、习近平新时代中国特色社会主义思想为指导，深入贯彻落实国家发展繁荣哲学社会科学和加强中国特色新型智库建设的精神，依据有关依法治国的纲领性文件，通过深化改革，把基地发展与法治海南、法治中国建设现实需求紧密结合，以国家、区域经济社会发展中遇到的重大法治问题为对象，以提高科研质量和服务社会为宗旨，努力提高基地科学研究和咨询服务质量，为海南经济社会发展及法治文明进步提供智力支持。基地主任为海南师范大学校长林强教授，常务副主任为海南师范大学法学院院长冯春萍教授。基地现有专职研究人员 15 名，聘请 26 名国内知名法学专家担任基地兼职教授和研究员。自获批以来，基地通过集聚团队优势，以提高科学研究和咨询服务质量为核心，加强创新性研究，出版学术著作 2 部，发表学术论文 30 余篇，承担国家社科基金 1 项，教育部人文社会科学资助项目 1 项，海南省哲学社会科学规划课题项目 8 项，主持和参与海南地方立法专家建议稿起草、立法论证与立法咨询工作 20 余次，成果获国家级和省部级采纳批示 5 项，获海南省社会科学优秀成果奖三等奖 2 项，形成了集群式研究成果，获得了良好的社会评价和社会效益。基地以"海南生态法治国际大讲坛"为平台，邀请国际反贪局联合会等国际组织，海南省人大常委会、海南省高级人民法院、三亚市政法委等实务部门，北京师范大学、武汉大学、中山大学、中南财经政法大学、天津大学、中南大学、宁波大学等高等院校的知名专家或法学教授为基地开办高水平学术讲座，举办各类国际国内会议。基地与现有依托机构海南师范大学法学院、海南省法学会环境资源法学研究会、海南省人大常委会基层立法联系点合署办公，与北京师范大学刑事科学研究院、法学院，武汉大学环境法研究所，中南财经政法大学法学院，宾夕法尼亚州立大学法学院和海南省内多家法院检察院签署合作协议，建立共建合作关系。

2016 年以来 FLIA 促进国际学术交流大事记

1. 2016 年 6 月 18 日，华东政法大学法治中国建设研究中心、FLIA 及意大利都灵国际事务研究所在华东政法大学长宁校区联合举办关于司法改革的学术座谈会——"欧美司法制度四人谈"。

2. 2016 年 10 月，FLIA 在美国宾夕法尼亚州立大学举办国际会议"海牙南海仲裁裁决——法律与外交的趋异（The Hague Ruling on the South China Sea: The Divergence of Law and Diplomacy）"。

3. 2016 年 11 月 21 日至 11 月 22 日，联合国在日内瓦万国宫举行首届"人权、民主与法治论坛"，主题"扩大民主范围：青年在公共决策中的作为"。FLIA 派代表参加了大会，并且在万国宫举办了一场边会。

4. 2016 年 6 月 20 日，FLIA 主席朱绍明、学者 Larry Backer 教授和 Flora Sapio 教授，以及应 FLIA 邀请的清华大学公共管理学院教授、公益慈善研究院院长王名在意大利期刊 Orizzonte Cina 上发表对《中华人民共和国慈善法》的四份评论。

5. 2016 年 4 月至 10 月，FLIA 主持中国民政部课题"社会组织走出去政策体系研究"，课题结项并获得三等奖。报告包括三个部分："中国社会组织国际化的政策环境评估与建议""美国与欧盟地区社会组织国际化研究报告"和"一带一路战略下的社会组织"。

6. 2017 年 3 月 30 日，FLIA 创始人朱绍明参加烟台大学法学院主办、山东乾元律师事务所协办的"海峡两岸英美法教育研讨会"，并作出专题发言"浅谈反全球化背景下法律与国际事务的学科教育"。

7. 2017年4月21日至23日，FLIA与英国曼彻斯特大学曼彻斯特商学院经济与人权促进中心（Business and Human Rights Catalyst, Alliance Manchester Business School）以及美国宾夕法尼亚州立大学法律与国际事务学术和职业发展组织（The Penn State Research and Career Development Network for Law and International Affairs）合作在美国宾夕法尼亚州立大学举办国际会议"New International Trade and Investment Rules in the Wake of Globalization and Anti-Globalization"（全球化与反全球化浪潮下的国际贸易投资新规则）。

8. 2017年9月23日，FLIA与上海交通大学凯原法学院、华东政法大学经济法学院、上海市银行法律实务研究中心、上海交通大学互联网金融法治创新研究中心、华东政法大学法治中国建设研究中心、腾讯科技（深圳）有限公司知识产权部等合作在上海交通大学徐汇校区举办国际会议"法与信用体系国际研讨会"。

更多活动和项目信息，敬请关注网站flia.org和微信公众号ThinkTankFLIA。

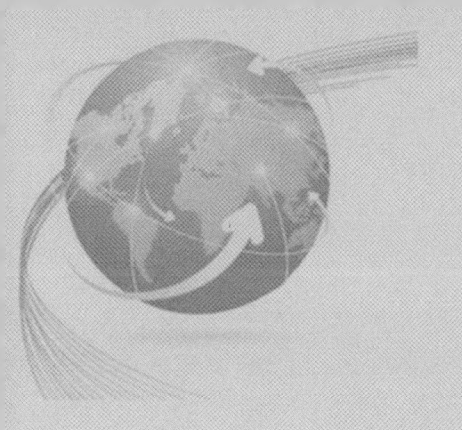

附 录

海南师范大学法学院简介 / *249*

海南经济特区法治战略研究基地简介 / *250*

2016年以来FLIA促进国际学术交流大事记 / *252*